选学校 更选专业

——高等学校强专业、强学科报考指引

XUANXUEXIAOGENGXUANZHUANYE

张元亮　张耀荣　晁丽娜 ◎ 编著

暨南大學出版社
JINAN UNIVERSITY PRESS

中国 · 广州

图书在版编目（CIP）数据

选学校更选专业：高等学校强专业、强学科报考指引/张元亮，张耀荣，晁丽娜编著．—广州：暨南大学出版社，2013.5
ISBN 978－7－5668－0632－1

Ⅰ．①选…　Ⅱ．①张…②张…③晁…　Ⅲ．①高等学校—专业—介绍—中国　Ⅳ．G647.32

中国版本图书馆 CIP 数据核字（2013）第 121294 号

出版发行：暨南大学出版社

地　址：中国广州暨南大学
电　话：总编室（8620）85221601
营销部（8620）85225284　85228291　85228292（邮购）
传　真：（8620）85221583（办公室）　85223774（营销部）
邮　编：510630
网　址：http：//www.jnupress.com　http：//press.jnu.edu.cn

排　版：广州市天河星辰文化发展部照排中心
印　刷：佛山市浩文彩色印刷有限公司

开　本：787mm×1092mm　1/16
印　张：17
字　数：409 千
版　次：2013 年 5 月第 1 版
印　次：2013 年 5 月第 1 次
印　数：1—3000 册

定　价：35.00 元

选报专业快速阅读指南

第二部分整理汇编了拥有国家重点学科和博士点、硕士点的全国高等学校强专业情况。当考生选定某一专业之后，可按下列方法获取强专业的基本情况。

例1：考生要报考经济学、国际经济与贸易、财政学或金融学的时候，哪些学校的这些专业拥有国家重点学科或博士点、硕士点呢？请查阅目录第二部分的经济学学科门类中“（二）0202 应用经济学”标示的——

第82页：

1. 国家重点学科

(1) 一级学科国家重点学科应用经济学的高等学校

中国人民大学、中央财经大学、南开大学、厦门大学。

第83页：

2. 博士学位授权单位

(1) 博士学位授权一级学科应用经济学的高等学校

北京大学、中国人民大学、南开大学、东北财经大学、复旦大学……

第83~84页：

3. 硕士学位授权单位

(1) 硕士学位授权一级学科应用经济学的高等学校

凡获准博士学位授权一级学科的高等学校，自然获准拥有硕士学位授权一级学科，即北京大学、中国人民大学、南开大学、东北财经大学、复旦大学……

此外，还有北京航空航天大学、北京工商大学、北京林业大学、河北经贸大学……

例2：当一名考生要报考化学工程与工艺或制药工程的时候，哪些学校的这个专业拥有国家重点学科或博士点、硕士点呢？请查阅目录第二部分的工学学科门类中“（十七）0817 化学工程与技术”标示的——

第143页：

1. 国家重点学科

(1) 一级学科国家重点学科化学工程与技术的高等学校

清华大学，北京协和医学院—清华大学医学部、北京化工大学、天津大学……

第144页：

2. 博士学位授权单位

(1) 博士学位授权一级学科化学工程与技术的高等学校

清华大学，北京协和医学院—清华大学医学部、北京化工大学、天津大学……

第144页：

3. 硕士学位授权单位

(1) 硕士学位授权一级学科化学工程与技术的高等学校

凡获准博士学位授权一级学科的高等学校，自然获准拥有硕士学位授权一级学科，即清华大学，北京协和医学院—清华大学医学部、北京化工大学……

此外，还有北京工业大学、北京科技大学、天津科技大学、河北科技大学……

前 言

为了贯彻落实《国家中长期教育改革和发展规划纲要（2010—2020 年）》，优化高等教育学科专业结构，提高人才教育的质量，使高等教育事业更好地适应我国经济、科技、文化、社会的发展，自 2011 年 3 月以来，国务院学位委员会、教育部又陆续下达或印发了三份文件，分别是：

1. 国务院学位委员会关于下达 2010 年审核增列的博士和硕士学位授权一级学科名单的通知（学位〔2011〕8 号，2011 年 3 月 3 日）；

2. 国务院学位委员会　教育部关于印发《学位授权和人才培养学科目录（2011 年）》的通知（学位〔2011〕11 号，2011 年 3 月 8 日）；

3. 教育部关于印发《普通高等学校本科专业目录（2012 年）》等文件的通知（教高〔2012〕9 号，2012 年 9 月 14 日）。

为了及时反映国务院学位委员会、教育部新的教育政策，让广大考生和家长以及教育工作者了解我国高等教育发展的新变化、新趋势，进一步认识学科专业发展的新特征和人才培养的新特点，我们根据国务院学位委员会、教育部等部门历年来公布的高等学校国家重点学科、博士授权点、硕士授权点（共十一批）等文献资料，按学科、专业进行整理汇编，形成了高等学校强专业、强学科分类报考指引。

高考、考研，怎样选学校，怎样选专业一直是考生和家长及社会各界最为关心和棘手的问题。本书在详细论述我国高等学校办学体制改革，学科、专业建设发展的基础上，针对高考和考研的热点、难点等问题做了全面的分析和论述，提出了选报学校和专业的策略，形成了《选学校更选专业——高等学校强专业、强学科报考指引》一书，旨在为考生提供理性的、科学的报考选择。

当一名考生，包括高中毕业考大学的、大学毕业考硕士研究生的、硕士毕业考博士研究生的，无论你是先定专业、后选学校，还是先选学校、后定专业，最终归一，即到某一学校就读某一专业。因为，高等教育是专业教育。

高等学校有好次，专业有强弱，好学校有弱专业，次学校也有强专业。不同的学校开办的同一专业，因办学时间长短、师资队伍水平高低、教学科研能力大小、办学条件优劣等因素的不同而形成不同的强弱专业。

新中国成立以来，党和政府不断地加强高等学校的重点学科建设工作，无论是 20 世纪 50 年代初的全国院系调整，还是后来中央多次确定的全国重点大学，核心都是为了建设高水平的学科、专业，以适应经济社会发展和国际形势变化的需要。改革开放之后，我国高等学校的学科、专业建设进入快车道，而其中的重点学科建设都没有离开过 50 年代打下的基础。

1985年5月颁布的《中共中央关于教育体制改革的决定》指出：为了增强科学研究的能力，培养高质量的专门人才，要改进和完善研究生培养制度，有计划地建设一批重点学科。而后，教育部分别于1988年、2002年、2007年批准公布了高等学校重点学科名单。

高水平科学研究、高质量人才培养，不是所有的高等学校，哪怕是好学校所开办的专业在短时期内能做到的。因为高水平科学研究、高质量人才培养需要以学科、专业建设为基础，而强学科、强专业的形成需要一两代甚至几代学人长期的努力和积累。从公布的国家重点学科、博士授权专业来看，既有一本学校，也有二本学校。能获得国家重点学科、博士学位授权专业基本上都是开办历史悠久、办学能力强的老牌学科、专业，只有这些学科、专业才能较快地向高水平目标迈进。

20世纪90年代中期以来，我国陆续启动了“211工程”、“985工程”建设，其目的是重点建设一批高水平大学和一批重点学科。其中重点学科建设是建设中的核心，是建设高等教育强国的战略重点。其实，不管是哪一类型、哪一层次的高等学校，都要通过一定层次的（国家级、省部级、市级、校级）重点学科、名牌专业、示范性高职专业的建设，带动本校整体的教育质量和办学水平的提高。

2010年2月27日，温家宝总理在新华网访谈室接受中国政府网和新华网的联合专访时指出：“只有一流的教育，才能培养一流的人才，建设一流的国家。”“一流的教育”，更多地集中在拥有国家级、省部级重点学科的专业，拥有博士点、硕士点的专业。本科名牌专业、示范性高职专业，在同层次、同类型的专业之中，其教育水平是领先的。“一流的教育”需要靠高水平的专业教育即强专业、强学科的教育来实现，“一流的人才”需要靠这些专业、学科教育来培养。在这些专业、学科里的教师，必须像温家宝总理说的那样，“第一热爱教育，第二懂得教育，第三要站在教育的第一线”。只有这样，“一流的教育”、“领先的教育水平”才有可能成为现实。

从终身教育的观点出发，对那些有条件的考生来说，当他高考选择专业的时候，就要考虑下一步继续深造考研的个人教育规划。

本书的出版，不仅为全国高等学校各层次的广大考生、家长提供了最新且较完整的专业报考指引和继续深造指引，为高中毕业班教师、高等学校毕业班教师指导毕业生报考高一层次教育的专业、学校提供指引，也为社会各界特别是高等学校干部、教师和教育行政干部提供了我国高等学校较完整的学科、专业发展变化的重要参考，以及“211工程”、“985工程”建设的核心内容即重点学科建设的基本知识，以便今后更好地加强学科、专业建设。其实，无论是正在接受高等教育的人，还是已经接受过高等教育的人，都应该了解高等学校的学科、专业建设情况和特点，为自己的终身学习、家庭教育提供高等教育理论的指导，而且是理性的指导。

本书根据国务院学位委员会公布的“博士学位、硕士学位第九批至第十一批名单”、《中国学位授予单位名册（2001年版）》（国务院学位委员会办公室，中国科学技术出版社2001年版）、教育部公布的《国家重点学科名单（2007年批准）》（教育部网站）、《中国普通高等学校本科专业设置大全（1999年版）》（中华人民共和国教育部高等教育司编，高等教育出版社1999年版）等文件资料，按照国务院学位委员会、国家教委印发的《学位授予和人才培养学科目录（2011年）》及1997年6月颁布的《授予博士、硕士学位和培养研究生的学科、专业目录》的学科门类代码及名称进行分类整理汇编，将各高等学校已取得国家重点学科和博士点、硕士点的学科、专业以及对应的本科专业呈现在读者的面前。为节约篇幅，硕士点的汇集只涉及该学科、专业的一级学科，有关高等学校该学科、专业取得的部分二级学科、专业硕士点未编入。由于第十批国家公布的新增博士点（含一级学科和二级学科）缺少北京大学、清华大学的有关资料（缺少的原因是教育部授权两校自评），因此，两校的部分学科、专业新增博士点是从两校网站上下载的，并以网站发布注明。

由于军事院校中的绝大部分资料国家未公开发布，因此军事院校中的有关资料本书未编入；职业技术学院设置的专业情况，由于时间关系，暂时也没有编入；港澳台地区高等学校的资料暂缺。

另外，本书使用的一级学科名称，已经按照《学位授予和人才培养学科目录（2011年）》的规定进行了修订，但二级学科（专业）名称仍沿用1997年颁布的《授予博士、硕士学位和培养研究生的学科、专业目录》的规定。原因是，《学位授予和人才培养学科目录（2011年）》只公布了一级学科名称，并没有公布相对应的二级学科（专业）名称。国家重点学科二级学科（专业）以及目前高等学校取得的原二级学科（专业）的博士点、硕士点也还是按1997年颁布的《授予博士、硕士学位和培养研究生的学科、专业目录》的名称规定沿用至今。

《学位授予和人才培养学科目录（2011年）》，在法学门类中新增设了公安学，在理学门类中新增设了生态学、统计学，在工学门类中新增设了城乡规划学、风景园林学、软件工程、生物工程、安全科学与工程、公安技术，在农学门类中新增设了草学，在医学门类中新增设了特种医学、医学技术、护理学，共13个一级学科。历史学门类则将旧目录中的8个二级学科（专业）调整为新目录中的3个一级学科，艺术学门类则将旧目录中的8个二级学科（专业）调整为新目录中的5个一级学科。由于在这些新增的21个一级学科（目录中已用※标注）中尚未见到有关高等学校按新增一级学科归类的国家重点学科、博士点、硕士点的文件资料，因此，本书新增设的一级学科均注有“本学科为新增一级学科，其有关资料待补”一语。而部分新目录后又附有国家重点学科、博士点、硕士点，是旧目录学科对应的资料。

值本书出版发行之际，对关心、使用本书的广大考生和家长、教育工作者以及社会各界人士表示衷心的感谢，同时也对出版社的支持表示衷心的感谢！

由于本书涉及的文献资料跨越了30多年，高等学校又经历了20年来的大合并和更名，而且高教改革还在不断深化，因此本书难免存在错漏，不当之处恳请读者指正。

编著者

2013年3月

目　录

导　论

高等教育的特点是专业教育。对于考生和家长来说，一年一度的高考，既要考虑学校选择，更要考虑专业选择。专业选择，要考虑这所学校及其专业开办的历史长不长，这个专业是否有国家级或省部级重点学科、是否有博士点或硕士点，如果有，那这个专业就是强专业。本书的出版，是让考生和家长认识我国高等学校的办学体制和学科、专业发展的特点，以便做出理性、科学的报考选择。

本书涉及学科、专业两个主要概念。根据《现代汉语词典》第6版作出的解释，学科是指“按照学问的性质而划分的门类”，专业是指“根据科学分工或生产部门的分工把学业分成的门类”。也就是说，学科按照知识分类来确定，专业根据科学分类和社会分工来划分；学科是专业构成的基础，专业体现相近或不同学科的组合及学科人才培养的目标。在高等学校，有的学科名称，既体现科学分类，又体现社会分工，于是我们会说，这是学科，也是专业。

关于高等学校专业划分，我国高等教育学创始人潘懋元教授有独到的观点，他认为：“专业设置，应当根据学科性质还是社会分工，不论在国外或国内，都有争论。学者倾向于按学科性质设置专业，而用人部门根据实际需要强调按社会分工设置专业，甚至要求按产品、按职业岗位设置专业。我认为，分析学科性质对于认识世界是重要的，然而更重要的是从事改造世界的社会分工。一般来说，文科、理科，可以侧重于按学科性质分类；而工、农、财经、政法等科类，应当侧重于按社会分工分类。但本科教育，一般不应按产品、职业岗位设置专业；专科教育、职业技术教育，尤其是面向地方的职业技术教育则另当别论，但也不应搞得太窄。因为即使是职业技术的学历教育，也不同于专为培训某种产品工艺或职业岗位技术人员的短期培训班。”①

我国普通高等学校有三个层次或类别的学科、专业目录。

一是高等职业教育（专科层次）的学科、专业目录。由于高等职业教育还处在比较大的调整变化之中，本书暂时没有收入进行阐述。

二是高等学校本科的学科、专业目录，概念包括“学科门类”或“门类”（如“经济学学科门类”或“经济学门类”）、“专业类”（如经济学类）、“专业”（如“经济学专业”）。

三是培养研究生的学科、专业目录，概念包括“学科门类”或“门类”（如“医学

① 潘懋元．潘懋元文集．广州：广东高等教育出版社，2010. 104～105.

学科门类”或“医学门类”)、“一级学科”(如“一级学科临床医学”)、“二级学科”(如“二级学科内科学”)、“三级学科”(如“三级学科心血管病”)。

本书的读者主要是考生，考生要报考的是专业，所以，书名把专业放在前，学科放在后；正文则主要以官方文件为规范，一般是学科在前，专业在后。

第 一 部 分

高等学校的学科、专业发展概述

高等学校学科、专业的建设发展，除了与经济、政治、文化、科技发展密切相关外，还与高等学校办学类型密切相关。因此，要了解学科、专业的建设发展，还不能离开高等学校办学类型的变化发展。第一部分内容，是回顾新中国成立以来60多年高等学校办学类型及其学科、专业的建设发展历程。

一、高等学校的办学体制改革和专业调整与发展

高等学校的类型和学科、专业设置是与高等教育的体制、结构和经济社会发展、人才需求等因素紧密联系在一起的。经济体制改革、产业结构调整、社会发展都会引起高等教育办学体制改革和专业调整变化。

（一）20世纪50年代初期至70年代末高等学校的设置和发展

1949年新中国成立以后至20世纪70年代末，我国高等学校经历了50年代初的院系调整和9次重点大学的确定，其办学类型和专业设置发生了较大的变化，尤其是50年代初学习苏联经验进行的院系调整，形成了我国三种主要类型的高等学校。而以后的30年，我国高等教育基本上又都是在这个基础上发展的。

1. 文理科综合性大学

这类学校所开设的专业基本上都是文科的汉语言文学、历史、哲学、经济学、法学、政治学、外语和理科的数学、物理、化学、生物、地质、地理等专业。

部属的文理科综合性大学有一批，如北京大学、南开大学、吉林大学、复旦大学、南京大学、厦门大学、山东大学、武汉大学、中山大学、四川大学、兰州大学等。

省属的文理科综合性大学有河北大学、山西大学、内蒙古大学、辽宁大学、延边大学、黑龙江大学、杭州大学（现合并于浙江大学）、安徽大学、江西大学（现合并于南昌大学）、郑州大学、贵州大学、云南大学、西北大学、新疆大学等。

2. 理工科大学

这类学校所开设的专业基本上都是以工科为主的专业，如机械、自动化、化工、材料、建筑、水工、无线电等专业，兼设应用数学、应用物理、应用化学等专业。

部属的理工科大学有一批，如清华大学、天津大学、大连工学院（现大连理工大

学）、上海交通大学、南京工学院（现东南大学）、浙江大学、华中工学院（现华中科技大学）、华东化工学院（现华东理工大学）、华南工学院（现华南理工大学）、重庆大学、西安交通大学等。

省属的理工科大学有北京工业大学、河北工学院（现河北工业大学）、太原工学院（现合并于太原理工大学）、吉林工学院（现长春工业大学）、上海工业大学、上海科学技术大学（现均合并于上海大学）、浙江工学院（现浙江工业大学）、福州大学、江西工学院（现合并于南昌大学）、山东工学院（现合并于山东大学）、广东工学院（现广东工业大学）、贵州工学院（现合并于贵州大学）、新疆工学院（现合并于新疆大学）等。

3. 专门学院（大学）

以中央各部委主办的各类专门学院（大学）及其专业基本上都是根据部委专业人才的需要为主而开办的，这类学校占据了我国高等教育的半壁江山。现举例如下。

①原冶金工业部办的东北工学院（现东北大学）、北京钢铁学院（现北京科技大学）、中南矿业学院（现中南大学）、西安冶金建筑学院（现西安建筑科技大学）等。

②原铁道部办的北京铁道学院（现北京交通大学）、唐山铁道学院（现西南交通大学）、上海铁道学院（现合并于同济大学）等。

③原机械工业部办的吉林工业大学（现合并于吉林大学）、湖南大学、合肥工业大学、东北重型机械学院（现燕山大学）等。

④原水利电力部办的河海大学、武汉水利电力大学（现合并于武汉大学）等。

⑤原电子工业部办的成都电讯工程学院（现电子科技大学）、西北电讯工程学院（现西安电子科技大学）等。

⑥原航空航天工业部办的哈尔滨工业大学、北京航空学院（现北京航空航天大学）、西北工业大学、南京航空学院（现南京航空航天大学）等。

⑦原交通部办的大连航运学院（现大连海事大学）、西安公路学院（现合并于长安大学）等。

⑧原兵器工业部办的北京工业学院（现北京理工大学）、华东工程学院（现南京理工大学）等。

⑨原地质部办的北京地质学院（现中国地质大学）、长春地质学院（现合并于吉林大学）、西安地质学院（现合并于长安大学）等。

⑩原纺织工业部办的华东纺织学院（现东华大学）、苏州丝绸工学院（现合并于苏州大学）等。

⑪原邮电部办的北京邮电学院（现北京邮电大学）、南京邮电学院（现南京邮电大学）等。

⑫原煤炭工业部办的北京矿业学院（现中国矿业大学）、阜新矿业学院（现辽宁工程技术大学）、山西矿业学院（现合并于太原理工大学）等。

⑬原化工部办的北京化工学院（现北京化工大学）、郑州工学院（现合并于郑州大学）等。

⑭原卫生部办的北京医学院（现合并于北京大学）、上海第一医学院（现合并于复旦大学）、中山医学院（现合并于中山大学）、白求恩医科大学（现合并于吉林大学）、

武汉医学院（现合并于华中科技大学）、湖南医学院（现合并于中南大学）、四川医学院（现合并于四川大学）、西安医学院（现合并于西安交通大学）等。

⑮原石油工业部办的北京石油学院（现中国石油大学）、西南石油学院（现西南石油大学）、大庆石油学院（现东北石油大学）等。

⑯原轻工业部办的无锡轻工业学院（现江南大学）、中央工艺美术学院（现合并于清华大学）等。

从 1954 年 10 月到 1979 年 10 月，我国分 9 次确定的重点大学共 98 所。

至 1979 年年底，我国有普通高等学校 633 所，其中文理科综合性大学 33 所，工业院校 191 所，农业院校 52 所，林业院校 9 所，医药院校 107 所，师范院校 161 所，语言院校 10 所，财经院校 22 所，政法院校 6 所，体育院校 11 所，艺术院校 22 所，其他院校 9 所。①

（二）20 世纪 80 年代初至 90 年代中后期高等学校的发展和专业变化

1. 多科性大学开始发展

1977 年，高等学校恢复统一高考招生。从 20 世纪 80 年代初到 90 年代中后期，为适应改革开放和市场经济发展的需要，中央各部委、各省市自治区新建了一批高等学校，仅 1980 年全国就新增 42 所，全国总数达到 675 所，到 1998 年达到 1 022 所。与此同时，原有的许多高等学校也开始较大规模地增设了一批原来没有的专业，如电气信息类专业。原来的文理科综合性大学、理工科大学、专门学院（大学）开始向多科性大学发展；同时，高等学校开始打破原部门办学的限制，如原文理科综合性大学开始增设一些工科专业，原理工科大学也开始增设一些文科专业。原校名为学院的开始改名为大学，下设若干个学院。

这一时期专业变化特别显著的学校还有师范学院和农业学院。师范院校打破了原来只培养教师的师范专业的限制，开办了一批非师范的社会所需的热门专业；农业学院打破了原来农学专业的限制，开办了一批社会所需要的工科和文科的热门专业。

2. 中心城市地方大学崛起

从 20 世纪 80 年代开始，随着沿海地区中心城市（主要是省会城市和地级市）经济的崛起，地方经济社会发展对应用型人才的需要，中心城市纷纷投资、集资（包括华侨、港澳同胞捐资）创办地方大学，广东、江苏、浙江、山东等省的中心城市办大学的热情特别高涨。例如，广东当时创办并发展至今的地方大学有广州大学、深圳大学、五邑大学、佛山科学技术学院、韶关学院、嘉应学院、肇庆学院、惠州学院、东莞理工学院等。

3. 启动“211 工程”、“985 工程”及其重点学科建设

1995 年 11 月，经国务院批准，国家计委、国家教委和财政部联合下发了《“211 工程”总体建设规划》，“211 工程”正式启动。“211 工程”，即面向 21 世纪，重点建设一批高水平大学和重点学科，经过若干年的努力，使 100 所左右的高等学校以及一批重点

① 《中国高等学校简介》编审委员会．中国高等学校简介．北京：教育科学出版社，1982.

学科在教育质量、科学研究、管理水平和办学效益等方面有较大提高，在高等教育改革特别是管理体制改革方面有明显进展，成为立足国内培养高层次人才、解决经济建设和社会发展重大问题的基地。其中，一部分重点高等学校和一部分重点学科接近或达到国际同类学校和学科的先进水平，大部分高等学校在人才培养、科学研究上取得较大成绩，适应地区和行业发展的需要，总体处于国内先进水平，起到骨干和示范作用。

值得注意的是，“211 工程”将过去几十年国家“建设重点大学”的提法更改为“重点建设大学”，这表明，目前已进入“211 工程”的高等学校，并不意味着就是“国家重点大学”，而目前非重点建设但发展得很好的大学，也可能在滚动发展中被列入国家重点建设的行列之中。自 1995 年以来，进入“211 工程”重点建设的高等学校，由于学校主管部门的财力投入、地方关系等多种原因，其名单一直在调增之中，至 2012 年有 112 所：

北京大学	清华大学	中国人民大学
北京交通大学	北京工业大学	北京航空航天大学
北京理工大学	北京科技大学	北京化工大学
北京邮电大学	中国农业大学	北京林业大学
北京中医药大学	北京师范大学	北京外国语大学
中国传媒大学	中央财经大学	对外经济贸易大学
北京体育大学	中央音乐学院	中央民族大学
中国政法大学	华北电力大学	南开大学
天津大学	天津医科大学	河北工业大学
太原理工大学	内蒙古大学	辽宁大学
大连理工大学	东北大学	大连海事大学
吉林大学	延边大学	东北师范大学
哈尔滨工业大学	哈尔滨工程大学	东北农业大学
东北林业大学	复旦大学	同济大学
上海交通大学	华东理工大学	东华大学
华东师范大学	上海外国语大学	上海财经大学
上海大学	第二军医大学	南京大学
苏州大学	东南大学	南京航空航天大学
南京理工大学	中国矿业大学	河海大学
江南大学	南京农业大学	中国药科大学
南京师范大学	浙江大学	安徽大学
中国科学技术大学	合肥工业大学	厦门大学
福州大学	南昌大学	山东大学
中国海洋大学	中国石油大学	郑州大学
武汉大学	华中科技大学	中国地质大学
武汉理工大学	华中农业大学	华中师范大学
中南财经政法大学	湖南大学	中南大学

湖南师范大学　国防科学技术大学　中山大学
暨南大学　华南理工大学　华南师范大学
广西大学　海南大学　四川大学
西南交通大学　电子科技大学　四川农业大学
西南财经大学　重庆大学　西南大学
贵州大学　云南大学　西藏大学
西北大学　西安交通大学　西北工业大学
西安电子科技大学　长安大学　西北农林科技大学
陕西师范大学　第四军医大学　兰州大学
青海大学　宁夏大学　新疆大学
石河子大学

1998年5月4日，江泽民同志在庆祝北京大学建校100周年大会上向全社会宣告："为了实现现代化，我国要有若干所具有世界先进水平的一流大学。"1999年，国务院批转教育部《面向21世纪教育振兴行动计划》，决定重点支持部分高校创建世界一流大学和高水平大学，简称"985工程"。

首批进入"985工程"的高等学校俗称"2+7"所，"2"是指北京大学、清华大学，"7"是指哈尔滨工业大学、复旦大学、上海交通大学、南京大学、中国科学技术大学、浙江大学、西安交通大学。

至2006年，进入"985工程"的高等学校有39所：

北京大学　武汉大学　重庆大学
清华大学　厦门大学　电子科技大学
哈尔滨工业大学　山东大学　四川大学
复旦大学　湖南大学　华南理工大学
上海交通大学　中国海洋大学　中山大学
南京大学　中南大学　西北工业大学
中国科学技术大学　吉林大学　东北大学
浙江大学　北京理工大学　兰州大学
西安交通大学　大连理工大学　中国农业大学
南开大学　北京航空航天大学　中央民族大学
天津大学　北京师范大学　华东师范大学
东南大学　中国人民大学　国防科学技术大学
华中科技大学　同济大学　西北农林科技大学

无论是进入"985工程"的高等学校，还是进入"211工程"的大多数高等学校，都是20世纪五六十年代被列入国家建设的重点大学。

在"211工程"、"985工程"建设上，1995年广东首创省部（广东省人民政府与教育部）共建体制，省级政府加大对在粤部属院校的财政投入，全面提高办学水平。

自1989年国家首次公布《国家重点学科名单》之后，又分别于2002年、2007年进行了第二次、第三次国家重点学科的评选与确定，一批高等学校的强学科纳入国家重点建设的行列。到2009年，全国一级学科国家重点学科有286个，二级学科国家重点学科有677个。

无论是“211工程”还是“985工程”，其核心都是重点学科建设。

4. 大批高等学校合并转型

为建设一批高水平研究型大学和若干所世界一流大学，在世界百强大学特别是其中的综合性大学居多的特点和美国著名大学的办学模式影响下，我国高等学校掀起了合并转型的热潮。

一方面，高等学校大合并，实现向综合性大学的转变。例如：

①浙江大学，由原理工科为主的浙江大学、原文理科为主的杭州大学以及浙江农业大学、浙江医科大学合并组建而成。

②武汉大学，由原文理科为主的武汉大学以及武汉水利电力大学、武汉测绘科技大学、湖北医科大学合并而成。

③吉林大学，由原文理科为主的吉林大学以及吉林工业大学、白求恩医科大学、长春科技大学、长春邮电学院、军需大学合并而成。

④华中科技大学，由原理工科为主的华中理工大学以及同济医科大学、武汉城市建设学院合并而成。

⑤武汉理工大学，由武汉工业大学、武汉汽车工业大学、武汉交通科技大学合并而成。

⑥郑州大学，由原文理科为主的郑州大学以及郑州工业大学、河南医科大学合并而成。

⑦上海交通大学，由原上海交通大学、上海农学院、上海第二医科大学合并而成。

⑧西安交通大学，由原西安交通大学、西安医科大学、陕西财经学院合并而成。

⑨南昌大学，由文理科为主的江西大学以及江西工业大学、江西医科大学合并而成。

⑩清华大学，由原清华大学、中央工艺美术学院合并而成，与中国协和医科大学合作。

⑪上海大学，由原上海大学、上海工业大学、上海科技大学、上海科技高等专科学校合并而成。

⑫同济大学，由原土木建筑为主的同济大学、上海铁道学院、上海铁道医学院、上海城市建设学院、上海建筑材料工业学院合并而成。

⑬延边大学，由原延边大学、延边医学院、延边农学院、延边师范高等专科学校、吉林艺术学院延边分院合并而成。

⑭中南大学，由中南矿业学院、长沙工业高等专科学校、湖南医科大学、长沙铁道学院合并而成。

⑮北华大学，由吉林师范学院、吉林医学院、吉林林学院、吉林电气化高等专科学校合并而成。

⑯长安大学，由西安公路学院、西安地质学院、西北建筑工程学院合并而成。

⑰东南大学，由原工科为主的东南大学、南京铁道医学院、南京交通高等专科学校合并而成。

⑱山东大学，由原文理科为主的山东大学以及山东医科大学、山东工业大学合并而成。

⑲中国农业大学，由原北京农业大学、北京农业机械化学院合并而成。

⑳贵州大学，由原贵州大学、贵州农学院、贵州艺术高等专科学校、贵州工业大学合并而成。

此外，一部分原文理科综合性大学与本地医科大学合并，并增设了工科类等多种专业，组建成了综合性大学。例如：

①北京大学，由原北京大学与北京医科大学合并而成。

②复旦大学，由原复旦大学与上海医科大学合并而成。

③中山大学，由原中山大学与中山医科大学合并而成。

④四川大学，由原四川大学与西华医科大学合并而成（四川大学先前已经与成都科技大学合并）。

另一方面，专门学院基本上都改名为大学，并增设了各种专业，变成新型的理、工、文、法、经、管等多科性的综合性大学。例如：

①东北工学院更名为东北大学。

②北京钢铁学院更名为北京科技大学。

③西安冶金建筑学院更名为西安建筑科技大学。

④北京铁道学院更名为北京交通大学。

⑤唐山铁道学院更名为西南交通大学（1971 年搬迁到四川）。

⑥成都电讯工程学院更名为电子科技大学。

⑦西北电讯工程学院更名为西安电子科技大学。

⑧北京航空学院更名为北京航空航天大学。

⑨南京航空学院更名为南京航空航天大学。

⑩北京工业学院更名为北京理工大学。

⑪华东工程学院更名为南京理工学院。

⑫北京地质学院更名为北京地质大学。

⑬华东纺织工学院更名为东华大学。

⑭北京邮电学院更名为北京邮电大学。

⑮南京邮电学院更名为南京邮电大学。

⑯北京矿业学院更名为北京矿业大学。

⑰阜新矿业学院更名为辽宁工程技术大学。

⑱山东海洋学院更名为中国海洋大学。

⑲大连工学院更名为大连理工大学。

⑳华南师范学院更名为华南师范大学。

5. 专业迅速发展

这一时期特别是 20 世纪 90 年代，高等学校的专业得到了发展。到 90 年代中期，本科专业已经达到504种。以下是比较典型的几个专业类专业划分太多的例子。

学科门类“经济学”中的经济学类专业有17种；

学科门类“法学”中的法学类专业有7种；

学科门类“理学”中的生物科学类专业有13种；

学科门类“工学”中的材料类专业有18种；

学科门类“工学”中的电气信息类专业有36种；

学科门类“工学”中的化工与制药类专业有15种；

学科门类“工学”中的轻工纺织食品类专业有23种；

学科门类“农学”中的植物生产类专业有11种；

学科门类“医学”中的临床医学与医学技术类专业有8种；

学科门类“管理学”中的工商管理类专业有21种。①

显然，新增专业太多，专业设置过细，造成所培养的人才专业知识面过窄，就业适应能力不强。

（三）20世纪90年代末至现在高等学校的发展和专业变化

1. 专业调整合并

为了适应经济社会发展变化的需要，促进高等教育的规模、结构、质量、效益的协调发展，教育部针对新增专业太多、专业太窄的问题，对本科专业进行了调整合并。1998年7月颁布了《普通高等学校本科专业设置规定》，重新修订了《普通高等学校本科专业目录》，教育部高等教育司编辑了《中国普通高等学校本科专业设置大全》。这次重新修订的本科专业目录包括哲学、经济学、法学、教育学、文学、历史学、理学、工学、农学、医学、管理学共11个学科门类（不含军事学），下设71个二级类，249种专业。

1998年7月颁布的《普通高等学校本科专业目录》，是在1993年原国家教委颁布的《普通高等学校本科专业目录》及原目录以外专业基础上，经过反复论证修订的。至2012年9月，我国高等学校本科专业设置和本科专业招生仍然使用这一专业目录，包括《经教育部批准同意设置的本科目录外专业名单》（共282种）。以下列举常见的专业。

①经济学类专业只有4种，即经济学、国际经济与贸易、财政学、金融学。其中的经济学，对应的旧专业就有7种，即经济学、国民经济管理、农业经济、工业经济、贸易经济、运输经济、劳动经济。

②法学类专业只有1种，即法学，对应的旧专业就有7种，即法学、经济法、国际法、国际经济法、劳动改造法、商法、刑事司法。

③生物科学类专业只有2种，即生物科学、生物技术。其中的生物科学，对应的旧专业就有7种，即生物学、生物化学、微生物学、生物学教育、生物科学与技术、病毒学、海洋生物学。

---

① 教育部高等教育司．中国普通高等学校本科专业设置大全．北京：高等教育出版社，1999.

④材料类专业只有 4 种，即冶金工程、金属材料工程、无机非金属材料工程、高分子材料工程。其中的金属材料工程，对应的旧专业就有 8 种，即金属材料与热处理、金属压力加工、粉末冶金、复合材料、腐蚀与防护、铸造、塑料成型工艺及设备、焊接工艺及设备。

⑤电气信息类专业只有 7 种，即电气工程及其自动化、自动化、电子信息工程、通信工程、计算机科学与技术、电子科学与技术、生物医学工程。其中的电气工程及其自动化，对应的旧专业就有 6 种，即电力系统及其自动化、高电压与绝缘技术、电气技术、电机电器及其控制、光源与照明、电气工程及其自动化。

⑥化工与制药类专业只有 2 种，即化学工程与工艺、制药工程。其中的化学工程与工艺，对应的旧专业就有 11 种，即化学工程、化工工艺、高分子化工、精细化工、生物化工、工业分析、电化学工程、工艺催化、化学工程与工艺、高分子材料及化工、生物化学工程。

⑦轻工纺织食品类专业只有 6 种，即食品科学与工程、轻化工程、包装工程、印刷工程、纺织工程、服装设计与工程。其中的食品科学与工程，对应的旧专业就有 11 种，即制糖工程、粮食工程、油脂工程、食品科学与工程、烟草工程、食品卫生与检验、粮油储藏、农产品贮运与加工、水产品贮藏与加工、冷冻冷藏工程、蜂学。

⑧植物生产类专业只有 4 种，即农学、园艺、植物保护、茶学。其中的农学，对应的旧专业就有 5 种，即农学、热带作物、药用植物、土壤与农业化学、烟草。

⑨临床医学与医学技术类专业只有 4 种，即临床医学、麻醉学、医学影像学、医学检验。其中的临床医学，对应的旧专业就有 5 种，即临床医学、儿科医学、精神病学与精神卫生、放射医学、医学营养学。

⑩工商管理类专业只有 6 种，即工商管理、市场营销、会计学、财务管理、人力资源管理、旅游管理。其中的工商管理，对应的旧专业就有 10 种，即工商行政管理、企业管理、国际企业管理、房地产经营管理、工商管理、投资经济、管理工程、技术经济、邮政通信管理、林业经济管理。

高等学校的专业设置及其调整，适应了国民经济建设、科技进步和社会发展的需要，拓宽了专业服务的方向。

自 20 世纪 90 年代末开始，我国高等教育进入快速发展时期。这一时期无论是高等教育的办学体制、结构还是发展规模都发生了翻天覆地的变化。

2. 高等学校扩招

1998 年，我国高等教育毛入学率①只有 9.8%②。为了使更多的青年学生接受高等教育，培养更多的专门人才，促进经济持续增长，1999 年我国高等教育开始扩招，即启动

---

① 一个地区或国家各级各类在校大学生总数除以 18 ~22 岁年龄段人口总数得出的百分比，叫高等教育毛入学率。按照美国学者马丁·特罗的高等教育发展阶段论分段，毛入学率在 15% 以下为精英教育，15% ~50% 为大众化教育，50% 以上为普及化教育。

② 唐景莉，杨晨光. 把提高质量作为核心任务——我国高等教育改革发展综述. 中国教育报，2010 -07 -09.

了高等教育大众化。《扩招背景：适龄青年上大学的比例只有4%》这篇文章回顾了扩招的直接动因："1998年11月，亚洲开发银行驻北京代表处首席经济学家汤敏，以个人名义向中央写信，提出《关于启动中国经济有效途径——扩大招生量一倍》的建议书。他陈述了5个理由支持大学扩招：其一，当时中国大学生数量远低于同等发展水平的国家；其二，1998年国企改革，大量下岗工人进入就业市场，如果大量年轻人参与竞争，就业将面临恶性局面；其三，国家提出保持经济增长8%的目标，扩招前经济增长率为7.8%，急需扩大内需，教育被认为是老百姓需求最大的；其四，当时高校有能力消化扩招，平均一个教师仅带7个学生；最后也是最重要的，高等教育的普及事关中华民族的整体振兴。建议很快被有关部门采纳，基于'拉动内需、刺激消费、促进经济增长、缓解就业压力'四大目标的高校扩招从此进入正轨，拉开了中国高等教育改革的大幕。"① 事实上，启动高等教育大众化，还促进了教育机会均等和教育公平，而这也正是高等教育大众化发展的题中之义和理论基础。

1999年开始，我国高等学校扩招。从1998年到2012年，全国普通高等学校本专科招生从108万人提高到685万人，在校生从341万人发展到2 309万人；研究生招生从7.25万人提高到53.82万人（2010年），在校生从19.89万人发展到153.84万人（2010年）。② 加上成人高等教育和自学考试的发展，我国实现了从精英教育到大众化教育的历史性跨越。

以广东省为例，1998年到2011年全省普通高等学校本专科招生人数分别为6.1万人、9.41万人、12.08万人、13.91万人、17.61万人、22.58万人、26.46万人、30.7万人、33.53万人、35.49万人、39.07万人、43.86万人、44.02万人、47.37万人；在校生从1998年的18.51万人发展到2012年的161.68万人。

3. 各类高等学校迅速发展

高等学校扩招采取了内涵发展与外延扩大并重的方针。内涵发展是指原有高等学校挖潜扩招，不少是多校区发展；外延扩大是指各地方、各部门新办一批高等学校，不少地区集约发展。

新办高等学校主要有两类：第一类是公办的职业技术学院，属于专科层次，许多是在中等专业学校基础上升格，或者是由成人高等学校转制的。新办的高等学校主要以开设应用性、职业性的热门专业为主。第二类是民办院校和独立学院③，其中一种是独立设置的民办院校，以专科层次为主；另一种是依托原有公办高等学校创办的独立学院，或者以本科为主，或者本专科并举。此外，还有一批专科学校升格为本科院校。

新的办学模式主要有两种：第一种是多校区发展。一所学校两三个甚至四五个校区，发展成万人大学甚至三四万人的大学，这已经非常普遍。第二种是集中发展。世纪之交，

① 夏斐．扩招背景：适龄青年上大学的比例只有4%．光明日报，2008－12－10.

② 教育部网站。

③ 《独立学院设置与管理办法》（中华人民共和国教育部令第26号，2008年2月22日）规定，独立学院"是指实施本科以上学历教育的普通高等学校与国家机构以外的社会组织或者个人合作，利用非国家财政性经费举办的实施本科学历教育的高等学校"。

一些省市纷纷创办大学城或大学园区。广州大学城是集中在一块18平方公里的土地上，在不到两年的时间内一次性建立起来的最典型的集中发展模式，集中了10所本科院校；珠海大学园区是分散在中心城市各个地方，经过多年建设逐步发展形成的园区发展模式。

至此，我国普通高等学校数量从1998年的1 022所发展到2012年的2 430所（其中普通本科院校844所，普通高职高专院校1 288所，独立学院298所），另外，经国家审定的分校办学点有62个（以上数据为教育部2012年6月20日公布）。

4. 高等学校特色专业建设

为适应经济社会发展对高素质人才的需求，引导不同类型的高等学校根据自己的办学定位，发挥已有的专业优势，办出专业特色，为同类型的高等学校相关专业建设和改革起到示范与带动作用，2007年1月22日教育部、财政部做出《关于实施高等学校本科教学质量与教学改革工程的意见》（教高〔2007〕1号），提出实施质量工程。质量工程以提高高等学校本科教学质量为目标，以推进改革和实现优质资源共享为手段，按照“分类指导、鼓励特色、重在改革”的原则，加强内涵建设，提升我国高等教育的质量和整体实力。

从2007年开始，教育部对高等学校特色专业建设点进行遴选。特色专业以强化优势为根本，以突出特色为核心，按照优势突出、特色鲜明、新兴交叉、社会急需等原则，对相关专业进行择优和重点建设，从而帮助学校形成自己的特色与品牌。截至2011年年底，教育部共公布了7批合计3 578个特色专业建设点，它们分布在不同类型的高等学校。

5. 高等学校战略性新兴产业相关本科新专业建设

战略性新兴产业是指体现当今世界知识经济、循环经济、低碳经济发展潮流的产业，是国民经济的先导产业和支柱产业，是以重大技术突破和重大发展需求为基础、对经济社会全局和长远发展具有重大引领带动作用的产业。加快培育和发展战略性新兴产业对推进我国现代化建设具有重要战略意义。为了增强国家核心竞争力，建设创新型国家，2010年10月10日国务院做出《关于加快培育和发展战略性新兴产业的决定》（国发〔2010〕32号），提出要发展七大战略性新兴产业，即节能环保、新一代信息技术、生物、高端装备制造、新能源、新材料、新能源汽车。

为配合国家战略性新兴产业的发展，2010年7月12日教育部印发《关于公布同意设置的高等学校战略性新兴产业相关本科新专业名单的通知》（教高〔2010〕7号），新专业共140个，其中工学专业占绝大多数。

①工学专业134个，如纳米材料与技术、光电子材料与器件（新目录名称为光电信息科学与工程）、新能源科学与工程、资源循环科学与工程、物联网工程、环保设备工程、海洋资源开发技术、生物制药等。

②医学专业3个，即药物分析、药物化学、中药制药。

③经济学专业1个，即能源经济。

④文学专业 1 个，即新媒体与信息网络（新目录名称为网络与新媒体）。

⑤艺术学专业 1 个，即数字电影技术（新目录名称为影视摄影与制作）。

《高等学校战略性新兴产业相关本科新专业名单》见本书附件 3。

6. 卓越人才培养计划实施

（1）“基础学科拔尖学生培养试验计划”

这是教育部等中央有关部门为回应“钱学森之问”而出台的一项人才培养计划。所谓“钱学森之问”就是：“为什么我们的学校总是培养不出杰出人才?”这是 2005 年温家宝总理在看望著名物理学家钱学森时，钱老发出的疑问。钱学森认为：“现在中国没有完全发展起来，一个重要原因就是没有一所大学能够按照培养科学技术发明创造人才的模式去办学，没有自己独特的创新的东西，老是‘冒’不出杰出人才。”这是一道关于中国教育发展的艰深命题。为此，2009 年教育部联合中组部、财政部启动实施“基础学科拔尖学生培养试验计划”。截至 2011 年，北京大学、清华大学、南京大学、复旦大学、中国科学技术大学、上海交通大学、浙江大学、西安交通大学、南开大学、吉林大学、四川大学、山东大学、武汉大学、中山大学、北京师范大学、兰州大学、同济大学、厦门大学、哈尔滨工业大学、北京航空航天大学等 20 所大学入选该计划。该计划首先从数学、物理、化学、生物、计算机等 5 个基础学科开始试验，每年动态选拔特别优秀的学生，配备一流的师资，提供一流的学习条件，创新培养方式，从而构筑基础科学拔尖人才培养的专门通道，努力使受该计划支持的学生成长为相关基础科学领域的领军人物。

（2）“卓越工程师教育培养计划”

这是为贯彻落实党的十七大提出的走中国特色新型工业化道路、建设创新型国家、建设人力资源强国等战略部署，是实施《国家中长期教育改革和发展规划纲要（2010—2020 年）》的重大计划，是促进我国由工程教育大国迈向工程教育强国的重大举措。2010 年开始分两批共批准 194 所高等学校（第一批 61 所，第二批 133 所）的 824 个本科专业或专业类、试点班进入“卓越工程师教育培养计划”。2011 年 1 月 8 日，教育部做出《关于实施卓越工程师教育培养计划的若干意见》（教高〔2011〕1 号），教育部明确这一计划的目的和要求，即培养一大批创新能力强、适应经济社会发展需要的高质量的各类型工程技术人才。“卓越工程师教育培养计划”具有三个特点：一是行业企业深度参与培养过程；二是学校按通用标准和行业标准培养工程人才；三是强化培养学生的工程能力和创新能力。

第一批“卓越工程师教育培养计划”61 所高校名单（2010 年 6 月 13 日公布实施）：

清华大学	北京交通大学	北京科技大学
北京邮电大学	华北电力大学	北京化工大学
北京理工大学	北京航空航天大学	北京工业大学
北京石油化工学院	天津大学	燕山大学
太原理工大学	大连理工大学	吉林大学
哈尔滨工业大学	哈尔滨工程大学	黑龙江工程学院
同济大学	上海交通大学	华东理工大学

东华大学 上海大学 上海工程技术大学
上海电力学院 东南大学 河海大学
江南大学 江苏大学 南京工业大学
南京工程学院 浙江大学 浙江工业大学
浙江科技学院 宁波工程学院 合肥工业大学
合肥学院 福州大学 福建工程学院
南昌大学 山东大学 中国石油大学（华东）
山东理工大学 郑州大学 华中科技大学
武汉理工大学 中南大学 湖南大学
湖南工程学院 华南理工大学 汕头大学
东莞理工学院 四川大学 西南交通大学
成都信息工程学院 西安交通大学 长安大学
西安电子科技大学 西北工业大学 西安理工大学
西安建筑科技大学

第二批“卓越工程师教育培养计划”133所高校名单（2011年9月29日公布实施）：

中国石油大学（北京） 中国地质大学（北京） 北京信息科技大学
北京服装学院 北京印刷学院 北京建筑工程学院
北方工业大学 中国民航大学 天津工业大学
天津科技大学 天津理工大学 华北科技学院
防灾科技学院 河北工业大学 河北联合大学
河北科技大学 石家庄铁道大学 中北大学
内蒙古科技大学 内蒙古工业大学 东北大学
大连海事大学 沈阳大学 沈阳理工大学
辽宁工程技术大学 沈阳工业大学 沈阳建筑大学
辽宁石油化工大学 大连交通大学 沈阳化工大学
辽宁科技大学 大连工业大学 沈阳航空航天大学
长春理工大学 长春工业大学 东北电力大学
长春工程学院 吉林化工学院 东北林业大学
哈尔滨理工大学 东北石油大学 上海理工大学
上海海事大学 上海第二工业大学 上海应用技术学院
上海电机学院 南京大学 南京航空航天大学
南京理工大学 中国矿业大学 中国药科大学
苏州大学 扬州大学 江苏科技大学
南京邮电大学 南京信息工程大学 徐州工程学院
淮阴工学院 常州工学院 盐城工学院
苏州科技学院 常熟理工学院 杭州电子科技大学

浙江理工大学	温州大学	中国计量学院
中国科学技术大学	安徽理工大学	安徽工业大学
安徽建筑工业学院	安徽科技学院	厦门理工学院
江西理工大学	华东交通大学	东华理工大学
南昌航空大学	景德镇陶瓷学院	南昌工程学院
中国海洋大学	青岛大学	山东科技大学
烟台大学	青岛科技大学	青岛理工大学
济南大学	山东建筑大学	河南科技大学
河南理工大学	河南工业大学	华北水利电力学院
郑州轻工业学院	南阳理工学院	武汉大学
中国地质大学（武汉）	长江大学	三峡大学
武汉科技大学	湖北工业大学	武汉工程大学
武汉纺织大学	湖北汽车工业学院	国防科学技术大学
湖南科技大学	长沙理工大学	南华大学
湖南工学院	广东工业大学	广东石油化工学院
广西大学	桂林电子科技大学	桂林理工大学
海南大学	重庆大学	重庆交通大学
重庆邮电大学	重庆科技学院	电子科技大学
成都理工大学	西南科技大学	四川理工学院
成都学院	贵州大学	昆明理工大学
西安科技大学	西安石油大学	西安工程大学
西安工业大学	陕西科技大学	西安邮电学院
兰州理工大学	兰州交通大学	青海大学
宁夏大学		

(3)“卓越医生教育培养计划”

这是为了加快推进临床医学教育综合改革、全面提高医学人才培养质量的一项重要措施。2012年5月7日，教育部、卫生部做出《关于实施卓越医生教育培养计划的意见》(教高〔2012〕7号)。同年11月9日，教育部、卫生部共同确定第一批“卓越医生教育培养计划”项目试点高校125所，试点项目178项，其中拔尖创新医学人才培养模式改革试点项目26项，五年制临床医学人才培养模式改革试点项目72项，农村订单定向免费本科医学教育人才培养模式改革试点项目39项，“3+2”三年制专科临床医学教育人才培养模式改革试点项目41项。

第一批“卓越医生教育培养计划”项目试点高校名单如下：

北京大学	清华大学	北京协和医学院
首都医科大学	天津医科大学	天津医学高等专科学校
河北医科大学	河北联合大学	承德医学院
沧州医学高等专科学校	邢台医学高等专科学校	山西医科大学

长治医学院 山西大同大学 内蒙古医科大学
内蒙古科技大学 中国医科大学 大连医科大学
辽东学院 吉林大学 北华大学
延边大学 哈尔滨医科大学 佳木斯大学
齐齐哈尔医学院 牡丹江医学院 大庆医学高等专科学校
大兴安岭职业学院 复旦大学 上海交通大学
同济大学 第二军医大学 上海医药高等专科学校
南京大学 东南大学 南京医科大学
苏州大学 徐州医学院 南通大学
浙江大学 温州医学院 宁波大学
湖州师范学院 金华职业技术学院 浙江医学高等专科学校
安徽医科大学 蚌埠医学院 安徽医学高等专科学校
安庆医药高等专科学校 厦门大学 福建医科大学
莆田学院 泉州医学高等专科学校 漳州卫生职业学院
南昌大学 宜春学院 赣南医学院
井冈山大学 九江学院 江西医学院上饶分院
山东大学 泰山医学院 潍坊医学院
青岛大学 济宁医学院 山东医学高等专科学校
郑州大学 新乡医学院 河南大学
河南科技大学 漯河医学高等专科学校 华中科技大学
武汉大学 长江大学 湖北医药学院
湖北科技学院 湖北职业技术学院 襄阳职业技术学院
中南大学 南华大学 湖南师范大学
吉首大学 怀化医学高等专科学校 邵阳医学高等专科学校
中山大学 暨南大学 南方医科大学
汕头大学 广州医学院 广西医科大学
桂林医学院 右江民族医学院 柳州医学高等专科学校
海南医学院 第三军医大学 重庆三峡医药高等专科学校
重庆医科大学 重庆医药高等专科学校 四川大学
川北医学院 泸州医学院 四川省中医药高等专科学校
成都医学院 雅安职业技术学院 贵阳医学院
遵义医学院 黔东南民族职业技术学院 黔南民族医学高等专科学校
昆明医科大学 大理学院 曲靖医学高等专科学校
西藏大学 西藏民族学院 西安交通大学
第四军医大学 延安大学 西安医学院
西安医学高等专科学校 兰州大学 青海大学
青海卫生职业技术学院 宁夏医科大学 新疆医科大学
石河子大学 长春医学高等专科学校

(4)“卓越法律人才教育培养计划”

这是培养适应中国特色社会主义法治国家建设需要的高素质法律人才的重要举措。为了全面落实依法治国基本方略，深化高等法学教育教学改革，提高法律人才培养质量，2011 年 12 月 23 日，教育部、中央政法委员会做出《关于实施卓越法律人才教育培养计划的若干意见》（教高〔2011〕10 号）。该计划把培养应用型、复合型法律职业人才作为培养重点，把培养涉外法律人才作为培养应用型、复合型法律职业人才的突破口，即适应世界多极化、经济全球化深入发展和国家对外开放的需要，培养一批具有国际视野、通晓国际规则、能够参与国际法律事务和维护国家利益的涉外法律人才。2012 年 11 月 23 日，教育部办公厅、中央政法委员会办公室发出《关于公布首批卓越法律人才教育培养基地名单的通知》（教高厅函〔2012〕47 号）。卓越法律人才教育培养基地分三类。

一是应用型、复合型法律职业人才教育培养基地，名单如下：

北京大学	中国人民大学	清华大学
北京师范大学	对外经济贸易大学	中央财经大学
中国政法大学	中央民族大学	中国人民公安大学
北京航空航天大学	中国青年政治学院	南开大学
河北大学	山西大学	大连海事大学
辽宁大学	沈阳师范大学	吉林大学
吉林财经大学	黑龙江大学	复旦大学
同济大学	上海交通大学	上海财经大学
华东政法大学	南京大学	苏州大学
南京师范大学	浙江大学	浙江工商大学
安徽大学	厦门大学	江西财经大学
山东大学	烟台大学	郑州大学
河南大学	武汉大学	中南财经政法大学
中南大学	湖南大学	湘潭大学
湖南师范大学	中山大学	华南理工大学
暨南大学	广东商学院	广西大学
海南大学	重庆大学	西南政法大学
四川大学	西南财经大学	贵州大学
云南大学	西安交通大学	西北政法大学
兰州大学		

二是涉外法律人才教育培养基地，名单如下：

北京大学	中国人民大学	清华大学

北京师范大学	北京外国语大学	对外经济贸易大学
中央财经大学	中国政法大学	外交学院
吉林大学	复旦大学	上海交通大学
华东政法大学	南京大学	浙江大学
厦门大学	山东大学	武汉大学
中南财经政法大学	西南政法大学	西安交通大学
西北政法大学		

三是西部基层法律人才教育培养基地，名单如下：

中国政法大学	内蒙古大学	华东政法大学
中南财经政法大学	西南政法大学	四川大学
西南民族大学	云南民族大学	西北政法大学
甘肃政法学院	青海民族大学	新疆大学

已经启动或将要启动的还有“卓越农林人才教育培养计划”、“卓越新闻传播人才教育培养计划”、“卓越非通用语种人才教育培养计划”、“卓越会计人才教育培养计划”等。

7. 中西部高等学校基础能力建设工程

中西部高等学校基础能力建设工程，如同“211 工程”一样，由国家发展改革委员会、教育部组织实施，并由国家专项资金重点支持建设。这项工程实施的目的是贯彻落实《国民经济和社会发展第十二个五年规划纲要》和《国家中长期教育改革和发展规划纲要（2010—2020 年）》，切实提升中西部高等学校办学能力，提高人才培养质量，促进中西部高等教育振兴和区域高等教育协调发展，使中西部一批普通本科高等学校的基础教学实验条件得到较大改善，师资队伍素质结构更加优化，学生学习、实践、就业和创新创业能力明显提升，学校办学特色逐步彰显，高等教育服务经济社会发展能力显著增强。

这项工程以五年为一个周期，资金投入大，滚动实施，计划支持中西部 24 个省、自治区、直辖市的 100 所本科高校。入选的高校大部分为省部共建高校、省属重点高校，既有一本高校，也有二本高校。第一期实施期限为 2012—2015 年。由于覆盖范围为全国 24 个省、自治区、直辖市，故又被称作“小 211 工程”。

首批进入中西部高等学校基础能力建设工程的高校如下：①

211 工程院校（8 所）：

河北工业大学	南昌大学	湖南师范大学

① 中国教育在线网站发布。

海南大学 西藏大学 四川农业大学
西北大学 新疆大学

综合类院校（12 所）：

河南大学 河北大学 中北大学
黑龙江大学 北华大学 山西大学
华侨大学 集美大学 长江大学
吉首大学 湘潭大学 湖北大学

理工类院校（37 所）：

重庆邮电大学 昆明理工大学 东北石油大学
哈尔滨理工大学 河北工程大学 东北电力大学
长春理工大学 辽宁工程技术大学 石家庄铁道大学
燕山大学 河北工业大学 内蒙古工业大学
沈阳建筑大学 安徽理工大学 安徽工业大学
河南理工大学 河南工业大学 华北水利水电学院
武汉科技大学 武汉工程大学 湖北工业大学
武汉纺织大学 桂林电子科技大学 桂林理工大学
长沙理工大学 陕西科技大学 西安科技大学
西安建筑科技大学 兰州理工大学 西安理工大学
兰州交通大学 成都理工大学 成都信息工程学院
西南石油大学 西南科技大学 四川理工学院
贵州理工学院

师范类院校（15 所）：

河北师范大学 山西师范大学 内蒙古师范大学
安徽师范大学 云南师范大学 江西师范大学
河南师范大学 广西师范大学 西北师范大学
青海师范大学 新疆师范大学 喀什师范学院
四川师范大学 贵州师范大学 福建师范大学

财经类院校（6 所）：

贵州财经大学 东北财经大学 江西财经大学
安徽财经大学 重庆工商大学 云南财经大学

农林类院校（13 所）：

吉林农业大学　沈阳农业大学　云南农业大学
河北农业大学　山西农业大学　安徽农业大学
内蒙古农业大学　江西农业大学　河南农业大学
湖南农业大学　甘肃农业大学　中南林业科技大学
新疆农业大学

医科类院校（8 所）：

重庆医科大学　中国医科大学　哈尔滨医科大学
山西医科大学　安徽医科大学　河南中医学院
广西医科大学　宁夏医科大学

艺术类院校（1 所）：

新疆艺术学院

8. 国家示范性高等职业院校建设计划

为贯彻落实 2005 年《国务院关于大力发展职业教育的决定》（国发〔2005〕35 号）精神，2006 年 11 月 3 日，教育部、财政部做出《关于实施国家示范性高等职业院校建设计划加快高等职业教育改革与发展的意见》，对这一计划提出了具体内容。“国家示范性高等职业院校建设计划”被誉为我国高水平高等职业院校建设的“211 工程”。列入“国家示范性高等职业院校建设计划”的院校，一方面要在综合水平、教育教学改革、专业建设、社会服务方面领先；另一方面要在人才培养模式、实验实训基地建设、师资队伍建设、课程体系与教学内容改革等方面发挥其示范作用，以带动全国高等职业院校深化改革，提升我国高等职业教育的整体水平。

国家示范性高职院校名单如下（100 所）：

北京（4 所）：

北京工业职业技术学院　北京电子科技职业学院
北京农业职业学院　北京财贸职业学院

上海（4 所）：

上海医药高等专科学校　上海公安高等专科学校
上海工艺美术职业学院　上海旅游高等专科学校

天津（4 所）：

天津职业大学
天津中德职业技术学院
天津医学高等专科学校
天津电子信息职业技术学院

重庆（3 所）：

重庆工业职业技术学院
重庆工程职业技术学院
重庆电子工程职业学院

河北（4 所）：

邢台职业技术学院
承德石油高等专科学校
石家庄铁路职业技术学院
河北工业职业技术学院

山西（2 所）：

山西省财政税务专科学校
山西工程职业技术学院

内蒙古（2 所）：

内蒙古建筑职业技术学院
包头职业技术学院

辽宁（4 所）：

辽宁省交通高等专科学校
沈阳职业技术学院
大连职业技术学院
辽宁农业职业技术学院

吉林（3 所）：

长春汽车工业高等专科学校
长春职业技术学院
吉林工业职业技术学院

黑龙江（4 所）：

黑龙江建筑职业技术学院
黑龙江农业工程职业学院
黑龙江农业经济职业学院
大庆职业学院

江苏（7 所）：

南京工业职业技术学院
无锡职业技术学院
江苏农林职业技术学院
常州信息职业技术学院
苏州工业园区职业技术学院
南通纺织职业技术学院
徐州建筑职业技术学院

浙江（6 所）：

宁波职业技术学院
浙江金融职业学院
浙江机电职业技术学院
温州职业技术学院
金华职业技术学院
浙江警官职业学院

安徽（3 所）：

芜湖职业技术学院
安徽水利水电职业技术学院
安徽职业技术学院

福建（2 所）：

福建船政交通职业学院
漳州职业技术学院

江西（1 所）：

九江职业技术学院

山东（6 所）：

青岛职业技术学院
威海职业学院
山东商业职业技术学院
淄博职业学院
日照职业技术学院
山东科技职业学院

河南（4 所）：

黄河水利职业技术学院
平顶山工业职业技术学院
商丘职业技术学院
河南职业技术学院

湖北（4 所）：

武汉职业技术学院
武汉船舶职业技术学院
湖北职业技术学院
武汉铁路职业技术学院

湖南（5 所）：

长沙民政职业技术学院
湖南铁道职业技术学院
永州职业技术学院
湖南交通职业技术学院
湖南工业职业技术学院

广东（4 所）：

广州番禺职业技术学院
深圳职业技术学院
广州民航职业技术学院
广东轻工职业技术学院

广西（2 所）：

南宁职业技术学院
柳州职业技术学院

四川（6 所）：

成都航空职业技术学院
四川工程职业技术学院
四川交通职业技术学院
四川建筑职业技术学院
绵阳职业技术学院
四川电力职业技术学院

云南（2 所）：

云南交通职业技术学院
昆明冶金高等专科学校

贵州（1 所）：

贵州交通职业技术学院

陕西（3 所）：

杨凌职业技术学院
西安航空职业技术学院
陕西工业职业技术学院

甘肃（2 所）：

兰州石化职业技术学院　　甘肃林业职业技术学院

新疆（3 所）：

新疆农业职业技术学院　　克拉玛依职业技术学院
新疆石河子职业技术学院

海南（1 所）：

海南职业技术学院

宁夏（2 所）：

宁夏职业技术学院　　宁夏财经职业技术学院

青海（1 所）：

青海畜牧兽医职业技术学院

西藏（1 所）：

西藏职业技术学院

2010 年 6 月 1 日，教育部、财政部印发《关于进一步推进“国家示范性高等职业院校建设计划”实施工作的通知》，决定扩大国家重点建设院校数量，新增 100 所左右“国家骨干高职建设院校”，以加快高等职业教育改革与发展，全面提高人才培养质量和办学水平，更好地发挥高职院校在培养高素质高级技能型专门人才，促进就业，改善民生，构建终身教育体系和建设学习型社会等方面的重要作用。

9．高等学校创新能力提升计划（简称“2011 计划”）

2011 年 4 月 24 日，胡锦涛总书记在清华大学百年校庆上发表重要讲话，明确提出“要积极推动协同创新，通过体制机制创新和政策项目引导，鼓励高校同科研机构、企业开展深度合作，建立协同创新的战略联盟，促进资源共享，联合开展重大科研项目攻关，在关键领域取得实质性成果，努力为建设创新型国家做出积极贡献”。随后，教育部、财政部决定启动协同创新计划，于 2012 年 3 月 15 日做出《关于实施高等学校创新能力提升计划的意见》（教技〔2012〕6 号），这项计划简称“2011 计划”。

“2011 计划”是继“211 工程”、“985 工程”之后，我国高等教育系统又一项体现国家意志的重大战略举措。“2011 计划”以“国家急需、世界一流”为目标和方向，旨在引导高等学校围绕国家急需解决的战略性问题、科学技术尖端领域的前瞻性问题和涉及国计民生的重大公益性问题，聚集一流的创新团队，形成一流的创新氛围，创造一流的创新成果，培养一流的创新人才，在服务国家重大需求的同时，逐步形成“中国特色、世界一流”的办学模式，加速建立能够冲击世界一流的新优势和新实力。“2011 计划”以人才、学科、科研三位一体的创新能力提升为核心任务，促进人才培养、学科建设、科学研究三者之间的协同与互动，增强创新要素的有效集成，增强高校创新能力发展的导向性。其中人才是根本，学科是基础，科研是支撑。“2011 计划”是要建立一批协同创新中心，推进高校与高校、科研院所、行业企业、地方政府以及国外科研机构的深度合作，探索建立面向科学前沿、文化传承创新、行业产业以及区域发展重大需求的四类协同创新模式，使之逐步成为具有国际重大影响的学术高地、行业产业共性技术的研发基地、区域创新发展的引领阵地和文化传承创新的主力阵营。因此，如果高等学校的某一学科专业能够申请到“2011 计划”立项，那么，这个学科专业一定是强学科、强专业。

10.《学位授予和人才培养学科目录（2011 年）》的实施

为适应我国经济、科技、文化、社会和高等教育的发展，国务院学位委员会、教育部启动了学科目录修订工作，对学科目录设置与管理的机制进行了改革。2011 年 3 月 8 日，国务院学位委员会、教育部发出《关于印发〈学位授予和人才培养学科目录（2011 年）〉的通知》（学位〔2011〕11 号）。

根据《学位授予和人才培养学科目录设置与管理办法》（学位〔2009〕10 号）的规定，在原《授予博士、硕士学位和培养研究生的学科、专业目录（1997 年）》和《普通高等学校本科专业目录（1998 年）》的基础上，经过专家反复论证后编制了《学位授予和人才培养学科目录（2011 年）》。新目录分为学科门类和一级学科，是国家进行学位授权审核与学科管理、学位授予单位开展学位授予与人才培养工作的基本依据，适用于学士、硕士、博士的学位授予、招生和培养，并用于学科建设和教育统计分类等工作。学士学位则按本目录的学科门类授予。

《学位授予和人才培养学科目录（2011 年）》与《普通高等学校本科专业目录（2012 年）》一样，将原属于文学门类的艺术学学科（专业）独立出来，形成了排序第 13 的学科门类，即艺术学门类。在法学门类中新增设了公安学，在理学门类中新增设了生态学、统计学，在工学门类中新增设了城乡规划学、风景园林学、软件工程、生物工程、安全科学与工程、公安技术，在农学门类中新增设了草学，在医学门类中新增设了特种医学、医学技术、护理学，共 13 个一级学科。历史学门类则将旧目录中的 8 个二级学科（专业）调整为新目录中的 3 个一级学科，艺术学门类则将旧目录中的 8 个二级学科（专业）调整为新目录中的 5 个一级学科。《学位授予和人才培养学科目录（2011 年）》见本书附件 2－2。

11.《普通高等学校本科专业目录（2012 年）》的实施

为贯彻落实《国家中长期教育改革和发展规划纲要（2010—2020 年）》提出的要适应国家和区域经济社会发展需要，建立动态调整机制，不断优化学科专业结构的要求，教育部自2010年3月起对1998年印发的《普通高等学校本科专业目录》和1999年印发的《高等学校本科专业设置规定》进行了修订，历时两年多才完成。2012年9月14日，教育部发出关于印发《普通高等学校本科专业目录（2012年）》等文件的通知（教高〔2012〕9号）和《普通高等学校本科专业设置管理规定》。

本科专业目录是高等学校设置专业的重要依据，是国家经济社会所处发展阶段在人才培养和人才需求方面的集中反映。新目录的主要特点是将旧目录的学科门类由原来的11个增加到12个，即新增了艺术学门类，其专业类由原来的73个增加到92个，本科专业则由调整前的635种调减为506种，其中基本专业352种，特设专业154种，这反映出我国经济、科技、文化、社会快速发展对高等学校开设专业的新要求。同时，新目录的学科门类除了没有军事学外，12个学科门类与《学位授予和人才培养学科目录（2011年）》的学科门类相一致，专业类又与其一级学科基本对应，从而较好地实现了本科教育与研究生教育在学科专业上的衔接。

《普通高等学校本科专业目录（2012年）》见本书附件1。

二、授予硕士、博士学位的学科、专业的建设和发展

新中国成立以后，尽管国家有关部门曾分别于20世纪50年代中期、60年代初期两次酝酿建立国家的学位制度，尽管部分高等学校已于50年代初期就开始培养研究生，但我国学位制度的建立却始于1980年。1980年2月12日，第五届全国人民代表大会常务委员会第13次会议通过《中华人民共和国学位条例》，至此，新中国的学位制度走上正常的发展轨道。2004年8月28日，国家主席发布了对该条例进行修正的命令。

（一）我国的学位制度

1. 学位

学位，是指授予个人的一种学术称号或学术性荣誉称号，表示其所受教育的程度或在某一学科领域里已达到的学术水平，或者表彰其在某一领域中所作出的杰出贡献。学位的授予应由具备授予资格的高等学校、科学研究机构或其他学术机构审定授予。

我国的学位分学士、硕士、博士三级。①

2. 学士学位

大学本科毕业，成绩优良，达到一定的学术水平，即可由获得学士学位授权的高等学校（1986年之前为国务院授权，1986年起经国务院批准同意改为国务院学位委员会授权，1999年下放给省级教育主管部门授权②），按不同的学科门类，即哲学、经济学、法

① 2004年8月28日中华人民共和国主席令（第二十七号）《中华人民共和国学位条例》修正。

② 国务院学位委员会、教育部《关于下放学生学位授予单位审批权的通知》（学位〔1999〕3号）。

学、教育学、文学、历史学、理学、工学、农学、医学、军事学、管理学、艺术学共13个学科门类来授予。

3. **硕士学位**

研究生教育阶段分硕士研究生和博士研究生，都属于高层次学历教育。研究生教育有两种学位，一是学术型学位，二是应用型专业学位，也就是两种人才培养方向。这两类学位，均由国务院学位委员会授权的高等学校和科学研究机构或其他学术机构审定授予。

这两种学位就是我们通常说的“学”与“术”。应用型专业学位与学术型学位的不同，可以通过学者关于“学”与“术”的阐述来理解。梁启超说：“学也者，观察事物而发明其真理者也；术也者，取所发明之真理而致诸用者也。”严复认为：“盖学与术异。学者考自然之理，应必然之例。术者据既知之理，求可成之功。学主知，术主行。”学术型的研究生学位注重理论创新，其质量标准主要看理论水平，培养目标是学术型人才；应用型的研究生专业学位强调理论联系实际，其质量标准侧重于应用水平，培养目标是应用型人才。①

招收研究生，只限于经国务院学位委员会批准有权授予硕士、博士学位的高等学校、科学研究机构或其他学术机构，以及有权授予硕士、博士学位的学科、专业和已获得招收硕士、博士研究生资格的指导教师。

硕士学位以大学本科教育和学士学位为基础。第一类学术型硕士学位，按上述13个学科门类授予。第二类专业学位，一般是在“专业学位”之前加上专业名称，再在专业名称之后加上“硕士”两个字，如工商管理硕士专业学位、建筑学硕士专业学位、法律硕士专业学位、教育硕士专业学位等。

4. **博士学位**

博士学位是我国三级学位中的最高学位，博士研究生是我国研究生教育的最高阶段。博士学位与硕士学位一样也分为两类：第一类是学术型博士学位，按上述13个学科门类授予；第二类是专业学位，一般也是在“专业学位”之前加上专业名称，再在专业名称之后加上“博士”两个字。

在博士层次方面，我国的应用型学位只占5%，而发达国家占20%。我国现有4个博士专业学位，其中医学有临床医学博士专业学位、口腔医学博士专业学位、兽医博士专业学位，2009年年底开设了人文社会科学方面的第一个专业学位，即教育博士专业学位。

（二）学科门类及其等级

1. **学科门类**

学科门类是指授予学位的学科类别。在国务院学位委员会、教育部2011年颁布的《学位授予和人才培养学科目录（2011年）》中，授予学位的学科门类有13个。

---

① 刘海峰．知行合一的教育博士．中国教育报，2009－12－28.

2. **一级学科**

一级学科是指若干种既相关又相对独立的学科、专业，是根据科学研究的对象划分的学科分类体系。

例如，经济学学科门类含有 2 个一级学科（理论经济学和应用经济学），法学学科门类含有 6 个一级学科，理学学科门类含有 14 个一级学科，工学学科门类含有 38 个一级学科，医学学科门类含有 11 个一级学科。

3. **二级学科**

二级学科是指一级学科内所包含的若干种既相关又相对独立的学科。

例如，一级学科应用经济学含有 10 个二级学科，一级学科生物学含有 12 个二级学科，一级学科机械工程含有 4 个二级学科，一级学科公共管理含有 5 个二级学科。

4. **三级学科**

三级学科是二级学科的分支。

例如，医学学科门类里的一级学科临床医学，含有二级学科内科学，而内科学又含有心血管病、血液病、呼吸系病、消化系病、内分泌与代谢病、肾病、风湿病、传染病 8 个分支学科、专业。这 8 个分支学科、专业称为三级学科。

（三）学士学位、硕士学位、博士学位授予单位及条件

1. **学士学位授予单位及条件**

学士学位授予单位，是指高等学校经过省级教育主管部门审批，由国务院学位委员会备案，有权授予学士学位的普通高等学校。

其主要条件是：按本科的教学要求，开出全部课程，其中多数课程由具有讲师以上职称的教师讲授，教学质量较好。实验课能基本开齐，具有一定的质量。有一定数量的讲师以上职称的教师指导学生做毕业论文（毕业设计或其他毕业实践环节）。各项考核制度健全。

2. **硕士学位授予单位及条件**

硕士学位授予单位，是指高等学校和科学研究机构按其所在的部门系统，或省市自治区为主的主管部门进行审核，经国务院学位委员会的学科评议组复核，国务院学位委员会审定通过后，有权授予硕士学位的高等学校和科学研究机构。

国务院学位委员会要求的条件是：拟立项建设为硕士学位授予单位的，应为已获得学士学位授予权的高等学校。专任教师中具有博士学位的教师应有一定比例。近 5 年来，应承担一定数量的国家、省部级科研项目或具有重要经济社会效益的项目，并获得较高水平的成果。本科生培养质量较高。能够经过立项建设，达到较高的办学水平，保证硕士研究生培养和学位授予质量。立项建设结束接受验收前，应已获得学士学位授权 10 年以上。①

3. **博士学位授予单位及条件**

博士学位授予单位，是指高等学校和科学研究机构根据所申请的博士学位学科、专

① 国务院学位委员会《关于做好 2008—2015 年新增博士、硕士学位授予单位立项建设规划工作的通知》（学位〔2008〕30 号），2008 年 10 月 21 日。

业，经过以国务院学位委员会的学科评议组为主的审核，报国务院学位委员会审定通过后，有权授予博士学位的高等学校和科学研究机构。

国务院学位委员会要求的条件是：拟立项建设为博士学位授予单位的，应为已获得硕士学位授予权的高等学校。专任教师中具有博士学位的教师一般应达到较高比例。近5年来，应承担较多数量的国家、省部级科研项目或具有重大经济社会效益的项目，并获得较高水平的成果。本科生和硕士生培养质量较高。能够经过立项建设，达到较高的办学水平，保证博士研究生培养和学位授予质量。立项建设结束接受验收前，应已获得硕士学位授权8年以上。①

4. 硕士点、博士点

硕士点，是指经国务院学位委员会批准，有权授予硕士学位的学科、专业点。很明显，取得硕士学位授权的学科、专业点，是高等学校同类专业中学术水平较高的学科和专业。

博士点，是指经国务院学位委员会批准，有权授予博士学位的学科、专业点。很明显，取得博士学位授权的学科、专业点，是高等学校同类专业中学术水平较高的强学科、强专业。

（四）硕士学位、博士学位授予单位及其学科、专业

1. 硕士学位、博士学位授予单位及其学科、专业简介

1981年，《中华人民共和国学位条例》开始在我国实施。当年，经过主管部门初审，经国务院学位委员会三次复审、评议，1981年11月3日国务院批准，1981年11月25日国务院学位委员会发出《关于下达首批博士和硕士学位授予单位的通知》（学位字〔1981〕018号）。

首批博士学位授予单位共151个（其中普通高等学校111所，科研机构和军事院校40个），博士学位授予单位的学科、专业点（即博士点）812个，可以指导博士研究生的导师1 155人。首批硕士学位授予单位358个，硕士学位授予单位的学科、专业点（硕士点）3 185个。

1981年后，我国又分别于1984年（1985年12月31日对极少数高等学校进行过一次特别批准）、1986年、1990年、1993年、1996年、1998年、2000年、2002年和2004年（合计共10批）批准公布了博士、硕士学位授予单位及其学科、专业名单。目前，全国第11批博士、硕士学位授予单位和授权学科、专业的工作已经国务院学位委员会审议批准，并于2011年3月3日正式下达到有关授予单位及其主管部门。

1997年，国务院学位委员会颁布了我国《授予博士、硕士学位和培养研究生的学科、专业目录》，该专业目录将学科、专业分为一级学科，并在一级学科下分设若干二级学科、专业。

2011年，国务院学位委员会、教育部又颁布了我国《学位授予和人才培养学科目录

---

① 国务院学位委员会《关于做好2008—2015年新增博士、硕士学位授予单位立项建设规划工作的通知》（学位〔2008〕30号），2008年10月21日。

(2011 年)》，与 1997 年的目录相比，该目录的最新之处在于将原 12 个学科门类改成 13 个学科门类，即新增加了艺术学门类学科。

2. 1981 年颁布的首批博士学位授予单位名单

北京大学
中国人民大学
清华大学
北京航空学院（现北京航空航天大学）
北京工业学院（现北京理工大学）
北京钢铁学院（现北京科技大学）
北京邮电学院（现北京邮电大学）
北方交通大学（现北京交通大学）
北京农业机械化学院（现合并于中国农业大学）
北京师范大学
北京外国语学院（现北京外国语大学）
中央音乐学院
北京农业大学（现中国农业大学）
北京林学院（现北京林业大学）
中国首都医科大学（中国协和医科大学或现北京协和医学院—清华大学医学部）
北京医科大学（现合并于北京大学）
北京第二医学院（现首都医科大学）
北京中医学院（现北京中医药大学）
南开大学
天津大学
天津医学院（现天津医科大学）
大连工学院（现大连理工大学）
东北工学院（现东北大学）
沈阳农学院（现沈阳农业大学）
中国医科大学
沈阳药学院（现沈阳药科大学）
吉林大学
长春地质学院、吉林工业大学、白求恩医科大学（现均合并于吉林大学）
东北师范大学
哈尔滨工业大学
哈尔滨船舶工程学院（现哈尔滨工程大学）
哈尔滨建筑工程学院（现合并于哈尔滨工业大学）
东北农学院（现东北农业大学）
东北林学院（现东北林业大学）

哈尔滨医科大学
复旦大学
同济大学
华东化工学院（现华东理工大学）
上海交通大学
华东纺织工学院（现东华大学）
上海科学技术大学（现合并于上海大学）
华东师范大学
上海财经学院（现上海财经大学）
上海第一医学院（现合并于复旦大学）
上海第二医学院（现合并于上海交通大学）
上海中医学院（现上海中医药大学）
南京大学
南京工学院（现东南大学）
南京航空学院（现南京航空航天大学）
华东工程学院（现南京理工大学）
中国矿业学院（现中国矿业大学）
华东水利学院（现河海大学）
南京林产学院（现南京林业大学）
镇江农业机械学院（现江苏大学）
南京师范学院（现南京师范大学）
扬州师范学院（现合并于扬州大学）
江苏师范学院、苏州医学院（现均合并于苏州大学）
南京农学院（现南京农业大学）
南京医学院（现南京医科大学）
南京中医学院（现南京中医药大学）
南京药学院（现中国药科大学）
浙江大学
杭州大学、浙江农业大学、浙江医科大学（现均合并于浙江大学）
中国科学技术大学
厦门大学
山东大学
山东海洋学院（现中国海洋大学）
山东医学院（现合并于山东大学）
河南医学院（现合并于郑州大学）
武汉大学
华中工学院、武汉医学院（现均合并于华中科技大学）
武汉地质学院（现中国地质大学）

武汉水利电力学院（现合并于武汉大学）
武汉建筑材料工业学院（现合并于武汉理工大学）
武汉测绘学院（现合并于武汉大学）
华中师范学院（现华中师范大学）
华中农学院（现华中农业大学）
中南矿业学院、长沙铁道学院、湖南医学院（现均合并于中南大学）
国防科学技术大学
中山大学
华南工学院（现华南理工大学）
中山医学院（现合并于中山大学）
广州中医学院（现广州中医药大学）
四川大学
重庆大学
成都科学技术大学、四川医学院（现合并于四川大学）
成都电讯工程学院（现电子科技大学）
西南交通大学
西南农学院（现合并于西南大学）
重庆医学院（现重庆医科大学）
成都中医学院（现成都中医药大学）
云南大学
西北大学
西安交通大学
西北工业大学
陕西机械学院（现西安理工大学）
西北电讯工程学院（现西安电子科技大学）
西安冶金建筑学院（现西安建筑科技大学）
陕西师范大学
西安医学院（现合并于西安交通大学）
兰州大学
甘肃师范大学（现西北师范大学）

3. 研究生院的设立

为了满足经济社会发展对大学科研和服务的需要，1984 年 8 月 8 日，教育部转发了经国务院批准的《关于在部分全国重点高等学校试办研究生院的请示报告》，开始实行研究生院制度。

研究生院是承担研究生培养任务的高等学校组织实施研究生教育工作的管理机构。1995 年 10 月 9 日，国家教委发布《研究生院设置暂行规定》（教研〔1995〕1 号），规定要求，申请设置研究生院的高等学校，其本科和研究生教育质量较高，学校师资队伍结构合理，师资队伍中博士、硕士学位获得者比例较高，学校主干学科专业水平较高、办学效益较好，而且科研水平较高、科研条件较好、研究生教育管理制度完备，且有十届以上的博士生教育经验。

1984 年，首批试办研究生院的高等学校共 22 所：北京大学、中国人民大学、清华大学、北京航空学院、北京工业学院、北京钢铁学院、北京师范大学、北京农业大学、北京医学院、南开大学、天津大学、吉林大学、哈尔滨工业大学、复旦大学、上海交通大学、上海第一医学院、南京大学、浙江大学、武汉大学、华中工学院、国防科学技术大学、西安交通大学。

至 2008 年 4 月，经教育部批准设置研究生院的高等学校有 56 所。

北京大学研究生院
中国人民大学研究生院
清华大学研究生院
北京航空航天大学研究生院
北京理工大学研究生院
北京科技大学研究生院
中国农业大学研究生院
中国协和医科大学研究生院
北京师范大学研究生院
南开大学研究生院
天津大学研究生院
大连理工大学研究生院
东北大学研究生院
吉林大学研究生院
哈尔滨工业大学研究生院
复旦大学研究生院
同济大学研究生院
上海交通大学研究生院
华东师范大学研究生院
南京大学研究生院
东南大学研究生院
浙江大学研究生院
中国科学技术大学研究生院
厦门大学研究生院
武汉大学研究生院
华中科技大学研究生院
中国地质大学研究生院
国防科学技术大学研究生院
中山大学研究生院
西安交通大学研究生院
西北工业大学研究生院
北京交通大学研究生院
北京邮电大学研究生院
北京林业大学研究生院
东北师范大学研究生院
华东理工大学研究生院
南京航空航天大学研究生院
南京理工大学研究生院
中国矿业大学研究生院
南京农业大学研究生院
山东大学研究生院
中国石油大学研究生院
湖南大学研究生院
中南大学研究生院
华南理工大学研究生院
四川大学研究生院
重庆大学研究生院
西南交通大学研究生院
电子科技大学研究生院
西安电子科技大学研究生院
兰州大学研究生院
第二军医大学研究生院
第四军医大学研究生院
哈尔滨工程大学研究生院
河海大学研究生院
西北农林科技大学研究生院

4. 新增研究生院高校名单

为了适应经济社会发展的需要，进一步发展研究生教育，提高研究生教育水平及国际声誉，教育部批准56所高等学校设置研究生院之后，2010年以来，中央部委和部分省市自治区认真贯彻落实《国家教育中长期教育改革和发展规划纲要（2010—2020年）》，又批准了一批高等学校设置研究生院，名单如下：①

对外经济贸易大学研究生院
北京工业大学研究生院
华北电力大学研究生院
燕山大学研究生院
苏州大学研究生院
郑州大学研究生院
华中师范大学研究生院
中南财经政法大学研究生院
西南财经大学研究生院
西安建筑科技大学研究生院
陕西师范大学研究生院
西安科技大学研究生院
中央财经大学研究生院
首都师范大学研究生院
山西大学研究生院
上海财经大学研究生院
南京师范大学研究生院
河南大学研究生院
华中农业大学研究生院
暨南大学研究生院
西北大学研究生院
西安理工大学研究生院
长安大学研究生院
福州大学研究生院

（五）授予博士、硕士学位和培养研究生的学科、专业目录

1. 学位授予和人才培养学科目录与本科专业目录比较

《学位授予和人才培养学科目录（2011年）》与《普通高等学校本科专业目录（2012年）》对比，前者适用于各级学位授予和研究生教育专业的设置，后者适用于本科专业的设置；在两个目录的第一层次上，都统一称学科门类，前者有13个学科门类，后者有12个学科门类，即后者除没有军事学外，其他学科门类与前者都一样，而且都将原属于文学门类的艺术学学科专业独立出来，形成第13大学科门类，即艺术学门类；在两个目录的第二层次上，名称不同，前者称一级学科，共110个，后者称专业类，共92个，一级学科和专业类的具体学科专业目录名称基本一致，多数对应，使本科教育与研究生教育在学科专业上可以衔接。但也有一些不对应，如《普通高等学校本科专业目录（2012年）》中的心理学专业归类在理学门类之中，而《学位授予和人才培养学科目录（2011年）》中的心理学归在教育学门类之中（可授教育学、理学学位）。

值得注意的是，《学位授予和人才培养学科目录（2011年）》只公布了一级学科目录名称，没有公布相对应的二级学科（专业）名称。国家重点学科二级学科（专业）以及目前高等学校取得的原二级学科（专业）的博士点、硕士点仍然按1997年颁布的《授

① 新华网、人民网等。

予博士、硕士学位和培养研究生的学科、专业目录》的名称规定沿用至今。

2. **授予博士、硕士学位和培养研究生的学科、专业目录的修订**

我国授予学位和培养研究生的学科、专业领域的分类目录，是国务院学位委员会学科评议组审核授予学位的学科、专业范围划分的依据。

国务院学位委员会分别于1981年、1983年、1986年、1988年、1990年、1997年和2011年七次对我国培养研究生的学科、专业目录进行了划分、调整和修订。自2011年3月开始使用《学位授予和人才培养学科目录（2011年）》（见本书附件2）。

（六）国务院学位委员会学科评议组①

1. **国务院学位委员会学科评议组简介**

国务院学位委员会学科评议组是国务院学位委员会领导下的专家组织，根据学位委员会规定的学科门类，按一级学科或几个相近的一级学科分别设立。学科评议组成员的基本条件是，热爱祖国，遵纪守法，处事公道，作风正派；本学科造诣精深，具有培养博士研究生经验的教授或相当专业技术职务的专家、学者，年龄一般不超过65岁。学科评议组成员由国务院学位委员会聘任（均系兼职），任期五年，连续聘任一般不超过两届。主要任务（职责）是从事学位与研究生教育的咨询、研究、监督和审核等工作，具体包括：第一，根据学科发展趋势和国家发展需求，就学位与研究生教育发展和改革的重大问题进行研究，向国务院学位委员会提供咨询或提出建议；第二，对新增、调整和撤销授予学位单位及其学位授权学科进行评议，提出审核意见；第三，对调整、修订学位授予和人才培养的学科目录进行研究，提出意见和建议；第四，参加质量检查和监督，对本学科领域学位授予和人才培养的质量进行调查研究，向国务院学位委员会和教育部就学位授予单位的学科建设、人才培养和学位授予等工作提供咨询或提出建议；第五，承担国际交流中学位相互认可及评价等专项咨询工作。

2. **国务院学位委员会第六届学科评议组成员在有关高等学校的人数排序和学科分布**

第1名：北京大学42位，分布于34个学科评议组之中。所在学科：哲学，理论经济学，应用经济学，法学，政治学，社会学，马克思主义理论，教育学，心理学，中国语言文学（2人），外国语言文学，历史学，数学，物理学、天文学（2人），化学（2人），地理学，大气科学，地球物理学、地质学，生物学（3人），力学，电子科学与技术，信息与通信工程，计算机科学与技术，核科学与技术，环境科学与工程，基础医学（2人），临床医学【Ⅰ】（2人），临床医学【Ⅱ】，口腔医学（2人），公共卫生与预防医学，药学，工商管理，公共管理，图书馆、情报与档案管理。

第2名：清华大学（含北京协和医学院、清华大学医学部）38位，分布于32个学科评议组之中。所在学科：社会学，艺术学，历史学，新闻传播学，数学，物理学、天文学（2人），化学，生物学，力学，机械工程，光学工程、仪器科学与技术，材料科学

① 根据国务院学位委员会第六届学科评议组成员的通知整理归纳。

与工程，动力工程及工程热物理，电气工程，电子科学与技术（2 人），信息与通信工程，控制科学与工程，计算机科学与技术（2 人），建筑学，土木工程，水利工程，化学工程与技术，核科学与技术，环境科学与工程，生物医学工程，工商管理，基础医学，临床医学【Ⅰ】，临床医学【Ⅱ】（2 人），公共卫生与预防医学，药学（2 人），生物学（2 人）。

第 3 名：复旦大学 23 位，分布于 20 个学科评议组之中。所在学科：哲学，理论经济学，应用经济学，政治学，马克思主义理论，中国语言文学，外国语言文学，新闻传播学，历史学，数学，物理学、天文学，化学，生物学（2 人），基础医学，临床医学【Ⅰ】，临床医学【Ⅱ】（3 人），公共卫生预防医学，中西医结合，管理科学与工程，公共管理。

第 4 名：浙江大学 21 位，分布于 21 个学科评议组之中。所在学科：心理学，数学，地球物理学、地质学，机械工程，光学工程、仪器科学与技术，材料科学与工程，动力工程及工程热物理，电气工程，控制科学与工程，计算机科学与技术，土木工程，化学工程与技术，农业工程，生物医学工程，园艺学，植物保护，临床医学【Ⅰ】，临床医学【Ⅱ】，管理科学与工程，工商管理，力学。

第 5 名（并列 2 所）：

南京大学 19 位，分布于 17 个学科评议组之中。所在学科：哲学，理论经济学，社会学，中国语言文学，外国语言文学，历史学，数学，物理学、天文学（2 人），化学，地理学，大气科学，地球物理学、地质学（2 人），生物学，计算机科学与技术，环境科学与工程，管理科学与工程，图书馆、情报与档案管理。

四川大学 19 位，分布于 16 个学科评议组之中。所在学科：哲学，中国语言文学，数学（2 人），物理学、天文学，化学，生物学，力学，材料科学与工程（2 人），水利工程，化学工程与技术，轻工技术与工程，生物医学工程，基础医学，临床医学【Ⅱ】，口腔医学（2 人），药学。

第 6 名（并列 2 所）：

吉林大学 18 位，分布于 18 个学科评议组之中。所在学科：理论经济学，法学，马克思主义理论，中国语言文学，历史学，数学，化学，物理学、天文学，地球物理学、地质学，机械工程，电子科学与技术，计算机科学与技术，地质资源与地质工程，交通运输工程，农业工程，兽医学，基础医学，口腔医学。

武汉大学 18 位，分布于 18 个学科评议组之中。所在学科：哲学，理论经济学，法学，新闻传播学，历史学，数学，物理学、天文学，化学，地理学，地球物理学、地质学，生物学，电气工程，水利工程，测绘科学与技术，临床医学【Ⅰ】，口腔医学，公共管理，图书馆、情报与档案管理。

第 7 名：中国人民大学 17 位，分布于 13 个学科评议组之中。所在学科：哲学（2 人），理论经济学，应用经济学（2 人），法学（2 人），政治学，社会学，马克思主义理论，新闻传播学，历史学，工商管理，农林经济管理，公共管理（2 人），图书馆、情报与档案管理。

第 8 名：上海交通大学 16 位，分布于 16 个学科评议组之中。所在学科：生物学，机械工程，材料科学与工程，动力工程及工程热物理，电子科学与技术，信息与通信工程，生物医学工程，控制科学与工程，计算机科学与技术，船舶与海洋工程，临床医学【Ⅰ】，临床医学【Ⅱ】，工商管理，物理学、天文学，基础医学，口腔医学。

第9名（并列3所）：

北京师范大学15位，分布于14个学科评议组之中。所在学科：法学，马克思主义理论，教育学（2人），心理学，艺术学，历史学，数学，社会学，物理学、天文学，地理学，生物学，系统科学，机械工程，环境科学与工程。

哈尔滨工业大学15位，分布于15个学科评议组之中。所在学科：力学，机械工程，光学工程、仪器科学与技术，材料科学与工程，动力工程及工程热物理，电气工程，信息与通信工程，控制科学与工程，计算机科学与技术，建筑学，土木工程，航空宇航科学与技术，环境科学与工程，管理科学与工程，机械工程。

华中科技大学15位，分布于15个学科评议组之中。所在学科：马克思主义理论，新闻传播学，光学工程、仪器科学与技术，材料科学与工程，动力工程及工程热物理，电气工程，信息与通信工程，控制科学与工程，计算机科学与技术，船舶与海洋工程，核科学与技术，基础医学，临床医学【Ⅱ】，机械工程，公共卫生与预防医学。

第10名：西安交通大学13位，分布于12个学科评议组之中。所在学科：数学，力学，机械工程，材料科学与工程，动力工程及工程热物理，电气工程，电子科学与技术，控制科学与工程（2人），核科学与技术，生物医学工程，管理科学与工程，马克思主义理论。

第11名（并列2所）：

南开大学12位，分布于12个学科评议组之中。所在学科：理论经济学，政治学，马克思主义理论，历史学，数学，物理学、天文学，化学，生物学，环境科学与工程，工商管理，图书馆、情报与档案管理，光学工程、仪器科学与技术。

中山大学12位，分布于12个学科评议组之中。所在学科：哲学，社会学，历史学，化学，地理学，生物学，基础医学，临床医学【Ⅰ】，临床医学【Ⅱ】，公共卫生与预防医学，药学，公共管理。

第12名（并列2所）：

中国农业大学11位，分布于10个学科评议组之中。所在学科：生物学，农业工程，食品科学与工程，作物学，园艺学，农业资源利用，植物保护，畜牧学，兽医学，农林经济管理（2人）。

华东师范大学11位，分布于11个学科评议组之中。所在学科：哲学，马克思主义理论，教育学，心理学，体育学，中国语言文学，数学，物理学、天文学，地理学，系统科学，公共管理。

第13名（并列4所）：

北京航空航天大学10位，分布于9个学科评议组之中。所在学科：力学，机械工程，光学工程、仪器科学与技术，材料科学与工程，动力工程及工程热物理，控制科学与工程，计算机科学与技术（2人），航空宇航科学与技术，管理科学与工程。

大连理工大学10位，分布于10个学科评议组之中。所在学科：数学，物理学、天文学，力学，材料科学与工程，土木工程，水利工程，化学工程与技术，船舶与海洋工程，环境科学与工程，管理科学与工程。

东南大学10位，分布于10个学科评议组之中。所在学科：艺术学，动力工程及工程热物理，电气工程，电子科学与技术，信息与通信工程，计算机科学与技术，建筑学，土木工程，交通运输工程，生物医学工程。

厦门大学10位，分布于10个学科评议组之中。所在学科：理论经济学，应用经济学，教育学，历史学，物理学、天文学，化学，海洋科学，工商管理，公共管理，数学。

第14名（并列6所）：

天津大学9位，分布于9个学科评议组之中。所在学科：力学，光学工程、仪器科学与技术，材料科学与工程，动力工程及工程热物理，控制科学与工程，建筑学，水利工程，化学工程与技术，管理科学与工程。

同济大学9位，分布于8个学科评议组之中。所在学科：海洋科学，机械工程，材料科学与工程，建筑学（2人），土木工程，测绘科学与技术，交通运输工程，环境科学与工程。

南京农业大学9位，分布于9个学科评议组之中。所在学科：生物学，农业工程，作物学，园艺学，农业资源利用，植物保护，兽医学，农林经济管理，公共管理。

中国科学技术大学9位，分布于8个学科评议组之中。所在学科：物理学、天文学，化学（2人），地球物理学、地质学，生物学，材料科学与工程，矿业工程，核科学与技术，数学。

中南大学9位，分布于9个学科评议组之中。所在学科：生物学，机械工程，材料科学与工程，地质资源与地质工程，矿业工程，临床医学【Ⅰ】，临床医学【Ⅱ】，工商管理，基础医学。

西北农林科技大学9位，分布于9个学科评议组之中。所在学科：农业工程，食品科学与工程，园艺学，农业资源利用，植物保护，畜牧学，兽医学，林学，农林经济管理。

第15名（并列2所）：

东北大学8位，分布于8个学科评议组之中。所在学科：机械工程，材料科学与工程，动力工程及工程热物理，控制科学与工程，计算机科学与技术，地质资源与地质工程，矿业工程，公共管理。

西北工业大学8位，分布于8个学科评议组之中。所在学科：力学，材料科学与工程，控制科学与工程，计算机科学与技术，交通运输工程，船舶与海洋工程，航空宇航科学与技术，兵器科学与技术。

第16名（并列7所）：

北京理工大学7位，分布于7个学科评议组之中。所在学科：机械工程，光学工程、仪器科学与技术，电子科学与技术，信息与通信工程，控制科学与工程，航空宇航科学与技术，兵器科学与技术。

山东大学7位，分布于7个学科评议组之中。所在学科：理论经济学，政治学，中国语言文学，数学，物理学、天文学，材料科学与工程，临床医学【Ⅰ】。

华中农业大学7位，分布于6个学科评议组之中。所在学科：生物学，食品科学与工程，作物学，植物保护，水产（2人），农林经济管理。

国防科技大学7位，分布于7个学科评议组之中。所在学科：光学工程、仪器科学与技术，电子科学与技术，信息与通信工程，控制科学与工程，计算机科学与技术，航空宇航科学与技术，机械工程。

重庆大学7位，分布于7个学科评议组之中。所在学科：机械工程，光学工程、仪器科学与技术，材料科学与工程，电气工程，建筑学，矿业工程，工商管理。

西南大学7位，分布于7个学科评议组之中。所在学科：教育学，心理学，食品科学与工程，园艺学，农业资源利用，农林经济管理，畜牧学。

兰州大学7位，分布于7个学科评议组之中。所在学科：民族学，物理学、天文学，化学，地理学，大气科学，地球物理学、地质学，生物学。

第17名（并列2所）：

中国海洋大学6位，分布于4个学科评议组之中。所在学科：海洋科学（2人），食品科学与工程，水产（2人），生物学。

华南理工大学6位，分布于6个学科评议组之中。所在学科：材料科学与工程，信息与通信工程，建筑学，轻工技术与工程，食品科学与工程，化学工程与技术。

第18名（并列8所）：

北京科技大学5位，分布于4个学科评议组之中。所在学科：机械工程，材料科学与工程（2人），矿业工程，控制科学与工程。

北京林业大学5位，分布于4个学科评议组之中。所在学科：生物学，农业工程（2人），林学，农林经济管理。

东北师范大学5位，分布于5个学科评议组之中。所在学科：马克思主义理论，历史学，数学，化学，生物学。

东北林业大学5位，分布于4个学科评议组之中。所在学科：生物学，林业工程，林学（2人），农林经济管理。

中国地质大学5位，分布于3个学科评议组之中。所在学科：地球物理学、地质学（2人），测绘科学与技术，地质资源与地质工程（2人）。

湖南大学5位，分布于5个学科评议组之中。所在学科：化学，机械工程，土木工程，环境科学与工程，管理科学与工程。

华南农业大学5位，分布于5个学科评议组之中。所在学科：农业工程，作物学，植物保护，兽医学，农林经济管理。

第二军医大学5位，分布于5个学科评议组之中。所在学科：生物学，基础医学，临床医学【Ⅰ】，中西医结合，药学。

第19名（并列12所）：

北京交通大学4位，分布于4个学科评议组之中。所在学科：应用经济学，系统科学，信息与通信工程，交通运输工程。

天津医科大学4位，分布于4个学科评议组之中。所在学科：基础医学，临床医学【Ⅰ】，临床医学【Ⅱ】，中西医结合。

东北农业大学4位，分布于4个学科评议组之中。所在学科：农业工程，作物学，畜牧学，兽医学。

华东理工大学4位，分布于4个学科评议组之中。所在学科：动力工程及工程热物理，控制科学与工程，化学工程与技术，材料科学与工程。

南京林业大学4位，分布于3个学科评议组之中。所在学科：生物学，林业工程，林学（2人）。

福建农林大学4位，分布于4个学科评议组之中。所在学科：园艺学，植物保护，林学，农林经济管理。

中国石油大学4位，分布于3个学科评议组之中。所在学科：化学工程与技术，地质资源与地质工程，石油与天然气工程（2人）。

西南交通大学4位，分布于4个学科评议组之中。所在学科：机械工程，土木工程，测绘科学与技术，交通运输工程。

四川农业大学4位，分布于4个学科评议组之中。所在学科：作物学，畜牧学，兽医学，林学。

中共中央党校4位，分布于4个学科评议组之中。所在学科：哲学，法学，政治学，马克思主义理论。

第三军医大学4位，分布于4个学科评议组之中。所在学科：基础医学，临床医学【Ⅱ】，公共卫生与预防医学，药学。

第四军医大学4位，分布于4个学科评议组之中。所在学科：生物学，基础医学，临床医学【Ⅰ】，口腔医学。

第20名（并列20所）：

首都医科大学3位，分布于3个学科评议组之中。所在学科：生物学，临床医学【Ⅰ】，临床医学【Ⅱ】。

北京中医药大学3位，分布于2个学科评议组之中。所在学科：中医学、中药学（2人），中西医结合。

天津师范大学3位，分布于3个学科评议组之中。所在学科：政治学，心理学，历史学。

内蒙古大学3位，分布于3个学科评议组之中。所在学科：民族学，中国语言文学，生物学。

沈阳农业大学3位，分布于3个学科评议组之中。所在学科：农业工程，作物学，农业资源利用。

哈尔滨医科大学3位，分布于3个学科评议组之中。所在学科：基础医学，临床医学【Ⅱ】，公共卫生预防医学。

东华大学3位，分布于2个学科评议组之中。所在学科：材料科学与工程，纺织科学与工程（2人）。

上海财经大学3位，分布于3个学科评议组之中。所在学科：理论经济学，应用经济学，工商管理。

河海大学3位，分布于3个学科评议组之中。所在学科：海洋科学，土木工程，水利工程。

南京航空航天大学3位，分布于3个学科评议组之中。所在学科：机械工程，交通运输工程，航空宇航科学与技术。

苏州大学3位，分布于3个学科评议组之中。所在学科：体育学，纺织科学与工程，临床医学【Ⅱ】。

江南大学3位，分布于3个学科评议组之中。所在学科：纺织科学与工程，轻工技术与工程，食品科学与工程。

福建师范大学3位，分布于3个学科评议组之中。所在学科：体育学，中国语言文学，艺术学。

武汉理工大学3位，分布于3个学科评议组之中。所在学科：材料科学与工程，交通运输工程，船舶与海洋工程。

湖南农业大学3位，分布于3个学科评议组之中。所在学科：生物学，作物学，园艺学。

华南师范大学3位，分布于3个学科评议组之中。所在学科：教育学，心理学，体育学。

广州中医药大学3位，分布于2个学科评议组之中。所在学科：中医学、中药学（2人），中西医结合。

电子科技大学3位，分布于3个学科评议组之中。所在学科：电子科学与技术，信息与通信工程，计算机科学与技术。

西安建筑科技大学3位，分布于3个学科评议组之中。所在学科：建筑学，土木工程，环境科学与工程。

军医进修学院3位，分布于3个学科评议组之中。所在学科：临床医学【Ⅱ】，口腔医学，中西医结合。

第21名（并列32所）：

北京工业大学2位，分布于2个学科评议组之中。所在学科：土木工程，材料科学与工程。

北京邮电大学2位，分布于2个学科评议组之中。所在学科：电子科学与技术，信息与通信工程。

首都师范大学2位，分布于2个学科评议组之中。所在学科：地理学，中国语言文学。

北京外国语大学2位，分布于1个学科评议组之中。所在学科：外国语言文学（2人）。

中国传媒大学2位，分布于2个学科评议组之中。所在学科：艺术学，新闻传播学。

对外经济贸易大学2位，分布于2个学科评议组之中。所在学科：应用经济学，法学。

中央民族大学2位，分布于2个学科评议组之中。所在学科：民族学，中国语言文学。

辽宁大学2位，分布于2个学科评议组之中。所在学科：应用经济学，工商管理。

东北财经大学2位，分布于2个学科评议组之中。所在学科：应用经济学，工商管理。

大连海事大学2位，分布于2个学科评议组之中。所在学科：交通运输工程，船舶与海洋工程。

中国医科大学2位，分布于2个学科评议组之中。所在学科：基础医学，临床医学【Ⅰ】。

哈尔滨工程大学2位，分布于2个学科评议组之中。所在学科：船舶与海洋工程，核科学与技术。

上海大学2位，分布于2个学科评议组之中。所在学科：艺术学，机械工程。

上海理工大学2位，分布于2个学科评议组之中。所在学科：动力工程及工程热物理，系统科学。

上海海洋大学2位，分布于1个学科评议组之中。所在学科：水产（2人）。

上海中医药大学2位，分布于2个学科评议组之中。所在学科：中医学、中药学，中西医结合。

南京理工大学2位，分布于2个学科评议组之中。所在学科：电子科学与技术，化学工程与技术。

南京师范大学2位，分布于2个学科评议组之中。所在学科：教育学，地理学。

中国矿业大学2位，分布于2个学科评议组之中。所在学科：地质资源与地质工程，矿业工程。

南京中医药大学2位，分布于1个学科评议组之中。所在学科：中医学、中药学（2人）。

中国药科大学2位，分布于1个学科评议组之中。所在学科：药学（2人）。

郑州大学2位，分布于2个学科评议组之中。所在学科：材料科学与工程，水利工程。

湖南师范大学2位，分布于2个学科评议组之中。所在学科：哲学，外国语言文学。

中南林业科技大学2位，分布于2个学科评议组之中。所在学科：林业工程，林学。

南方医科大学2位，分布于2个学科评议组之中。所在学科：基础医学，临床医学【Ⅱ】。

西南财经大学2位，分布于2个学科评议组之中。所在学科：理论经济学，应用经济学。

成都理工大学2位，分布于2个学科评议组之中。所在学科：地球物理学、地质学，地质资源与地质工程。

西南石油大学2位，分布于1个学科评议组之中。所在学科：石油与天然气工程（2人）。

成都中医药大学2位，分布于1个学科评议组之中。所在学科：中医学、中药学（2人）。

重庆医科大学2位，分布于2个学科评议组之中。所在学科：临床医学【Ⅰ】，临床医学【Ⅱ】。

西安电子科技大学 2 位，分布于 2 个学科评议组之中。所在学科：电子科学与技术，信息与通信工程。

甘肃农业大学 2 位，分布于 2 个学科评议组之中。所在学科：畜牧学，兽医学。

第 22 名（并列 67 所）：

北京化工大学 1 位，分布于化学工程与技术学科。

中央财经大学 1 位，分布于应用经济学。

中国政法大学 1 位，分布于法学。

北京体育大学 1 位，分布于体育学。

中央戏剧学院 1 位，分布于艺术学。

中央美术学院 1 位，分布于艺术学。

中国音乐学院 1 位，分布于艺术学。

中央音乐学院 1 位，分布于艺术学。

天津财经大学 1 位，分布于应用经济学。

天津工业大学 1 位，分布于纺织科学与工程。

天津科技大学 1 位，分布于轻工技术与工程。

天津中医药大学 1 位，分布于中医学、中药学。

河北大学 1 位，分布于中国语言文学。

河北工业大学 1 位，分布于电气工程。

河北医科大学 1 位，分布于中西医结合。

华北电力大学 1 位，分布于电气工程。

太原理工大学 1 位，分布于化学工程与技术。

山西农业大学 1 位，分布于作物学。

内蒙古农业大学 1 位，分布于畜牧学。

大连医科大学 1 位，分布于中西医结合。

沈阳药科大学 1 位，分布于药学。

延边大学 1 位，分布于外国语言文学。

长春理工大学 1 位，分布于光学工程、仪器科学与技术。

吉林农业大学 1 位，分布于农林经济管理。

大庆石油学院 1 位，分布于石油与天然气工程。

黑龙江中医药大学 1 位，分布于中医学、中药学。

华东政法大学 1 位，分布于法学。

上海体育学院 1 位，分布于体育学。

上海外国语大学 1 位，分布于外国语言文学。

上海音乐学院 1 位，分布于艺术学。

南京信息工程大学 1 位，分布于大气科学。

南京工业大学 1 位，分布于化学工程与技术。

南京艺术学院 1 位，分布于艺术学。

江苏大学 1 位，分布于农业工程。

扬州大学 1 位，分布于兽医学。
南京医科大学 1 位，分布于临床医学【Ⅰ】。
中国美术学院 1 位，分布于艺术学。
浙江理工大学 1 位，分布于纺织科学与工程。
合肥工业大学 1 位，分布于管理科学与工程。
安徽农业大学 1 位，分布于林业工程。
福州大学 1 位，分布于化学。
南昌大学 1 位，分布于食品科学与工程。
江西农业大学 1 位，分布于林学。
山东农业大学 1 位，分布于园艺学。
青岛大学 1 位，分布于公共卫生与预防医学。
河南农业大学 1 位，分布于作物学。
华中师范大学 1 位，分布于政治学。
武汉体育学院 1 位，分布于体育学。
湖北中医药大学 1 位，分布于中医学、中药学。
中南财经政法大学 1 位，分布于工商管理。
中南民族大学 1 位，分布于民族学。
湖南中医药大学 1 位，分布于中医学、中药学。
广东外语外贸大学 1 位，分布于外国语言文学。
暨南大学 1 位，分布于生物医学工程。
广西大学 1 位，分布于轻工技术与工程。
海南大学 1 位，分布于作物学。
西南政法大学 1 位，分布于法学。
西南民族大学 1 位，分布于民族学。
云南大学 1 位，分布于民族学。
昆明理工大学 1 位，分布于材料科学与工程。
陕西师范大学 1 位，分布于中国语言文学。
西北大学 1 位，分布于地球物理学、地质学。
西安理工大学 1 位，分布于水利工程。
西安科技大学 1 位，分布于矿业工程。
陕西科技大学 1 位，分布于轻工技术与工程。
长安大学 1 位，分布于交通运输工程。
新疆农业大学 1 位，分布于畜牧学。
注：除 4 所军医大学之外，一般军事院校未计入，以上总计高等学校 178 所。

三、国家重点学科的建设和发展

国家重点学科，是指经过教育部按有关文件规定择优选定并重点建设的学科。国家重点学科点（即学校拥有的国家重点学科），是指经过教育部按有关文件规定批准重点建设的高等学校学科点。我国国家重点学科建设走过了一段较长的历程。

（一）国家重点学科的建设

1. 国家重点学科建设的提出

国家重点学科的设定是与国家重点大学建设发展密不可分的。国家重点大学承担着“既是教学中心，又是科学研究中心”的重任，而起核心作用的是学校的学科、专业水平。

1963 年，教育部关于《教育部直属高等学校自然科学研究工作暂行规则（草案）》提出，高等学校应该确定若干学科，重点发展，逐步形成特色。

1978 年，国家颁布的《全国高等学校暂行工作条例》指出，高等学校开展科学研究的目的，是提高教学质量和学术水平，完成一定的科学研究任务，促进学科发展，为赶超世界先进科学水平、实现四个现代化做出积极贡献。

1984 年，教育部在《关于调整和发展高等学校文科教育的几点意见》中明确指出，要采取有力措施尽快建设好一批重点大学、重点学科。至此，高等学校重点学科的建设和重点大学的建设提高到了相当的高度。

1985 年，《中共中央关于教育体制改革的决定》明确指出：“为了增强科学研究的能力，培养高质量的专门人才，要改进和完善研究生培养制度，并且根据同行评议、择优扶植的原则，有计划地建设一批重点学科。重点学科比较集中的学校，将自然形成既是教育中心，又是科学研究中心。”“在整个教育体制改革的过程中，必须牢牢记住改革的根本目的是提高民族素质，多出人才、出好人才。”

1987 年 8 月，根据上述中央决定的精神，国家教委颁布了《关于评选高等学校重点学科的暂行规定》，并对重点学科的评选范围、评选条件、评选办法、建设资金、评选机构等做了明确的规定。

1991 年 2 月，国家教委发出《关于高等学校重点学科建设与管理的意见》，重申重点学科点“应担负提高高层次专门人才培养质量和科学技术水平的重要任务”，“要紧密围绕上述任务目标，并根据社会主义现代化建设发展需要与实际条件可能，统筹考虑，有计划有步骤地分期分批进行建设”，着重抓好学科规划、队伍建设、实验室建设和文献情报中心建设四个方面的工作。

2. 国家重点学科建设的基本原则和指导思想

1987 年 8 月，国家教委《关于评选高等学校重点学科的暂行规定》提出，国家重点学科确定的基本原则，一是重点学科的评选和建设必须根据国家四化建设对培养高级专门人才的需求、科技发展的趋势和国家财力的可能，综合考虑后确定；二是重点学科的门类要比较齐全，科类结构比例和布局应力求合理，要有利于促进学科间的横向联合，逐步形成高校科研优势。

2006 年 10 月，教育部《关于加强国家重点学科建设的意见》（教研〔2006〕2 号），把加强国家重点学科建设的指导思想概括为："服务国家目标，提高建设效益，完善制度机制，建设一流学科。"

3. 国家重点学科的功能和建设目标

2006 年 10 月，教育部发出《关于印发〈国家重点学科建设与管理暂行办法〉的通知》（教研〔2006〕3 号）（以下简称《暂行办法》）。《暂行办法》进一步明确了国家重点学科的功能："国家重点学科是国家根据发展战略与重大需求而择优确定并重点建设的培养创新人才、开展科学研究的重要基地，在高等教育学科体系中居于骨干和引领地位。"其建设目标是："一批学科总体水平处于国内同类学科前列，其中部分学科达到国际同类学科先进水平。提升我国高等教育的创新能力和人才培养能力，为建设创新型国家提供人才和智力支撑。"

4. 国家重点学科应具备的基本条件

国家重点学科确定的条件是非常高的，必须在高等学校已取得博士点的学科、专业中产生。根据《暂行办法》规定，重点学科应具备的基本条件是：第一，主要学科方向对推动学科发展、科技创新，促进我国经济建设、社会进步、文化发展和国防建设等具有重要意义。第二，拥有学术造诣高、具有一定国际影响或国内知名的学术带头人，有一支结构合理的高水平学术团队。第三，应有完整的本科生和研究生培养体系，培养的博士生质量和数量位于国内同类学科的前列。第四，具有鲜明的学科特色，在本学科领域有较大的学术影响；已取得较高水平的成果，对经济建设和社会文化发展做出了重要贡献；承担着国家重要的研究项目。第五，教学、科研条件居国内同类学科先进水平，具有较强支撑相关学科的能力，有良好的图书文献和现代化信息保障体系。第六，学术气氛浓厚，国际国内学术交流活跃。

由此不难看出，在高等学校，拥有国家重点学科的专业是国内同类专业中的佼佼者。

（二）第一次国家重点学科的评选

1. 国家重点学科的评选

1988 年和 1989 年，按照 1987 年 8 月 12 日国家教委发布的《关于评选高等学校重点学科的暂行规定》（教研字〔1987〕23 号），国家教委对全国高等学校有博士点的学科、专业进行了评选，首次确定了 107 所高等学校中的 416 个学科为国家重点学科，其中，文科 78 个，理科 86 个，工科 163 个，农科 36 个，医科 53 个。

2. 首批拥有国家重点学科的高等学校

北京大学	清华大学	中国人民大学

北方交通大学
北京航空航天大学
北京理工大学
北京科技大学
北京化工学院
北京邮电学院
北京农业大学
北京林业大学
北京师范大学
北京外国语大学
石油大学
北京农业工程大学
北京医科大学
中国协和医科大学
中国政法大学
北京中医学院
中央民族大学
南开大学
天津大学
天津医学院
内蒙古大学
大连理工大学
沈阳农业大学
沈阳药学院
东北工学院
东北农学院
中国医科大学
吉林大学
长春地质学院
东北师范大学
吉林工业大学
白求恩医科大学
哈尔滨船舶工程学院
哈尔滨工业大学
哈尔滨建筑工程学院
东北林业大学
哈尔滨医科大学
黑龙江中医学院
复旦大学
华东师范大学
上海第二医科大学
上海医科大学
上海交通大学
同济大学
上海中医学院
上海外国语大学
上海财经大学
中国纺织大学
南京大学
东南大学
南京航空航天大学
中国矿业大学
华东化工学院
中国药科大学
南京中医学院
河海大学
华东工学院
南京林业大学
南京农业大学
浙江大学
杭州大学
浙江农业大学
无锡轻工业学院
中国科学技术大学
厦门大学
山东大学
中国海洋大学
同济医科大学
武汉大学
武汉测绘科技大学
武汉水利电力学院
中国地质大学
武汉工业大学
华中农学院
华中师范大学
华中理工大学
湖南医科大学
中南大学
国防科学技术大学
中山医科大学
中山大学
华南理工大学
华南农业大学
广州外国语学院
广州中医学院
四川大学
重庆大学
西南农业大学
四川农业大学
华西医科大学
西南交通大学
电子科技大学
西南石油学院
成都地质学院
成都科学技术大学
成都中医学院
重庆医科大学
西北大学
西安交通大学
西北工业大学
西安电子科技大学
西北农业大学
兰州大学
甘肃农业大学

（以上共107所）

（三）第二次国家重点学科的评选

1. 国家重点学科的评选

2001 年和 2002 年，根据科技发展的趋势和国民经济建设及社会发展对高级专门人才的需求，教育部在全国范围内进行了第二次国家重点学科的评选。新增拥有国家重点学科的高等学校 73 所，产生了 964 个国家重点学科。

2. 第二批新增国家重点学科的高等学校

北京工业大学
首都医科大学
北京语言大学
北京广播学院
中央财经大学
对外经济贸易大学
北京体育大学
中央音乐学院
中央戏曲学院
天津工业大学
天津中医学院
河北工业大学
华北电力大学
燕山大学
河北医科大学
山西大学
太原理工大学
山西医科大学
内蒙古农业大学
辽宁大学
沈阳工业大学
大连海事大学
中国医科大学
东北财经大学
延边大学
长春光学精密机械学院
黑龙江大学
大庆石油学院
上海水产大学
上海中医药大学
上海大学
苏州大学
南京化工大学
江南大学
江苏大学
南京气象学院
南京师范大学
扬州大学
中国美术学院
安徽大学
合肥工业大学
福州大学
福建农林大学
南昌大学
山东农业大学
山东中医药大学
郑州大学
河南农业大学
中南财经政法大学
湖南大学
湖南农业大学
中南林学院
湖南中医学院
湖南师范大学
暨南大学
汕头大学
广州医学院
华南师范大学
广西大学
华南热带农业大学
成都理工学院
西南财经大学
云南大学
昆明理工大学
西南师范大学
西南政法大学
西安建筑科技大学
西安理工大学
西安科技学院
陕西师范大学
长安大学
新疆大学
中共中央党校

（以上共 73 所）

“211 工程”、“985 工程”的建设，进一步推动了国家重点学科的建设。

（四）第三次国家重点学科的评选

1. 国家重点学科的评选

随着“211 工程”、“985 工程”建设的不断推进，已取得第一批、第二批国家重点学科的高等学校，在国家重点学科建设的带动下，整体办学水平得到提高，特别是这些学科的教学质量、科研水平和管理水平均得到普遍提高。这些经验得到各方面的肯定。2006 年，根据形势发展的需要，为建设更多的重点学科，教育部又进行了第三次国家重点学科的评选。此次国家重点学科的评选不同于前两次，在对第二次国家重点学科进行复审之后，在第三次国家重点学科的评选中，首次出现了一级学科国家重点学科，在原有重点学科的基础上，还增加了国家重点培育学科，使其成为正式的国家重点学科的后备学科。

关于国家重点学科的确定，教育部《关于加强国家重点学科建设的意见》（教研〔2006〕2 号）提出了这样的措施：“国家重点学科在定期考核的基础上，对符合条件的由教育部按有关程序经过考核重新确定为国家重点学科；一级学科国家重点学科由教育部按照确定标准和程序，从符合条件的二级学科国家重点学科中直接确定；二级学科国家重点学科的增补，将与国家和区域发展的重大需求相结合，经选优推荐并通过专家评审后增补。”定期考核的时间是每 5 年进行一次。

至 2009 年，全国一级学科国家重点学科 286 个，二级学科国家重点学科 677 个（不含一级学科中的二级学科），国家重点（培育）学科 217 个。

2. 第三批新增国家重点学科的高等学校

第三批新增高等学校重点学科名单分解到本书第二部分高等学校的强专业、强学科介绍之中，此处略。

四、高考志愿选报学校及专业的策略

一年一度的高考，考生除了努力争取获得最佳高考成绩之外，另一项重要任务就是选报学校及专业。当一名考生，无论你是先选定专业后选学校，还是先选学校后定专业，最终归一，即到某一学校就读某一专业。因为高等教育是通过专业教育来实现的。高等学校专业的多样性和丰富性，使高考志愿选报学问更加复杂，因此，考生和家长既要关注学校，更要关注专业。而专业建设的核心，则是学科建设。学科是高校实现人才培养、科学研究、社会服务和文化传承创新功能的重要基础，是教育教学和科研组织的基本形式，是学校办学和事业发展的支柱与基石。了解学科建设水平，也就了解了专业建设水平，了解了学校办学水平。本书所说的强专业，就是指拥有国家重点学科或省部级重点学科，博士点或硕士点的专业，是指国家或省级特色专业、示范性专业。

（一）高等教育人才培养体制和人才需求特点

认识我国高等教育人才培养模式，了解国家和地方经济社会发展对人才需求的特点，规划好自己的终身教育和职业生涯，是每一个考生及其家长都应该做的考前志愿选报工作。考生及其家长首先要了解经济发展形势，根据人才需求考虑自己的专业选择，因为不同的专业会有不同的就业前景。理想职业，要从专业选择开始！虽然你所学专业不一定决定你毕生从事这一专业技术的职业，但它会影响你毕业时的就业选择和以后的职业发展方向。

1. 高等教育人才培养体制的转变

不同的经济体制、不同的高等教育发展进程会有不同的人才培养体制。计划经济时代，我国高等教育处在精英教育阶段，改革开放之后的前20多年也还处在这个阶段。市场经济发展起来之后，到21世纪初，我国高等教育才进入大众化教育阶段。

(1)“精英教育+免费上学+毕业分配”的精英教育人才培养体制

1999年我国高等教育开始扩招，在这之前，我国高等教育实行的是精英教育人才培养体制。在那个时期，接受高等教育的只是极少数人，国家财政承担得起专门人才培养的全部费用，因此，高等学校免收学杂费，为国家党政各级机关、国有企事业单位等培养不同类型的专门人才。那个时期，高校不多，全国每年严控招生计划，在校生很少，尤其是1980年以前。以全国几个年度普通高等学校及其本专科的招生和在校生为例，1965年434所，招生16.4万人，在校生67.4万人；1980年675所，招生28.1万人，在校生114.4万人；1990年1 075所，招生60.9万人，在校生206.3万人；1998年1 022所，招生108万人，在校生341万人。

在精英教育那个千军万马争过独木桥的年代，考生最关心的是能否考上大学，考上大学就是“天之骄子”；至于考上什么大学，读什么专业不是主要问题。因为不管你是读本科院校还是读专科学校，不管你是学文科还是学理工科，只要你成绩及格，能顺利毕业，国家就分配一份工作给你，你就是在编人员、国家干部，就可以享用终身的“铁饭碗”。这就是“精英教育+免费上学+毕业分配”的精英教育人才培养体制。

(2)“大众化教育+交费上学+毕业自主择业”的大众化教育人才培养体制

改革开放之后，我国逐步改革精英教育人才培养体制。据《中国教育报》2003年1月19日《高等教育收费政策演变备忘录》介绍，1978年恢复高考后，新建立的一批短期职业大学开始招收“收费走读、不包分配”的大学生，成为我国普通高等学校招收自费生的雏形。1984年《高等学校接受委托培养学生的实行办法》颁布，普通高等学校在国家任务计划招收的公费生和定向生之外，开始招收属于市场调节成分的自费生和委培生。1985年《中共中央关于教育体制改革的决定》提出，高等学校可以在计划外招收少量的自费生，学生缴纳一定数量的培养费。1989年我国高等学校开始实行对所有学生收取学杂费制度，并正式建立“双轨制”系统，启动了将国家负担全部高等教育成本的旧体制转变为由国家与私人分担高等教育成本的新体制的改革。1993年《国务院批转国家教委关于加快改革和积极发展普通高等教育意见的通知》提出，要改革原有由国家包办高等教育的单一体制和模式，探索适应社会主义市场经济体制、调动社会办学积极性、多种形式和途径发展高等教育的新路子。1994年，37所重点高等学校试行招生收费并轨，即取消国家任务招生计划和市场调节招生计划，采用统一的计划形式招生，一条分数线录取学生。同时，对所录取学生实行收费上学，学生毕业时自主择业。1997年全国高校基本完成招生并轨和学生缴费上学的改革。从此，我国改变了免费上大学、毕业包分配的制度。

1999 年我国高等学校扩招，4 年之后，加上在校研究生、成人高等学校和自学考试等的学生，2002 年我国高等教育毛入学率达到 15%①。至此，我国从精英教育进入大众化教育起始阶段，高等教育全面形成“大众化教育 + 交费上学 + 毕业自主择业”的大众化教育人才培养体制。

我国高等学校扩招 14 年后，2012 年普通高等学校发展到 2 430 所，是 1998 年的 2. 38 倍；本专科招生 685 万人，是 1998 年的 6. 34 倍；本专科在校生 2 309 万人（2011 年），是 1998 年的 6. 77 倍。2012 年我国高等教育毛入学率达到 30% 。②

普通高中毕业生进入普通高等学校的机会越来越多。在全国范围内，普通高中毕业生升学率，即普通高等学校招生数与普通高中毕业生数之比，1991 年只有 28. 7%；扩招第一年即 1999 年就达到 63. 8%，比上一年提高 17. 7 个百分点；到 2010 年达到 83. 3%。因此，能否考上大学已不是主要问题，考上名学校就读强专业才是百万考生的追求。1991—2010 年全国和广东省普通高中毕业生升学率见下表。

1991—2010 年全国和广东省普通高中毕业生升学率一览表（%）

年份	全国升学率	广东升学率	年份	全国升学率	广东升学率
1991	28. 7	26. 9	2001	78. 8	67. 3
1992	34. 9	31. 1	2002	83. 5	77. 2
1993	43. 3	40. 0	2003	83. 4	82. 1
1994	46. 7	46. 0	2004	82. 5	83. 2
1995	49. 9	48. 2	2005	76. 3	82. 0
1996	51. 0	51. 2	2006	75. 1	78. 0
1997	48. 6	48. 0	2007	70. 3	73. 9
1998	46. 1	42. 7	2008	72. 7	73. 1
1999	63. 8	56. 9	2009	77. 6	77. 1
2000	73. 2	66. 2	2010	83. 3	77. 5
			2011	—	75. 1

资料来源：全国数据来自教育部网站“统计数据”专栏“2010 年教育统计数据”。广东数据来自罗伟其主编的《广东教育改革发展 30 年纪事》（广东高等教育出版社 2008 年出版）“第五部分教育事业发展主要指标统计表”和广东省教育厅规划处编辑的历年简报《广东省教育事业统计简报》。

① 唐景莉，杨晨光．把提高质量作为核心任务——我国高等教育改革发展综述．中国教育报，2010 - 07 - 09.

② 教育部网站“统计数据”栏目。

2. 我国人才队伍建设的三大任务

在人类社会发展进程中，人才是社会文明进步、人民富裕幸福、国家繁荣昌盛的重要推动力量。为实现由人力资源大国向人才强国的转变，为实现全面建设小康社会奋斗目标提供坚强的人才保证和广泛的智力支持，2005 年我国发布了《国家中长期科学和技术发展规划纲要（2006—2020 年）》，2010 年发布了《国家中长期人才发展规划纲要（2010—2020 年）》、《国家中长期教育改革和发展规划纲要（2010—2020 年）》。这三份纲要是指导我国科技发展、教育发展和人才培养的纲领性文件。其中《国家中长期人才发展规划纲要（2010—2020 年）》提出了到 2020 年人才队伍建设的三大任务。

（1）突出培养造就创新型科技人才

围绕提高自主创新能力、建设创新型国家，以高层次创新型科技人才为重点，努力造就一批世界水平的科学家、科技领军人才、工程师和高水平创新团队，注重培养一线创新人才和青年科技人才，建设宏大的创新型科技人才队伍。到 2020 年，研发人员总量达到 380 万人，高层次创新型科技人才总量达到 4 万左右。

（2）大力开发经济社会发展重点领域急需紧缺专门人才

适应发展现代产业体系和构建社会主义和谐社会的需要，加大重点领域急需紧缺专门人才开发力度。到 2020 年，在装备制造、信息、生物技术、新材料、航空航天、海洋、金融财会、国际商务、生态环境保护、能源资源、现代交通运输、农业科技等经济重点领域培养开发急需紧缺专门人才 500 多万；在教育、政法、宣传思想文化、医药卫生、防灾减灾等社会发展重点领域培养开发急需紧缺专门人才 800 多万。经济社会发展重点领域各类专业人才数量充足，整体素质和创新能力显著提升，人才结构趋于合理。

（3）统筹推进各类人才队伍建设

主要包括党政人才队伍；企业经营管理人才队伍，总量达到 4 200 万人；专业技术人才队伍，总量达到 7 500 万人；高技能人才队伍，总量达到 3 900 万人，其中技师、高级技师达到 1 000 万人左右；农村实用人才队伍，总量达到 1 800 万人；社会工作人才队伍，总量达到 300 万人。

科技人才，在高等学校中主要靠理学、工学、农学、医学门类中的各种专业和军事学、管理学门类中的部分专业来培养。

3. 经济社会发展对文理科专业两大类人才需求的特点

经济、科技、文化和社会的发展决定了人才培养的需求及其重点，人才培养的需求及其重点则是高等学校专业结构调整优化的依据。而科学技术对人才的需求影响特别大，因为科学技术已经成为人类文明发展的原动力，因此，在高等学校的专业结构中占据更加突出的地位。胡锦涛指出："科学技术作为第一生产力，对一个国家、一个民族现在和未来的发展具有决定性意义。"① "当今世界，科学技术作为第一生产力的作用日益突出，科学技术作为人类文明进步的基石和原动力的作用日益凸显，科学技术比历史上任何时

① 胡锦涛在中国科学院第十二次院士大会、中国工程院第七次院士大会上的讲话. 2004 - 06 - 02.

期都更加深刻地决定着经济发展、社会进步、人民幸福。”①

（1）人才需求重点

培育新的经济增长点、抢占国际经济科技制高点已经成为世界发展大趋势，科技竞争在综合国力竞争中的地位更加突出。胡锦涛《在中国共产党第十八次全国代表大会上的报告》指出，我国仍处于并将长期处于社会主义初级阶段，“必须坚持解放和发展社会生产力。解放和发展社会生产力是中国特色社会主义的根本任务。要坚持以经济建设为中心”，“牢牢把握发展实体经济这一坚实基础，实行更加有利于实体经济发展的政策措施，强化需求导向，推动战略性新兴产业、先进制造业健康发展，加快传统产业转型升级，推动服务业特别是现代服务业发展壮大，合理布局建设基础设施和基础产业。建设下一代信息基础设施，发展现代信息技术产业体系，健全信息安全保障体系，推进信息网络技术广泛运用”。显然，以经济建设为中心、以实体经济为基础，发展战略性新兴产业、先进制造业、传统产业、信息技术产业，需要大量的理工人才，即使是文化产业的发展，也需要一定比例的理工人才。因此，经济社会发展需要更大量的理工人才。从产业结构看，也能说明这一点。2010 年，我国第一产业、第二产业、第三产业的产值比重分别为 10.1%、46.8%、43.1%，② 第一、二产业产值合计的比重，再加上第三产业一部分科技服务的产值，合计产值的比重很高。因此，国家对理工人才的需求是主要的。

（2）高等学校专业结构的特点

为了适应人才需求的这种特点，高等学校的学科专业结构必须与经济结构、产业结构相适应。按教育部 2010 年教育统计数据计算（依 1998 年颁布的《普通高等学校本科专业目录》划分），全国普通高等学校本专科在校生总数为 22 317 929 人，11 个学科门类在校生比例是，哲学 0.04%，经济学 5.02%，法学 3.12%，教育学 4.64%，文学 15.19%，历史学 0.29%，理学 5.64%，工学 35.99%，农学 1.79%，医学 7.75%，管理学 20.54%，理工农医在校生比例合计 51.17%。③ 在其他几个学科门类中，有一部分专业带有理工农性质。从《普通高等学校本科专业目录（2012 年）》看，在教育学门类中，教育技术学专业可授教育学或理学或工学学位；在管理学门类中，管理科学专业可授管理学或理学学位，信息管理与信息系统、管理工程、工程造价、土地资源管理、物流工程、工业工程等专业可授管理学或工学学位，电子商务专业可授管理学或经济学或工学学位，农村区域发展专业可授农学或工学学位。可见，普通高考招生人数，理科（理工农医）多于文科（文史哲、法经管和教育）。这几年教育部在不断加大工学的分量，上述谈到的高等学校战略性新兴产业的相关本科新专业建设，就是其中的一方面具体措施。

（3）高等学校文理科招生的比例和特点

上述全国普通高等学校本专科各学科门类在校生比例已经反映了文理科招生的比例。2010 年全国普通高等学校本专科招生总数为 6 617 551 人，各学科门类（依 1998 年颁布

---

① 胡锦涛在中国科学院第十二次院士大会、中国工程院第七次院士大会上的讲话. 2004 - 06 - 02.

② 国家统计局公布核实后三大产业结构比例. 中国经济网，2011 - 09 - 07.

③ 教育部网站“统计资料”栏目。

的《普通高等学校本科专业目录》划分）招生比例是，哲学 0.038%，经济学 4.86%，法学 2.92%，教育学 4.4%，文学 14.71%，历史学 0.27%，理学 5.25%，工学 36.45%，农学 1.79%，医学 7.44%，管理学 21.88%，理工农医招生比例合计 50.93%。[①] 这些比例与在校生比例基本一致。

一部分高等学校特别是一本院校认为，理科生数理基础较好，学文科专业有优势，因为理科生的学科知识基础比较容易衔接文科专业，从专业发展的特点也能够看到这一点，文科类专业越来越需要理科知识特别是数理化学科知识来支撑发展，如经济学门类的专业、管理学门类的专业、文学门类的新闻传播学类专业、艺术学门类的戏剧与影视学类专业和设计学类专业都是如此。因此，这些学校愿意拿出部分招生计划面向理科生招。而理科专业在一本院校很少面向文科生招，二本院校面向文科生招的也不多，因为文科生的学科知识基础难以衔接要求较高的一本、二本院校的理科专业。因此，普通高考招生计划，理科会比文科更多。

以广东为例，根据广东省教育考试院公布的数据，2011 年普通高考报考人数，文理科分别为 28.05 万人、28.06 万人（不含艺术、体育），即文、理科报考人数比例为 1∶1。根据高考招生录取规定，分数线是根据招生计划按一定的投档比例所划的，多年来理科上线人数多于文科上线人数，也就是说理科招生计划多于文科招生计划，而且招生录取批次越高越明显。以下是2011 年广东省文理科考生录取分数线及其上线人数统计表。

2011 年广东省文理科考生录取分数线及其上线人数统计表

学校批次＼分数和人数	文科分数线及上线人数		理科分数线及上线人数		文理科上线人数之比
	分数线（分）	上线人数（人）	分数线（分）	上线人数（人）	
一本学校	580	10 919	568	32 486	1∶2.98
二本 A 学校	536	31 332	504	67 878	1∶2.17
二本 B 学校	489	50 855	460	41 701	1∶0.82
本科学校合计		93 106		142 065	1∶1.53
专科 A 学校	439	46 603	383	64 464	1∶1.38
专科 B 学校	350	72 962	330	26 990	1∶0.37
专科学校合计		119 565		91 454	1∶0.76
总计上线人数		212 671		233 519	1∶1.10

注：上线人数为本批次上线分数段的人数，如二本 A 学校文科分上线人数只是本批次分数段即 536 分至 579 分的人数。

资料来源：2011 年广东普通高考文科类分数段统计表．2011 年广东普通高考理科类分数段统计表．广州日报，2011－06－27.

① 教育部网站“统计资料”栏目。

在上表所列五个录取批次即一本学校、二本 A 学校、二本 B 学校、专科 A 学校、专科 B 学校之中，一本学校、二本 A 学校和专科 A 学校主要是公办的，二本 B 学校和专科 B 学校主要是民办的。从上表可以看到，从总计上线人数看，理科只是文科的 1.1 倍，文科考生和理科考生被录取的机会差不多，分数越高，理科考生的录取机会比文科考生的录取机会越来越高。一本学校上线人数，理科是文科的 2.98 倍；二本 A 学校上线人数，理科是文科的 2.17 倍；专科 A 学校上线人数，理科是文科的 1.38 倍。许多一本学校和二本 A 学校理科专业招生人数本来就多于文科专业，再加上这些学校的文科专业招生计划有相当一部分面向理科生招，而理科专业招生计划很少面向文科生招，从而使理科考生的录取几率远高于文科考生的录取几率。二本 B 学校和专科 B 学校上线人数，理科均少于文科，文科考生被录取的机会大于理科。在二本 B 学校和专科 B 学校，文科专业、理科专业招生计划都有相当一部分分别面向理科生和文科生招。

从上述五个录取批次上线人数看，以每批次以上的上线分数段人数除以报考人数（文理科各 28 万人）计算，被一本学校录取几率，文科考生为 3.9%，理科考生为 11.6%；被一本学校和二本 A 学校录取几率，文科考生为 15.1% ，理科考生为 35.8%；被一本学校、二本 A 学校和二本 B 学校即本科学校录取几率，文科考生为 33.3% ，理科考生为 50.7%。五个录取批次合计录取几率，文科考生为 76.0%，理科考生为 83.3%。由于上线人数是高于原定招生计划的，如果按原定招生计划操作，实际录取率会低于录取几率。

一本的广东外语外贸大学，2011 年安排在广东的文理科计划招生 3 901 人（不含艺术、体育及提前批计划），从《普通高等学校本科专业目录（2012 年）》看，其中文理科专业计划招生 3 779 人，学校将其中的 48.66% 即 1 839 个计划面向理科生招；理科专业（数学与应用数学、应用心理学、统计学、计算机科学与技术、软件工程、网络工程）招生计划 375 人，学校将其中的 4.3% 即 15 个招生计划（理科门类的应用心理学专业部分计划）面向文科生招。①

在广东二本的广州大学，2011 年安排在广东的文理科计划招生 4 061 人（不含艺术、体育及提前批计划），从《普通高等学校本科专业目录（2012 年）》看，其中文科专业招生计划 1 934 人，学校将其中的 26.3% 即 509 个计划面向理科生招；理科专业计划招生 2 127人，学校将其中的 5.2% 即 111 个计划（理科门类的心理学、应用心理学、地理科学、地理信息系统等专业部分计划）面向文科生招。②

越敢挑战困难，你的机会就越多。这是生活哲理。如果文理科考生还维持相同的数量，对于那些专业志向尚不明确，而且学习数理化还有一定能力的学生，在高中分科时选理科，本科批次被录取的几率就比文科生高，就业选择面更宽，如果选读理科之后继续深造选文科专业，成为文理复合型人才就更有基础。这样的先理后文的文理复合型人才更受社会欢迎。

---

①② 广东省招生办公室．广东省 2011 年普通高等学校招生专业目录（文科 艺术版，理科 体育版）．广州：广东高等教育出版社，2011.

4. **复合型人才专业组合的特点**

复合型人才是指有两种或以上专业能力的人才，他能够在两个或若干个专业领域完成专业性任务，其特点是专业知识多样、专业能力多种。复合型人才适应了当今社会生产和管理的需要，体现学科交叉、知识融合、技术集成的特点。从人才培养模式来看，具有双专业或多专业的毕业生，都是复合型人才。有的可以在同一教育层次完成复合，如本科阶段的双专业双学位人才。有的是在多个教育层次完成复合，如专科到本科，或本科到硕士研究生，或再到博士研究生，在不同的教育层次各学不同的专业即攻读两三个专业或更多专业。从专业组合来看，复合型人才主要有三类五种，第一类是跨学科门类的专业组合，有三种；第二类是同一学科门类的专业组合；第三类是主攻一个专业兼修其他专业的一些课程。

(1) 跨学科门类的专业组合

第一种是文理科专业组合。这是最具典型意义的复合型人才的专业组合。组合方式有先理后文和先文后理。相对而言，先理后文的组合比较容易，既攻读某一理科专业，再读某一文科专业。如本科阶段既主修理学门类的信息与计算科学专业，又兼修经济学门类的经济统计学专业。或先学某一理科专业，然后在高一层次教育深造某一文科专业。如本科学理科门类的数学或物理或化学专业，硕士研究生学经济学门类的应用经济学或管理学门类的管理科学与工程专业，博士研究生学教育学门类的教育学专业。先文后理很少，因为以文科为基础再学理科，其文科基础很难衔接理科专业。

第二种是不同文科门类（文史哲、法经管和教育）专业之间的组合。这是比较容易学习的组合。如学文学门类的外语专业与经济学门类的国际经济与贸易专业的组合，学文学门类的英语专业与教育学门类的比较教育学专业的组合，学经济学门类的财政学专业与管理学门类的审计学专业的组合。

第三种是不同理科门类（理工农医）专业之间的组合。这也是比较容易学习的组合。如学理学门类的化学专业与工学门类的环境科学与工程专业的组合，学农学门类的园艺专业与工学门类的风景园林规划与设计专业的组合，学医学门类的临床医学专业与工学门类的生物医学专业的组合。

(2) 同一学科门类的专业组合

这是比较容易学习的组合。如学经济学门类的经济学专业与金融学专业的组合，学文学门类的汉语言文学专业与新闻学专业的组合，学工学门类的工程力学专业与土木工程专业的组合。

(3) 主攻一个专业兼修其他专业的一些课程

在某一教育层次，主攻一个专业，在学分制的条件下兼修一个或多个专业的一些课程（如专业的模块课程、套餐课程），这些学生尽管没有双专业双学位文凭，但也是一种一专多能的复合型人才。

一般来说，本科阶段多数的双专业双学位组合，专业之间的专业课程设置会有较大的相关性，否则，学生难以在四年完成全部课程；也有一些组合特别是外语专业与经管、教育专业组合，虽然专业之间的专业课程相关性不大，但学习难度不会太大。而不同教育层次如本科与研究生的专业组合，尤其是相关性不大的跨学科门类的专业组合，专业之间的专业课程相关性就很少，因此难以衔接，学生学习会遇到很大困难。对先理后文的学生，困难相对少些，因为在研究生阶段文科专业知识如新闻的难度相对理科如数学来说没那么大；对先文后理的学生，困难相对就很大，对大多数学生来说不会选择这种组合，因为在研究生阶段的理科专业知识的难度相对文科来说要大得多。在高等学校专业教师看来，数学的学习能力要比新闻的学习能力要求高，尽管二者的学习能力有所不同。不管是先理后文还是先文后理，如果两个专业的课程没能很好衔接，都要适当补研究生专业的专业基础课程。这对学生的学习能力要求很高。如果能够按时完成相关性不大的跨学科门类的专业课程，那么学生的学习能力一定很强，复合型素质一定会很高。读工科的有经济学或管理学的专业能力，读管理学的有工科或经济学的专业背景，是很受社会欢迎的。

西方发达国家的大学，无论是本科还是研究生阶段，特别重视跨学科的人才培养。美国耶鲁大学的校长莱文认为，目前，中国大学的本科教育缺乏两个非常关键的因素：第一，缺乏跨学科的广度；第二，缺乏批判性思维的培养。美国的本科学生在前两年会选择各种各样的学科，然后选择一门主科再进行学习。为什么这样做呢？学生接触多门学科，就有能力去应付新的、从来没有碰到过的问题，他们通过不同学科的学习会有不同的视角。这样一种跨学科的广度，能够使毕业生有能力以创造性的方式来解决新的问题。我们要去解决一个复杂问题，需要借助多学科的知识。①

美国的世界一流大学商学院特别看重先理后文的专业组合，如西北大学凯洛格管理学院、芝加哥大学商学院、宾夕法尼亚大学沃顿商学院、斯坦福大学商学院、哈佛大学商学院等。在这些商学院学习的许多学生来自企业、公司，具有一定的生产和管理经验，拥有较扎实的理工科专业基础，他们有的是本科毕业生，有的是硕士毕业生。商学院对他们进行经济学和管理学方面课程的专业训练，使之成为名副其实的最具典型意义的文理复合型人才。

（二）高考选学校更选专业

专业教育是大学教育的特点，读大学是通过接受专业教育来实现的。不同的学校有不同的类型，不同的历史，不同的文化，不同的专业，即使是不同的学校开办同样的专业，各自的专业都有不同的特点和水平。因此，考生既要了解学校，更要认识专业。考生要通过认识不同专业的教育特点，包括课程设置和人才培养目标，然后根据自己的实际条件选学校选专业。

1. 学校有好次，专业有强弱

精英教育阶段，尤其是20世纪80年代以前，学校少，招生少，高中毕业生升学率低，而且同一层次的学校办学水平比较接近，考生选择的余地不多。随着高等教育的快速发展，特别是进入高教大众化阶段，新办学校雨后春笋。从1998年到2012年，普通高等学校，全国从1 022所增加到2 430所，约一周新办2所；广东从47所增加到138

① 莱文．通识教育在中国教育发展中的角色．第四届中外大学校长论坛，2010.

所，每年约新增6.5所。对大多数高等学校来说，办学水平总是与其创办的时间长短和积累多少有关，于是新校和老校之间的办学水平就会拉开距离，形成学校有好次的区分。学校好次与否，主要体现在专业建设上，专业的强弱与否，主要体现在学科水平上。

（1）好学校有两种情况，好学校也有弱专业

一是老牌名校。老牌名校开办历史较长的专业特别是传统专业，能培养硕士、博士，甚至拥有国家重点学科，这些专业都属于强专业。因此，老牌名校是名副其实的好学校。

二是部分考生、家长追求和舆论追捧的热门“好”学校。热门学校开办了不少新的热门专业，或者是当下比较容易就业的专业。因为新，这些热门专业学术积累不多，学术水平不高，学术团队不强，不是国家特色专业，也没有硕士点、博士点，更没有国家重点学科，所以这些热门专业不能说是真正意义上的强专业。所以说，好学校也有弱专业。

（2）次学校也有两种情况，次学校也有强专业

一是新校新专业或老校新专业。这些专业同样是学术积累不多，学术水平不高，学术团队不强，不是国家特色专业，也没有硕士点、博士点，更没有国家重点学科，还不能成为强专业。

二是被认为是次学校的老校。不一定是重点建设的学校，也不一定是名牌学校。就是有这样一些办学历史悠久、教学科研能力较强的学校，由于种种原因还未被列入重点建设行列，甚至在某些省仍然按二本学校招生，但其中一些专业有硕士点、博士点，甚至还拥有国家重点学科，学术积累多，学术水平高，学术团队强，具有一流的教育条件。所以说，次学校也有强专业。也就是说，有些二本老校老专业的水平比有些一本学校的专业还要强。

因此，学校好与次，应该辩证地看。

2. 看大学类型，知办学底细

这里所说的大学类型，是指广义的范畴，即涉及隶属关系，是部属、省属还是市属院校；涉及层次类别，是本科还是专科，研究型、教学科研型、教学型还是应用型、职业型院校；涉及战略定位，是“985工程”学校、“211工程”学校、省属重点学校、国家示范性高等职业院校、国家骨干高等职业院校还是一般院校；涉及办学性质，是公办还是民办院校。考生要认识大学类型，包括学校的“出生”，谁创办的，创办者很重要，因为创办者要求不同，办学起点就不同；学校的“成长”，在什么条件下“哺育”的，大学精神和办学条件不同，所形成的能力就不同；学校的“发展”，不同类型的学校会承担不同的人才培养任务和建设项目，所体现的水平就不同。通过了解学校的“家底”，认识学校的学科、专业发展水平和师资水平。

（1）部属院校、省属院校和市属院校

部属院校是指教育部等中央部委主管的高等学校。部属院校大多数是20世纪50年代形成的三种主要类型的高等学校，改革开放之后，经过调整、合并、转型，大多数已经发展为综合性大学。也就是说，原有的以文理科专业为主的大学，通过合并或增设，开办了工学、艺术学门类的新专业，成为以文理为优势的综合性大学；原有的以理工科专业为主的大学，通过合并或增设，开办了经济学、法学、文学、管理学、艺术学门类的新专业，成为以工学为优势的综合性大学；原有的专门学院（大学）则是大量地增设原主管行业之外的经济学、法学、文学、工学、医学、管理学、艺术学门类的新专业，成为保留原行业特色的综合性大学或文科大学（如财经大学、政法大学）。了解这些大学的办学底细，要从50年代办起来的专业入手，而且要看它有没有或有多少国家级、省部级重点学科或博士点、硕士点。

省属院校是指省级政府主管的高等学校。同样有一批原来的文理科院校和理工科院校，改革开放之后，经过调整、合并、转型，大多数已经发展为综合性大学。另有一批原中央各部属院校在20世纪90年代办学体制改革时期划转为省属院校，也同样经过调整、合并、转型，一部分已经发展为综合性大学。原来的省属院校和原部属院校划转为省属院校，有许多是老校，有些专业不仅有硕士点、博士点，甚至还有国家重点学科，这些也都是强专业。

市属院校是指地级以上市和一些县级市创办的高等学校（俗称中心城市办学），其中一批本科院校是20世纪八九十年代创办的；一批是八九十年代创办之初是专科院校，90年代末或21世纪初升格为本科院校；还有一批是90年代末和21世纪以来在中等职业学校（原称中专学校）或成人高等学校基础上升格、转制办起来的职业技术学院。

（2）本科、专科院校，研究型、教学科研型、教学型院校，应用型、职业型院校

在精英教育阶段，也就是在传统的普通高等教育体系中，有本科院校和专科院校，有本专科教育和研究生教育，主要分研究型、教学科研型、教学型院校。在大众化教育阶段，除了发展传统的普通高等教育体系外，还创建了高等职业教育体系，这个体系有本专科职业教育和专业学位研究生教育，主要分应用型本科院校（正在试点）、专科层次的职业技术学院。

（3）“985工程”学校、“211工程”学校、省属重点院校、国家示范性高职院校、一般院校

这是从国家层面，按学校发展的战略定位划分的。“985工程”、“211工程”的学校属于重点建设大学，主要是研究型的或教学研究型的大学。一般本科院校以教学型或应用型为主。许多省级教育行政部参照国家“211工程”项目建设要求，在本省一些省属院校按照“211工程”重点学科建设项目的要求，组织重点学科建设，能够获得这些建设项目的一般本科院校，基本上是本省重点建设高校。国家示范性高等职业院校、国家骨干高等职业院校是专科层次的重点建设院校。其他为一般院校。

（4）公办院校、民办院校

公办院校是指中央政府、省政府、市政府和国家及地方有关部门利用财政创办的高等学校，也就是上述介绍的部属、省属、市属公办院校。

民办院校是指国家机构以外的社会组织或者个人，利用非国家财政性经费，面向社会依法举办的实施专科以上学历教育的高等学校。民办院校是公益性的，是社会主义教育事业的组成部分。民办院校包括独立设置的职业技术学院、独立设置的本科学院、独立学院，还包括中外合作举办的独立设置的实施高等学历教育的高等学校。民办院校是从20世纪90年代初开始创办的，我国启动高等教育大众化之后，民办院校才雨后春笋般发展起来，已经成为一支重要力量。正如2010年中共中央、国务院制定的《国家中长期教育改革和发展规划纲要（2010—2020 年）》所指出的：“民办教育是教育事业发展的重要增长点和促进教育改革的重要力量。各级政府要把发展民办教育作为重要工作职责，鼓励出资、捐资办学，促进社会力量以独立举办、共同举办等多种形式兴办教育。”因此，要“大力支持民办教育”，“提高质量，办出特色，办好一批高水平民办学校”。到 2010 年，全国普通类的民办院校共有 676 所，占普通高等学校 2 358 所的 28.7%；本专科在校生 4 766 845 人，占普通高等学校本专科在校生 22 317 929 人的 21.4%。

值得注意的是，无论哪种类别的高等学校，无论是老学校新专业还是新学校新专业，其专业教育水平都要经过十年甚至更长时间的努力和积累才能达到较高的层次。

3. 看校名变更，知前世今生

我国高等学校的名称已经越来越规范，校名分门别类命名，能够给学校明确的发展定位，也有助于人们初步分辨学校层次、类型、学科和专业特点，便于考生和家长做出明智选择。《中华人民共和国高等教育法》第二十六条规定：“设立高等学校，应当根据其层次、类型、所设学科类别、规模、教学和科学研究水平，使用相应的名称。”① 《普通本科学校设置暂行规定》：“设置普通学校，应当根据学校的人才培养目标、办学层次、类型、学科门类、教学和科研水平、规模、领导体制、所在地等确定名实相符的学校名称。”“校名不冠以‘中国’、‘中华’、‘国家’等字样，不以个人姓名命名，不使用省、自治区、直辖市和学校所在城市以外的地域名。”②

（1）普通本科学校校名

本科层次的普通高等学校校名有两种，一是学院，即“××学院”；二是大学，即“××大学”。根据《普通本科学校设置暂行规定》③，学院设置和大学设置有不同的要求，主要规定如下：

第一，办学规模。称为学院的，全日制在校生规模应在 5 000 人以上。称为大学的，全日制在校生规模应在 8 000 人以上，在校研究生数不低于全日制在校生总数的 5%。艺术、体育及其他特殊科类或有特殊需要的学院，经教育部批准，办学规模可以不受此限。

第二，学科和专业。在人文学科（哲学、文学、历史学）、社会学科（经济学、法学、教育学）、理学、工学、农学、医学、管理学等学科门类中，称为学院的应拥有 1 个以上学科门类作为主要学科，称为大学的应拥有 3 个以上学科门类作为主要学科。称为学院的其主要学科门类应能覆盖该学科门类 3 个以上的专业；称为大学的其每个主要学科门类中的普通本科专业应能覆盖该学科门类 3 个以上的一级学科，每个主要学科门类的全日制本科以上在校生均不低于学校全日制本科以上在校生总数的 15%，且至少有 2 个硕士学位授予点，学校的普通本科专业总数至少在 20 个以上。

第三，师资队伍。具有较强的教学、科研力量，专任教师总数一般应是生师比不高于 18∶1；兼任教师人数应当不超过本校专任教师总数的 1/4。称为学院的，在建校初期专任教师总数不少于 280 人；专任教师中具有研究生学历的教师数占专任教师总数的比

① 《中华人民共和国高等教育法》（中华人民共和国主席令第 7 号），1998 年 8 月 29 日。

②③ 教育部关于印发《普通本科学校设置暂行规定》的通知（教发〔2006〕18 号），2006 年 9 月 28 日。

例应不低于30%，具有副高级专业技术职务以上的专任教师人数一般应不低于专任教师总数的30%，其中具有正教授职务的专任教师应不少于10人。称为大学的专任教师中具有研究生学历的人员比例一般应达到50%以上，其中具有博士学位的专任教师占专任教师总数的比例一般应达到20%以上；具有高级专业技术职务的专任教师数一般应不低于400人，其中具有正教授职务的专任教师一般应不低于100人。

此外，还有教学和科研水平的不同要求。

（2）普通专科学校校名

专科层次的普通高等学校校名有两种。

第一，实施专科教育的，称为"××高等专科学校"，前缀通常冠以地域名、专业科类名称，如"××师范高等专科学校"、"××医学高等专科学校"。

第二，实施职业教育的，称为"××职业技术学院"，前缀通常冠以地域名、专业科类名称，如"××经济职业技术学院"、"××交通职业技术学院"。

专科学校的设置没有本科学校的设置要求高。以职业技术学院设置为例，《高等职业学校设置标准（暂行）》规定①，首次招生专业数应在5个左右。新建的应在4年内，全日制在校生规模不少于2 000人；大学本科以上学历的专任教师不少于100人，其中，具有副高级专业技术职务以上的专任教师人数不低于本校专任教师总数的25%。

（3）高等学校校名变更

校名变更，总是随着学校的学科和专业调整、政策法规规定、时代发展要求而变化的。1982年出版的《中国高等学校简介》，介绍了1980年10月教育部门公布的全国具有招生资格的675所普通高等学校②，经过20世纪90年代以后的调整、合并、升格，现在已有550多所高校，或校名变更，或不复存在，即被调整、合并。而有一些新办院校，也在短短几年内更换校名，使学校有一个更具吸引力的名称，以利于招生和发展。

纵观校名变更，我国的一些老牌名校和一般本科院校冠以"××理工大学"、"××科技大学"居多，也有一些冠以区域名"××大学"。这些大学校名的变更耐人寻味。这里以4所大学校名变更为例，说明如何通过看校名变更，知道学校的前世今生。

位于上海、创办于1951年的原华东纺织工学院，属行业院校，1985年更名为中国纺织大学，1999年再更名为东华大学，这个校名再也看不到它原来是我国纺织高等教育佼佼者等方面的信息。也是1999年，位于吉林的吉林师范学院、吉林医学院、吉林林学院、吉林电气化高等专科学校合并取名为北华大学，这个校名也看不出它"出生"省份、专业优势等方面的信息。有了东华、北华，就应该有南华、西华了。位于湖南衡阳的中南工学院、衡阳医学院于2000年合并取名为南华大学，这个校名看不出它国防工业中核专业优势的信息。2003年，位于四川成都的四川工业学院、成都师范高等专科学校合并更名为西华大学，这个校名也看不出它"出生"省份、专业优势等方面的信息。③ 当然，

---

① 教育部关于颁布《高等职业学校设置标准（暂行）》的通知（教发〔2000〕41号），2013年3月15日。

② 《中国高等学校简介》编审委员会．中国高等学校简介．北京：教育科学出版社，1982.

③ 各校网站。

东南西北各有一所名为“华”的大学尚未不可，即与20世纪50年代以来以文理综合大学、理工院校和师范、政法等专门学院在东南西北中的布局一样，体现了我国高等教育布局结构的大格局，未尝不是战略布局上的继承。

这几所大学最能说明“看校名变更，知前世今生”的观点。

东华大学的“前世”是1951年创办的华东纺织工学院，1960年被教育部确定为重点大学；“今生”是教育部部属“211工程”学校，拥有材料学、纺织工程、纺织化学与染整工程、服装设计与工程等4个国家重点学科（二级学科），有博士点35个，硕士点67个。

北华大学的“前世”是创建于20世纪50年代的师范、医学、林学、电气4所大专院校；“今生”是吉林省省属重点大学，森林培育是国家林业局重点学科，有硕士点109个，有临床医学、机械类、电气工程及其自动化、园林、医学检验、林学等6个国家特色专业。

南华大学的“前世”是创建于1958年、原隶属于中国核工业总公司的中南工学院，以及同年开办的衡阳医学院；“今生”是湖南省政府与教育部共建大学，核工程与核技术是国防重点专业，有博士点16个，硕士点117个，有核工程与核技术、临床医学、工商管理、预防医学、矿物资源工程、给水排水工程等6个国家级特色专业。

西华大学的“前世”是创建于1960年的四川农业机械学院，是国家为实现农业机械化在全国7个大区分别布点所建立的综合性农业机械学院之一，1978年被四川省确定为省属重点大学，1983年更名为四川工业学院；“今生”是四川省省属重点大学，有硕士点65个，有热能与动力工程、机械设计制造与自动化、车辆工程、食品科学与工程等4个国家特色专业。

今天，单从校名来看，人们已经很难看出学校的本来面目。因此，考生和家长要认真了解校名变化和学校发展历程，避免盲目选择，不要被好听的校名所迷惑。

4. 看专业强弱，知育才能力

不同的学校所开办的同一专业，因办学时间长短、学科建设能力大小、师资队伍水平高低、办学条件优劣等条件的不同而造成专业有强有弱。强专业意味着专业教育水平高，因而人才培养能力就强。

（1）本科院校的强专业

对于本科院校来说，如果一所高等学校开办的某一专业所依托的学科被确定为国家重点学科或省级重点学科，则这一专业水平就处在国内同类专业的最前列或本省的前列，这是名副其实的强专业。依次下推是能够培养博士生的专业，能培养硕士生的专业，这些都是较强的专业。国家特色专业和省级特色专业，也都是较强的专业。

在本科院校，强专业的形成既有办学时间要求，也有办学水平要求。仅就办学时间来看，一个本科专业要申请获得学士学位授予资格（没有获得学士学位授权的本科院校可以先招本科生），“学校可于有第一届本科毕业生的当年，提出新增为学士学位授予单位的申请”[①]；一个本科专业要申请获得硕士学位授予资格，一般原则是，这个专业至少要有10届学士学位的本科毕业生，再加上第一届在读的前3年，共计至少要13年才有资格申请；要申请博士学位授予权，一般原则是，这个专业从第一次招收硕士研究生开始至少经过8年研究生培养才有资格申请（与学士学位授予资格的规定不同，获得硕士学位授权的单位才能招收硕士研究生）。也就是说，一所本科院校的本科专业至少需要22年才有资格申请博士学位授予权。[②]

申请国家重点学科的学科，须具有博士学位授予权且至少已正式招收一届博士生，且每五年考核（申请）一次。《国家重点学科建设与管理暂行办法》规定的其中一个条件是：“应有完整的本科生和研究生培养体系，培养的博士生质量和数量位于国内同类学科的前列。”[③]教育部规定：“国家重点学科在定期考核的基础上，对符合条件的由教育部按有关程序经过考核重新确定为国家重点学科；一级学科国家重点学科由教育部按照确定标准和程序，从符合条件的二级学科国家重点学科中直接确定；二级学科国家重点学科的增补，将与国家和区域发展的重大需求相结合，经选优推荐并通过专家评审后增补。”“国家重点学科的考核每五年进行一次”，“考核的主要内容是各国家重点学科规划的完成情况。对符合条件的将重新确定为国家重点学科，对建设成效差，经整改后仍不符合要求的将予以淘汰”。[④] 也就是说，一个本科专业依托的学科要成为国家重点学科，必须经过约30年的努力建设。可见，在高等学校，拥有国家重点学科的专业才是国内同类专业中的佼佼者。

从公布的国家重点学科来看，它们比较集中在老学校所开办的老专业之中。换言之，原以文理科为主的大学拥有较多的文史哲、法经管和理学（理论学科）方面的国家重点学科，原以理工科为主的院校则拥有较多的工学和理学（应用学科）方面的国家重点学科，原专门学院则拥有其传统专业的国家重点学科，如师范院校主要拥有教育学、心理学方面的国家重点学科。

如化学工程与技术专业，全国几百所高等学校开设这一专业，其中已取得硕士学位授权一级学科的有150多所，已取得博士学位授权一级学科的有40多所，取得部分国家二级重点学科的有8所，取得国家一级重点学科的只有6所，即清华大学、北京化工大学、天津大学、大连理工大学、华东理工大学、南京工业大学。

再如建筑学和土木工程类的专业。专家认为，任何一个行业都讲血统，建筑行业也不例外。学土建的人都知道“土建老八校”，就是土建类学科基础最好的8所高等学校，也是最早开办与建筑有关专业的学校，最早有建筑学学士、硕士专业学位授予权以及建

① 广东省学位委员会办公室《广东省普通高等学校学士学位授权审核工作试行办法》（粤学位〔2006〕2号），2006年2月7日。

② 国务院学位委员会《关于做好2008—2015年新增博士、硕士学位授予单位立项建设规划工作的通知》（学位〔2008〕30号），2008年10月21日。

③ 教育部关于印发《国家重点学科建设与管理暂行办法》的通知（教研〔2006〕3号），2006年10月27日。

④《教育部关于加强国家重点学科建设的意见》（教研〔2006〕2号），2006年10月27日。

筑学一级学科博士点的学校。被称为“土建老八校”的是清华大学、同济大学、东南大学、天津大学、重庆大学、哈尔滨工业大学、西安建筑科技大学、华南理工大学。“老八校”有着悠久的学科办学历史。

第一次世界大战爆发后，青岛特别高等专门学堂被迫停办，该校一些教师和43名学生转到上海德国人开设的同济医工学堂。学堂1914年为转来的30名土木科学生在工科内增设土木科，这成为同济大学土木系科的前身。

清华大学的土木工程系创建于1926年，是清华大学最早成立的工程系科之一，在国内外有良好的声誉，先后有27名院士和12位国家工程勘察设计大师在此学习或工作过。建筑系则于1946年创办。

天津大学的前身为北洋大学，1903年北洋大学堂开学复课时，分设法律、土木工程、采矿冶金三个学门。建筑学系则成立于1952年。

东南大学（原南京工学院）的土木工程系创立于1923年。建筑系则创建于1927年的国立中央大学建筑系。

西安建筑工程学院于1956年定名。1955年奉国务院之命，由东北工学院土木系和建筑系（分别创办于1923年、1928年），西北工学院土木系（由创建于1895年的北洋西学学堂土木学门与东北大学工学院等校组成），青岛工学院土木系（始建于1901年的山东大学堂土木系）及苏南工业专科学校的土木科、建筑科（分别创建于1911年、1923年）成建制迁至西安组成，积淀了我国近代高等教育史上最早的一批土木、建筑等学科精华。现更名为西安建筑科技大学。

哈尔滨建筑工程学院是1958年从哈尔滨工业大学分出来建校的，1920年哈尔滨工业大学土木系开设我国最早的工业与民用建筑专业，后改名为哈尔滨建筑大学，现又回到了哈尔滨工业大学。

重庆建筑工程学院于1952年10月先由重庆大学（建筑、土木系创建于1929年）、川北大学及另5所专科学校的土木建筑系合并成立重庆土木建筑学院，1953年云南大学土木系（创建于1916年）、贵州大学土木系并入之后更名为重庆建筑工程学院，后又改名为重庆建筑大学，现已并入重庆大学。

华南理工大学，原名华南工学院，于1952年10月由原中山大学工学院建筑学（其历史可追溯到1932年广东省省立襄勤大学工学院建筑工程系）、原岭南大学土木系等多所高等学校的土木、机械、电子、化工等学科合并组成。

“老八校”培养了大量的土建类优秀人才，其建筑学和土木工程一级学科排名均在全国院校前列，对于很多用人单位来说，“老八校”的出身是就业的一块敲门砖。① 因此，有志学习建筑学、土木工程类专业的学生，可以首选这些高等学校。

无论是一本院校还是二本院校，在拥有国家级、省部重点学科的专业中，在拥有学科评估排位靠前的专业中，在拥有博士点、硕士点的专业中，它们都有一定的国际影响力或有国内知名的学术带头人，有高水平的学术团队，有完善的本科生和研究生培养体

---

① “土建老八校”这几段文字参考：原春琳. 建筑类高校大比拼. 中国青年报，2011-05-26；《中国高等学校简介》编审委员会. 中国高等学校简介，北京：教育科学出版社，1982年.

系，有很强的科研实力，因此，这些专业都是强专业。由于专业的强弱不同，人才培养能力就有高低之分。

（2）专科院校的强专业

对于职业技术学院来说，国家示范性高等职业院校、国家骨干高等职业院校获得立项建设项目的专业，也是强专业。这些学校的专业建设领先，即专业建设理念先进，特色鲜明，在教师队伍建设、实习实训基地建设、推行“双证书”制度、课程和教材建设等方面取得明显进展。它的特点可以通过教育部、财政部的建设计划项目申报要求来认识，包括以下三个方面①：

“1. 教学实验实训条件建设。根据高技能人才培养的需要，更新教学设施和仪器设备，增加模拟和仿真实训条件，建设有真实工作环境的实训室和实习车间。

“2. 高水平的‘双师型’专业教师队伍建设。每个专业引进和培养 1 ~ 2 名专业带头人，培养 4 ~ 6 名骨干教师，聘请 4 ~ 6 名企业行业技术专家，制订具备‘双师’素质与‘双师’结构的专兼结合专业教学团队建设规划，开展多种形式的专业教师实践技能培训。

“3. 课程体系和教学内容改革。按照高技能人才培养的特点和规律，参照职业岗位要求，改革课程体系和教学内容，每个专业建设 3 ~ 5 门工学结合的优质核心课程及配套教材、教学课件等教学资源，并在区域或行业内至少 4 所职业院校中推广使用。”

2010 年，教育部和财政部对这些学校的专业建设要求更加具体。如在专业建设与人才培养模式改革方面，要“主动适应区域产业结构升级需要，及时调整专业结构；深化订单培养、工学交替等多样化的人才培养模式改革，参照职业岗位任职要求制订培养方案，引入行业企业技术标准开发专业课程；推行任务驱动、项目导向的教学模式；探索建立‘校中厂’、‘厂中校’实习实训基地；试行多学期、分段式的教学组织模式；吸纳行业企业参与人才培养与评价，将就业水平、企业满意度作为衡量人才培养质量的核心指标，建立健全质量保障体系，全面提高人才培养质量”②。

由于高等职业教育是在 20 世纪 90 年代中后期开始发展的，所以专业建设还在探索之中，其体系尚未建立起来，不可能有本科院校那么成熟和完备。尽管如此，由于这些院校的专业建设领先，其人才培养能力还是比较强的。

5. 看社会评价，知就业前景

这里所说的社会评价，包括官方、用人单位和舆论对某所高等学校某个专业毕业生的认可度，也就是毕业生就业状况评价。高等学校毕业生就业问题是一个全社会都关注的热点问题，特别是在高等学校连续十多年扩招的今天。从高等学校自身来看，专业开办合理，学生专业水平较高，符合社会人才需求，受用人单位欢迎，毕业生就业率就高。也就是说，社会评价高，就业前景就好。

---

① 《教育部办公厅　财政部办公厅关于做好 2006 年度国家示范性高等职业院校建设计划项目申报工作的通知》（教高厅函〔2006〕44 号），2006 年 11 月 3 日。

② 《教育部　财政部关于进一步推进“国家示范性高等职业院校建设计划”实施工作的通知》（教高〔2010〕8 号），2010 年 7 月 26 日。

高等学校扩招13年，全国普通高等学校毕业生从1998年的87.4万人（其中本专科生83万人，硕士、博士研究生4.4万人），增加到2010年的671万人（其中本专科生619万人，硕士、博士研究生52万人）。① 对此，教育部乃至国务院越来越重视高等学校毕业生的就业工作。

2010年4月20日发出的《教育部办公厅关于公布2009年度全国毕业生就业典型经验高校的通知》②，首次推广50所高等学校毕业生的就业经验，目的是推动高等学校积极探索促进毕业生就业工作的新做法、新机制、新经验，深化高等学校就业工作和人才培养模式的改革。

教育部首次推出50所“2009年度全国毕业生就业典型经验高校”名单：

北京大学　清华大学　中国人民大学
北京交通大学　北京化工大学　北京航空航天大学
对外经济贸易大学　中国石油大学（北京）　中国地质大学（北京）
天津大学　天津工业大学　河北大学
太原理工大学　内蒙古科技大学　大连民族学院
辽宁工程技术大学　东北师范大学　辽宁省交通高等专科学校
长春工业大学　鸡西大学　同济大学
上海交通大学　华东理工大学　上海财经大学
上海大学　中国矿业大学　江苏大学
杭州电子科技大学　安徽新华学院（民办）　江西财经大学
漳州职业技术学院　郑州大学　河南职业技术学院
华中农业大学　湖北工业大学　中南大学
湖南交通职业技术学院　茂名学院　广西医科大学
重庆交通大学　四川建筑职业技术学院　贵州交通职业技术学院
大理学院　西安交通大学　西安建筑科技大学
杨凌职业技术学院　兰州理工大学　青海师范大学
宁夏医科大学　石河子大学

2011年5月6日发出的《教育部办公厅关于公布2010—2011年度全国毕业生就业典型经验高校名单的通知》③，第二次推广50所高等学校毕业生就业经验（首次推出的50所高等学校不再重复推广）。

教育部第二次推出50所“2010—2011年度全国毕业生就业典型经验高校”名单：

---

① 教育部网站。

② 《教育部办公厅关于公布2009年度全国毕业生就业典型经验高校的通知》（教学厅函〔2010〕10号），2010年4月20日。

③ 《教育部办公厅关于公布2010—2011年度全国毕业生就业典型经验高校名单的通知》（教学厅函〔2011〕11号），2011年5月6日。

北京理工大学	华北电力大学	北京林业大学
北京师范大学	北京外国语大学	中国政法大学
首都师范大学	天津职业大学	燕山大学
河北农业大学	邢台职业技术学院	东北大学
大连海事大学	长春理工大学	长春职业技术学院
哈尔滨理工大学	黑龙江东方学院（民办）	复旦大学
上海理工大学	南京大学	江南大学
南京林业大学	常州信息职业技术学院	金华职业技术学院
安徽职业技术学院	江西理工大学	安徽工贸职业技术学院（民办）
福建信息职业技术学院	江西师范大学	九江职业技术学院
中国石油大学（华东）	青岛理工大学	山东交通学院
河南大学	河南农业大学	河南机电高等专科学校
华中师范大学	中南财经政法大学	武汉铁路职业技术学院
长沙理工大学	湖南师范大学	湖南铁道职业技术学院
中山大学	华南师范大学	深圳职业技术学院
重庆理工大学	铜仁职业技术学院	西安理工大学
北方民族大学	银川科技职业学院	

2012 年 7 月 17 日，国务院在北京人民大会堂举行全国就业创业工作表彰大会，对 238 个全国就业先进工作单位、239 名全国就业先进工作者、240 家全国就业先进企业和 240 名全国就业创业优秀个人进行了表彰。在受表彰的全国就业先进单位当中，有 14 所高等学校获此殊荣。①

国务院 2012 年表彰的全国就业先进工作单位中的高等学校名单：

北京大学	清华大学	东北师范大学
上海交通大学	中国矿业大学	南京理工大学机械工程学院
内蒙古科技大学	江西财经大学	青岛理工大学
河南工业职业技术学院	广东外语外贸大学	贵州大学
云南农业大学	西安建筑科技大学	

为了推广工程硕士研究生教育经验，进一步提高工程硕士人才培养水平，2011 年 1 月 7 日，全国工程硕士专业学位教育指导委员会向 50 所高等学校授予“全国工程硕士研究生教育创新院校”荣誉称号，向 170 个工程项目授予“全国工程硕士研究生教育特色

① 国务院召开全国就业创业工作表彰大会 教育系统多个集体和个人受表彰．中国大学生就业，2012-07-17.

工程领域”荣誉称号。[①] 在这50所高等学校名单中，原中央部委所属重点高校（现以地方管理为主）即燕山大学、南京邮电大学、江苏大学、山东科技大学、西安建筑科技大学榜上有名。这表明这几所高等学校的工程硕士研究生培养水平也进入我国高校的先进行列。

50所“全国工程硕士研究生教育创新院校”名单：

清华大学	北京交通大学	北京工业大学
北京航空航天大学	北京理工大学	北京科技大学
北京邮电大学	南开大学	天津大学
华北电力大学	中国科学院研究生院	大连理工大学
东北大学	哈尔滨工业大学	燕山大学
哈尔滨工程大学	同济大学	上海交通大学
华东理工大学	东华大学	南京大学
东南大学	南京理工大学	南京航空航天大学
中国矿业大学	南京邮电大学	河海大学
江苏大学	浙江大学	中国科学技术大学
合肥工业大学	福州大学	山东大学
山东科技大学	武汉大学	华中科技大学
湖南大学	中南大学	华南理工大学
广西大学	四川大学	重庆大学
西南交通大学	西安交通大学	西安建筑科技大学
西北工业大学	西安电子科技大学	中国石油大学
中国地质大学	国防科学技术大学	

2012年12月13日，《中国青年报》报道了上大学网发布原创榜单《上大学网中国百强企业最爱的大学排行榜》。[②] 上大学网对2008—2012年中国百强企业走进校园招聘宣讲的频率数据进行了分析，发现这些企业均青睐老牌名校毕业生。在这5年里，中国百强企业走进的493所高等学校中，95%都是全国重点大学，包括“985工程”、“211工程”学校和教育部直属院校，非重点大学不足30所。清华大学是中国百强企业的最爱，其中25家企业每年都会去清华大学举办“校园招聘会”。中国百强企业最爱的前10所大学依次为清华大学、上海交通大学、武汉大学、哈尔滨工业大学、西安交通大学、北京大学、华中科技大学、浙江大学、中南大学、华北电力大学。其他院校还有（以下名单不分先后）：

---

① 全国工程硕士专业学位教育指导委员会《关于公布获得“全国工程硕士研究生教育创新院校”、“全国工程硕士研究生教育特色工程领域”荣誉称号名单的通知》（教指委〔2011〕1号），2011年1月7日。

② 李菁莹．清华大学成为中国百强企业最爱．中国青年报，2012－12－13.

中国人民大学
北京交通大学
北京工业大学
北京航空航天大学
北京理工大学
北京科技大学
北京化工大学
北京邮电大学
中国农业大学
中央财经大学
对外经济贸易大学
南开大学
天津大学
天津财经大学
河北工业大学
河北大学
太原理工大学
大连理工大学
东北大学
大连海事大学
沈阳药科大学
东北财经大学
吉林大学
哈尔滨工程大学
燕山大学
东北石油大学
东北林业大学
复旦大学
同济大学
华东理工大学
上海理工大学
东华大学
上海财经大学
上海大学
南京大学
苏州大学
东南大学
南京师范大学
南京航空航天大学
南京理工大学
南京工业大学
南京邮电大学
中国矿业大学（徐州）
江苏大学
中国药科大学
安徽大学
合肥工业大学
厦门大学
华侨大学
福州大学
南昌大学
山东大学
中国海洋大学
中国石油大学（华东）
郑州大学
武汉理工大学
华中师范大学
中南财经政法大学
湖南大学
中山大学
华南理工大学
四川大学
重庆大学
西南交通大学
电子科技大学
四川农业大学
西南大学
西南财经大学
贵州大学
西北工业大学
西安电子科技大学
西安建筑科技大学
西北农林科技大学
兰州大学
中国矿业大学（北京）
中国石油大学（北京）
广东外语外贸大学
中国地质大学（武汉）

以下院校有的在某省市区参加一本招生，而在另一些省市区参加二本招生：

首都经济贸易大学
北京物资学院
北京工商大学
北京联合大学
中国民航大学
天津商业大学
河北联合大学
河北科技大学
沈阳工业大学
沈阳理工大学
沈阳药科大学
辽宁石油化工大学
哈尔滨理工大学
哈尔滨商业大学
上海海事大学
上海应用技术学院
上海商学院
安徽工业大学
安徽理工大学
福建工程学院
华东交通大学
江西理工大学
江西财经大学
山东轻工业学院
山东农业大学
青岛农业大学
河南理工大学

郑州轻工业学院	武汉科技大学	长江大学
湖北工业大学	湖南科技大学	长沙理工大学
湖南农业大学	中南林业科技大学	深圳大学
西南石油大学	重庆邮电大学	重庆交通大学
西南科技大学	四川师范大学	中国民用航空飞行学院
昆明理工大学	西安理工大学	西安科技大学
西安石油大学	兰州交通大学	上海工程技术大学
三峡大学	南京工程学院	南京审计学院
上海电机学院	湖南工业大学	重庆科技学院
西安邮电大学	仰恩大学	北京吉利大学

一般来说，名学校强专业社会认可度高，其毕业生就业前景会比较好。

当然，就业前景与社会发展环境有关，与学校和学生的努力分不开，广大教育工作者有责任为自己的学校和专业建设而努力，不断提高学校和专业的社会认可度，对每一个学生负责，使每一个毕业生都有较好的就业前景。诚然，我们要追求的是有质量的就业，即让每一个毕业生“体面就业”、“体面工作”、“体面劳动”。1999 年 6 月，国际劳工组织新任局长索马维亚在第 87 届国际劳工大会上首次提出了“体面劳动”这一新概念，认为所谓的“体面劳动”就是生产性劳动，包括劳动者的权利得到保护、有足够的收入、充分的社会保障和足够的工作岗位。为了保证“体面劳动”这一战略目标的实现，必须从整体上推进“促进工作中的权利”、“就业”、“社会保护”、“社会对话”等四个目标的实现，保证广大劳动者在自由、公正、安全的环境下有尊严地工作。因此，我们说的就业前景，就是能够让广大青年学生通过接受有质量的高等教育，获得稳定而体面的工作岗位。

市场经济对人才的需求是多元化的，用人单位特别是大企业、名企业有责任带头逐步消除在毕业生招聘中的歧视政策，包括“院校歧视”、“第一学历歧视”等，让广大毕业生有尊严地就业。毕竟，每年能够进入一本学校就读的学生不超过考上大学的本专科学生的 10%（2011 年广东省普通高等学校招生计划，文理科一本学校招生计划是全部文理科招生计划的 6.95%），超过 90% 的大学毕业生是二本学校及以下的毕业生，他们都是现代化建设的主力军，他们有权利获得“体面就业”，各尽其才。

6. 看大学排名，不如看学科专业排名

国内外大学排行榜种类较多，这是因为高等教育大众化之后，学校发展很快，数量众多，人们无法辨别大学水平的高低，于是，排行榜应运而生。业内比较认同的大学排行榜有 4 个。一是 QS（Quacquarelli Symonds），这是一家英国盈利性高校和毕业生招聘的信息咨询机构，是私人公司，Quacquarelli Symonds 是公司所有人的名字。2009 年与《泰晤士高等教育》终止合作后，QS 与《美国新闻与世界报道》、《朝鲜日报》和英国《太阳报》合作，发布年度世界大学排名。二是 USNEWS（U. S. News & World Report），中文是《美国新闻与世界报道》。三是 TIMES（Times Higher Education），中文是《泰晤士高等教育》。四是 ARWU（Academic Ranking of World Universities），中文是《世界大学学术排名》，由上海交通大学发布。因为舆论和人们关注大学排行榜，人们以排行榜作为选择大学的重要依据，因此，大学也很看重这些排行榜。

在国内外，大学排行榜的主办者将不同类型的大学混在一起评价，而且评价指标和权重不一样，有不少学校在不同的排名中位置相差较大，其结果受到质疑。中国高等教育学创始人潘懋元教授认为，以各种大学排行榜来判断是否是一流大学，其科学性有待商榷。因为，一方面，排行榜要进行量化处理，很多难以量化的因素就被舍弃了，如办学理念、校风学风、师德水平、校友声誉等。另一方面，大学是非常复杂的组织，各大学之间的特殊性大于共性，从整体上来说可比性不强。如果硬要把不同类型不同特点的大学套在一个评价系统内进行打分排名，往往会导致大学的趋同化，不利于高等学校的正确定位与分类发展。相对来说，同一个学科专业之间较有可比性，因此排一流大学不如排一流学科或专业。[①] 事实上，美国不仅有大学排名，更重要的是有学科、专业排名。用人单位往往并不是冲着大学的名气去挑人的，而是冲着学科、专业的排名去选用人才的。

因此，看一所高等学校的办学水平，通常会用学科排名来分析。教育部学位与研究生教育发展中心发布的2012年学科评估结果显示："近年来国家重点建设投入和高校加强学科建设成果显著，在评估结果前五位的学科中，超过75%是国家重点学科，其中'985工程'学校占73%，'211工程'学校占84%。""评估对象是具有研究生学位授予资格的一级学科，以高等学校为主，兼顾科研院所。这是我国10年来的第三次学科评估，前两次分别为2004年与2008年。这一次共有391个单位的4 235个学科参加评估，学科参评率比上一次增长79%。在人文社科类、理学、工学、农学、医学、管理学、艺术学等七大类95个一级学科评估中，北京大学、清华大学、中国人民大学分别有16、14、9个学科排名第一，位列前三名。"该中心已连续10年开展了三次学科评估。这一次是自愿的免费的评估。评估包括"师资队伍与资源"、"科学研究水平"、"人才培养质量"和"学科声誉"4个一级指标，指标权重全部由参与学科声誉调查的专家确定。[②]

对业外人士来说，本科学校主要看是否有国家或省级重点学科，是否拥有博士、硕士学位授予资格，是否有两院院士或著名的学科带头人，是否有国家或省级特色专业等，也就可以对学校办学水平做出基本判断。专科学校主要看是否是国家示范性高等职业院校。

（三）考生志愿选报策略

名学校强专业毕竟数量少、招生少，既能上名学校又能读强专业的毕竟是少数优秀考生。对多数考生来说，鱼和熊掌不能兼得。当考生做出专业选择的时候，特别是对中等及中下考生来说，总会受到专业冷热的困扰。专业冷热是相对的，它受当前就业形势的影响，也是因为舆论推波助澜所致。其实，在不同的经济形势下，专业冷热会转换；在不同的学历需求上，专业冷热会颠倒。考生应更多地从个人的特点出发，明确自己的

---

① 宋晓梦. 排名一流大学不如排名一流专业. 光明日报，2008－05－28.

② 柴葳. 2012年学科评估结果发布. 中国教育报，2013－01－30.

发展定位，关注专业的强弱、校风学风和经济社会长远发展对人才需求的特点。其实只要素质高、能力强，冷专业人才也会成为热饽饽！

1. 从个人的特点出发

社会有很多角色，有凤凰、老鹰、家鸡。如果你的孩子不能飞或怎么也飞不高，那就顺其本心潜能当家鸡，没准会成为家鸡中出色的一个。否则，硬要往高处飞，可能会付出生命的代价！① 因此，家长要为孩子寻求适合的教育，适合的教育就是最好的教育——适合个人兴趣和志向、性格和素质、分数和潜能的教育！

（1）关于兴趣和志向

学生应该有理想志向。要把个人兴趣与人才需求的特点结合起来，通过专业选择使兴趣转化为理想，即比较稳定的职业取向。孔子说的“从吾所好”② 就是这个道理！

一些家长认为：“专业差一点也不要紧，进入一所好的大学才是最重要的。”

业内人士认为这个观点不妥，因为不少考生在报考时陷入“门第偏见”，导致入学后个人兴趣与所选专业不相匹配。某知名高校招生部门调查，在一年级新生中，专业不匹配率达25%。如何引导考生从只认学校“牌子”转变为认学科“牌子”，是降低专业不匹配率、提升教育效率和质量的重要内容。③

“好的大学”，如果说是老牌名校，那么前一种观点还是说对了一半。因为老牌名校有优良的大学精神，包括人文精神、创造精神、理性精神、批判精神等。在这种大学精神哺育下，学生能够把精神文化转化为个体的自信心，即品质优良的“血统”和“名门”的出生能够铸就学生的自信心，唤起其强烈的自主性。

后一种观点则忽视了正确观点的一半。兴趣是学习的最大动力！但多数考生对专业的兴趣往往来自初步的感性认识，对所选专业的课程和培养目标缺乏理性认识，兴趣容易转移。诚然，兴趣变换多了，学业就易荒废，所以不要还没深入就放弃刚激发的兴趣。兴趣是可以培养的。事实上，不少学生通过几年的专业学习培养了专业兴趣，形成了稳定的专业思想和志向。

一些人认为，人各有命，命中注定。其实不然。《易经》认为，人各有命，其实是人各有志。也就是说，人的志向往往决定人的命运。因此，我们说，命运掌握在自己手中！掌握自己的命运，遵从自己的兴趣和志向，规划前景美好的职业生涯，从选择专业开始。

（2）关于性格和素质

性格特征：内向、外向，文静、活跃。

身体条件：形象、身高、气质。

才艺专长：文艺的、体育的。

教育背景：教育经历、学习能力。

考生除了根据自己的兴趣和志向外，还应根据自己的性格和素质特点考虑选择什么

---

① 凌军辉．“动物教育学”的是是非非：做凤凰还是做快乐的家鸡．（南京）新华网，2012－02－18.

② 《论语·述而》：“富而可求也，虽执鞭之士，吾亦为之；如不可求，从吾所好。”

③ 柴葳．2012年学科评估结果发布．中国教育报．2013－01－30.

专业。

(3) 关于分数和潜能

要充分使用自己的分数，发挥分数的最大效用。因为分数是决定你进入某一层次大学的关键因素。但是，分数并不是决定你选择什么样、什么层次专业的唯一因素。当教育环境适合你，潜能就会发挥出来。所以，选择适合的教育很重要。

2. 从终身教育来选择

终身教育的关键品质，一是不断学习的愿望，二是善于学习的能力。这不是每个毕业生都能做到的，但这是时代的要求。国际21世纪教育委员会对最初的教育是否成功提出了判断标准：看它是否提供了有助于终身继续学习的动力和基础。如果是，这种教育可以说是成功的，否则就是失败的。

希望孩子能够在本科后读研究生，这是许多家长的愿望。

在选择专业时，家长应该鼓励孩子更多地考虑将来所从事的职业——能随着年龄和资历的增长，科技、文化含量越来越丰富的职业。人才培养总是鼓励和引导更多的大学生终身追求自己所学专业的学术、技艺、技能。中国传统纪年，以三十为一世。《论语》说："如有王者，必世而后仁。"也就是说，一个新国家，必须经过三十年的努力才能走上一条成熟的发展道路，或达到一个新的发展境界，高等学校的强学科建设、强专业发展，企业优质品牌的形成也都是如此。所以，我们要让多数大学生懂得，如果我们不对自己专业的学术、技艺、技能做长期的努力和积累，是成不了大器的。

3. 联系经济社会发展需要

我国提出要转变经济发展方式，美国也提出改变经济增长模式，重新重视实体经济，包括制造业。后危机时代，回归实体经济是解决美国经济中长期问题的一条出路。其立足点是实体经济创新而不只是金融创新。在美国，最具创新潜力的产业包括制药、替代能源和环保汽车产业。

发展高科技的实体经济，同样是我国经济发展的重点。未来我国科技发展的八大重点是能源资源开发利用科学技术、新材料和先进制造科学技术、信息网络科学技术、现代农业科学技术、健康科学技术、生态环境保护科学技术、空间和海洋科学技术、国家安全和公共安全科学技术。我国现阶段七大战略性新兴产业是节能环保、新一代信息技术、生物、高端装备制造、新能源、新材料、新能源汽车。

文化产业将成为国民经济支柱产业。文化产业包括新闻出版发行业、广播电视电影、文艺表演等，文物和文化遗产保护、图书馆服务、文化社会团体活动等，工艺美术、设计等，相关设备等生产和经营。

为增强核心竞争力，建设创新型国家，培养国家战略性新兴产业专门人才，2010年教育部公布了高校战略性新兴产业相关本科专业140个。其中：

工学专业134个：如纳米材料与技术、光电子材料与器件（新目录名称为光电信息科学与工程）、新能源科学与工程、资源循环科学与工程、物联网工程、环保设备工程、海洋资源开发技术、生物制药等。

医学专业3个：药物分析、药物化学、中药制药。

经济学专业1个：能源经济。

文学专业1个：网络与新媒体。

艺术学专业1个：影视摄影与制作。

4. **上一本学校分数线的考生志愿选报策略**

上一本学校分数线的考生，既可选名学校，又可选强专业，还可以选好地方。一本学校包括“985工程”和“211工程”学校，以及经教育部等部门批准进入第一批招生的部分办学水平较高的学校。这些学校拥有较多的硕士点、博士点和国家重点学科，是考生接受一流教育的理想之地。但是，一流的专业教育并不等于名校教育，建议如下：

（1）高分考生

应选择“985工程”、“211工程”学校和老牌重点大学中拥有国家重点学科（或具有博士学位授予权）的专业。

（2）分数中等考生

应降低心中名校的档次，避开人们追捧的老牌名校，特别是考生所在地的老牌名校，尽可能走出去，选报的专业是拥有国家重点学科或具有博士学位授予权的专业。

（3）分数踏线考生

也应降低心中名校的档次。如对于南方考生来说，不要限制自己选择学校的地区，避开人们热捧的沿海城市、一线城市的学校，选择那些自己所在地的人们认为不太知名的学校及其拥有国家重点学科或具有培养博士学位授予权的专业，从而享受一流的专业教育。

地偏也有好学校，包括原来的部属院校后来划转为省属院校，这些学校都有高水平的教育资源。只要孩子体质好、适应性强，在生活条件差一点、气候冷一点的环境下成长，反而能够锻炼意志力。放眼全国，东北、西北、西南的哈尔滨工业大学、哈尔滨工程大学、吉林大学、西北工业大学、西安建筑科技大学、西北工业大学、重庆大学、西南交通大学、兰州大学等，历史悠久，早期设立的专业经过多年的发展有着相当强的实力，而且毕业生就业前景也相当不错。

（4）报考实例

在经济学门类（含2个一级学科），同时拥有理论经济学和应用经济学这两个国家重点一级学科的学校有中国人民大学、南开大学、厦门大学。只有理论经济学国家重点学科的有北京大学、复旦大学、武汉大学。只有应用经济学国家重点学科的学校有中央财经大学。

在工学门类，拥有国家重点一级学科电气工程（含5个二级学科）的学校有清华大学、浙江大学、华中科技大学、重庆大学、西安交通大学。

在工学门类，拥有国家重点一级学科建筑学（含4个二级学科）的学校有清华大学、天津大学、同济大学、东南大学。拥有国家重点二级学科建筑设计及其理论的学校有西安建筑科技大学。拥有国家重点二级学科城市规划与设计的学校有重庆大学。拥有国家重点（培育）二级学科建筑设计及其理论的学校有华南理工大学。

在工学门类，拥有国家重点二级学科环境科学的学校有北京大学、北京师范大学、南开大学、南京大学、厦门大学、中国海洋大学；拥有国家重点二级学科环境工程的学校有清华大学，北京协和医学院—清华大学医学部、大连理工大学、哈尔滨工业大学、同济大学、浙江大学、湖南大学、西安建筑科技大学。

在医学门类，拥有国家重点一级学科中医学（含 12 个二级学科）的学校有北京中医药大学、广州中医药大学。拥有国家重点一级学科中西医结合（含 2 个二级学科）的学校有复旦大学。

有一理科考生，他的高考成绩进入高分之列。本地有学校 A 和 B。A 校是在 20 世纪 50 年代初调整为文理大学基础上发展起来的新型综合性大学，B 校是在 20 世纪 50 年代初创建的工科大学基础上发展起来的新型综合性大学。考生的目标是名校及其工科类中与电子科学相关的专业。按他的分数，选择 B 校是上策，因为 B 校与电子科学相关的工科专业很多，既能满足选择老牌名校的愿望，又能享受一流的专业教育。但考生受家长及亲朋好友的影响，认为 A 校名气比 B 校名气更大，因而填报了 A 校。但由于工科类的专业不是 A 校的主干强专业，且专业少、招生少，在许多高分考生争进 A 校的情况下，该考生分数没有优势，进不了所填报的工科专业。由于该考生填报服从分配，结果被 A 校不受其青睐的历史学专业录取了，该考生非常遗憾。

5. 上二本学校分数线的考生志愿选报策略

在二本学校中，老校约占三分之一。这批老校有的办学历史悠久，其中一些老专业很有特色，拥有硕士点、博士点，甚至还有国家重点学科，是这一录取批次中考生接受一流专业教育的理想选择。

（1）高分考生

高分考生即重点线落榜的考生和接近重点线的考生，应尽量选报老校老专业，选择拥有国家重点学科或具有博士学位授予权的专业。

以下列举的学校 2012 年以前在广东一直是二本学校。

拥有一级学科应用经济学二级学科国家重点学科的二本学校有首都经济贸易大学（劳动经济学）、江西财经大学（产业经济学）（培育）等。

拥有一级学科应用经济学博士点的学校有首都经济贸易大学。拥有一级学科应用经济学二级学科博士点的学校有江西财经大学、浙江工业大学等。

拥有一级学科中医学二级学科国家重点学科的学校（这些学校的录取批次在广东是第二批）有辽宁中医药大学（中医基础理论）、浙江中医药大学（中医临床基础）、湖南中医药大学（中医诊断学）、南京中医药大学（中医医史文献、中医儿科学）、天津中医药大学（中医内科学、针灸推拿学）、山东中医药大学（中医基础理论、中医医史文献）、成都中医药大学（中医妇科学、中医五官科学、针灸推拿学）、上海中医药大学（中医内科学、中医外科学、中医骨伤科学）等。

广东工业大学、广州大学、深圳大学基本上是同一类大学，都有土建类专业。土建类有建筑学、城市规划、土木工程、建筑环境与设备工程、给水排水工程 5 个专业。从国家特色专业看，广东工业大学有土木工程，深圳大学有建筑学，而广州大学不仅有土木工程、建筑学，还有给水排水工程。

（2）分数中等的考生

应尽可能避开沿海城市、一线城市的热门大学热门专业，特别是要注意避开本省区的热门学校，放飞理想走出去，挑选外地那些办学水平高且拥有博士学位或硕士学位授权专业的学校，或者拥有国家或省级特色专业的学校。

（3）分数踏线的考生

应重点考虑选专业。选择一些省属和市属学校有特色或产学合作比较好、就业前景比较广的专业；也可以选择最早开办的专业，相对而言，这些专业的教育水平都比较高。

（4）报考实例

有一文科考生，高考成绩处于中等水平，他要报读经济学类诸专业。如果考生一定要挤当地热门学校的话，就读不上经济学这个热门而录取分数又高的专业。事实上，在填报志愿的前夕，该考生已经研究过经济学类专业院校的办学水平及强弱情况。他放弃了地方热门的文科类学校，选择了具有博士生培养资格的哈尔滨商业大学，结果如他所愿被该校经济学专业录取。

有一理科考生，高考成绩刚刚超出二本线 5 分，凭这样的成绩，考生想要进入当地新升格的本科院校热门专业也是比较难的。同样，该生选报了具有国家重点学科的长春理工大学光学工程类的专业，如愿被该校光学工程专业录取。

6. 上专科学校分数线的考生志愿选报策略

在专科学校中，包括国家和省级示范性（骨干）高等职业院校。我国绝大多数高等职业院校是在 20 世纪 90 年代末和 21 世纪初创办的，办学历史较短，专业设置一般以应用专业为主，多数专业的办学水平差距不大。考生重点要看专业办学特色，如校企合作有什么特点，合作企业是哪家；跨境合作的专业有什么特色，合作学校是哪间。

为了推动这批新办高等职业院校提升水平，教育部出台了一系列政策，批准建设一批国家示范性高等职业院校和国家骨干高等职业院校。各省市纷纷效仿，建设一批省级示范性高等职业院校。其他一大批高等职业院校也使出浑身解数，发展特色专业，同样推进校企合作、跨境合作，考生可根据自己的兴趣和志向、性格和素质、分数和潜能进行选报。

第 二 部 分
高等学校的强专业、强学科分类概述

高等学校的强专业、强学科，一级学科是按《学位授予和人才培养学科目录（2011年)》排列的，二级学科是按照国务院学位委员会、国家教委1997年6月颁布的《授予博士、硕士学位和培养研究生的学科、专业目录》进行分类的，依据国家公布的国家重点学科名单和博士学位、硕士学位第一批至第十一批名单等文件进行整理排序，同时相应把《普通高等学校本科专业目录（2012年)》与之对应列上。学科、专业名称前的阿拉伯数字，与国家颁布的专业目录代码一致。

特别说明：

第一，博士学位一级学科及其所包括的二级学科（学科、专业)，其名称及数量与国家重点学科的一级学科及其所包括的二级学科（学科、专业）相同。

第二，凡获准博士学位授权一级学科的高等学校，就有博士学位授权二级学科的资格。凡获准博士学位授权一级学科的高等学校，自然获准拥有硕士学位授权一级学科。

第三，无论是一级、二级学科国家重点学科的学校排序，还是博士学位一级、二级学科或硕士学位一级学科的学校排序，基本上是按公布的国家重点学科名单和博士学位、硕士学位第一批至第十一批名单的批次或地理位置顺序排列的。

第四，每一个学科相对应的本科专业，是取于《普通高等学校本科专业目录（2012年)》的基本专业，且基本对应列上；本科专业名称后的“等”，主要是指特设专业，请考生自己查阅本书附件1。其实，有些专业还是可以适当跨学科对应的。

第五，2006年9月，中国协和医科大学与清华大学实行紧密合作办学，可同时使用“北京协和医学院—清华大学医学部”作为第二名称。据教育部《国家重点学科名单》(2007年批准)，涉及原清华大学有关学科、专业时，校名为“清华大学，北京协和医学院—清华大学医学部”；涉及原中国协和医科大学的有关学科、专业时，校名为“北京协和医学院—清华大学医学部，清华大学”。因此，在与其他学校并列的时候，为了避免误读，我们加了下划线，即清华大学，北京协和医学院—清华大学医学部或北京协和医学院—清华大学医学部，清华大学。

第六，根据学科多少确定行文层次序号。如哲学学科门类，只有1个一级学科哲学，于是只出现“（一）0101 哲学”，就没有第二个一级学科“（二)”的层次了。有一些一级学科虽然有几个二级学科，但目前只有个别学校具有二级学科国家重点学科，其他二级学科国家重点学科空缺，因此不是所有二级学科国家重点学科都有相应的学校。

一、01 哲学

哲学学科门类只有 1 个一级学科哲学。

（一）0101 哲学

一级学科哲学包括马克思主义哲学、中国哲学、外国哲学、逻辑学、伦理学、美学、宗教学、科学技术哲学 8 个二级学科（学科、专业）。

1. 国家重点学科

（1）一级学科国家重点学科哲学的高等学校

北京大学、中国人民大学、复旦大学。

（2）二级学科国家重点学科的高等学校

①马克思主义哲学：北京师范大学、南开大学、吉林大学、南京大学、武汉大学、中山大学、中共中央党校。

②中国哲学：武汉大学。

③逻辑学：中山大学。

④伦理学：湖南师范大学。

⑤宗教学：四川大学。

⑥科学技术哲学：山西大学、东北大学。

（3）国家重点（培育）学科的高等学校

①马克思主义哲学：黑龙江大学。

②中国哲学：华东师范大学、中山大学。

③外国哲学：浙江大学。

2. 博士学位授权单位

（1）博士学位授权一级学科哲学的高等学校

北京大学、中国人民大学、复旦大学、武汉大学、北京师范大学、南开大学、南京大学、中山大学、中共中央党校、山西大学、吉林大学、黑龙江大学、浙江大学、厦门大学、山东大学、湖南师范大学、清华大学，北京协和医学院—清华大学医学部（清华大学网站发布）。

2010 年审核增列博士学位授权一级学科的高等学校有首都师范大学、河北大学、辽宁大学、大连理工大学、东北大学、东北师范大学、同济大学、华东师范大学、上海师范大学、苏州大学、东南大学、南京师范大学、中国科学技术大学、华中科技大学、湘潭大学、中南大学、华南师范大学、四川大学、西南大学、西安交通大学、陕西师范大学。

（2）博士学位授权二级学科的高等学校

①马克思主义哲学：上海财经大学、华中师范大学、华侨大学、中南财经政法大学。

②中国哲学：安徽大学、湖南大学。

③伦理学：湖北大学。

④宗教学：中央民族大学。

⑤科学技术哲学：国防科学技术大学。

3. **硕士学位授权单位**

(1) **硕士学位授权一级学科哲学的高等学校**

凡获准博士学位授权一级学科的高等学校，自然获准拥有硕士学位授权一级学科，即北京大学、中国人民大学、复旦大学、武汉大学、北京师范大学、南开大学、南京大学、中山大学、中共中央党校、山西大学、吉林大学、黑龙江大学、浙江大学、厦门大学、山东大学、湖南师范大学、清华大学，北京协和医学院—清华大学医学部（清华大学网站发布）、首都师范大学、河北大学、辽宁大学、大连理工大学、东北大学、东北师范大学、同济大学、华东师范大学、上海师范大学、苏州大学、东南大学、南京师范大学、中国科学技术大学、华中科技大学、湘潭大学、中南大学、华南师范大学、四川大学、西南大学、西安交通大学、陕西师范大学。

此外，还有北京航空航天大学、内蒙古师范大学、哈尔滨工业大学、华东理工大学、安徽大学、安徽师范大学、南昌大学、山东师范大学、河南大学、华中师范大学、湖北大学、湖南大学、华南理工大学、云南师范大学、重庆大学、北京林业大学、中央民族大学、中国政法大学、天津医科大学、河北师范大学、内蒙古大学、沈阳师范大学、延边大学、吉林师范大学、燕山大学、上海大学、中国矿业大学、河海大学、南京林业大学、南京农业大学、徐州师范大学、苏州科技学院、浙江师范大学、华侨大学、景德镇陶瓷学院、郑州大学、河南财经政法大学、武汉理工大学、中南财经政法大学、吉首大学、湖南科技大学、深圳大学、广西大学、四川师范大学、重庆师范大学、西南政法大学、西南民族大学、贵州大学、云南大学、昆明理工大学、西北大学、西安建筑科技大学、长安大学、西南交通大学、西北政法大学、兰州大学、新疆师范大学、中国石油大学、中国青年政治学院、西北师范大学、宁夏大学、新疆大学等高等学校。

(2) **硕士学位授权二级学科的高等学校**

取得1个至若干个（而不是全部）二级学科、专业硕士学位授权点的高等学校也有一批本书未编入，请读者在相关高等学校网站上查阅。

4. **相对应的本科专业**

哲学、逻辑学、宗教学等。

二、02 经济学

经济学学科门类包括理论经济学和应用经济学2个一级学科。

（一）0201 理论经济学

一级学科理论经济学包括政治经济学，经济思想史，经济史，西方经济学，世界经济，人口、资源与环境经济学6个二级学科（学科、专业）。

1. **国家重点学科**

（1）一级学科国家重点学科理论经济学的高等学校

北京大学、中国人民大学、南开大学、复旦大学、厦门大学、武汉大学。

（2）二级学科国家重点学科的高等学校

①政治经济学：南京大学、四川大学、西南财经大学、西北大学。

②经济思想史：上海财经大学。

③西方经济学：华中科技大学。

④世界经济：辽宁大学。

（3）国家重点（培育）学科的高等学校

①政治经济学：浙江大学。

②经济史：中南财经政法大学。

③世界经济：北京师范大学、南京大学。

④人口、资源与环境经济学：新疆大学。

2. **博士学位授权单位**

（1）博士学位授权一级学科理论经济学的高等学校

北京大学、中国人民大学、南开大学、辽宁大学、吉林大学、复旦大学、上海财经大学、厦门大学、武汉大学、中南财经政法大学、北京师范大学、东北财经大学、南京大学、西南财经大学、西北大学、浙江大学、福建师范大学、山东大学、中山大学、四川大学、清华大学，北京协和医学院—清华大学医学部（清华大学网站发布）。

2010年审核增列博士学位授权一级学科的高等学校有中央财经大学、对外经济贸易大学、江西财经大学、华中科技大学、湖北大学、湘潭大学、湖南大学、深圳大学、云南大学、陕西师范大学、新疆大学。

（2）博士学位授权二级学科的高等学校

①政治经济学：华南师范大学、中共中央党校、南京师范大学、山西财经大学、安徽大学、河南大学、暨南大学。

②经济思想史：福建师范大学。

③经济史：山西大学。

④世界经济：华东师范大学、河北大学、中国政法大学、东北师范大学。

⑤人口、资源与环境经济学：青岛大学、山东师范大学。

3. **硕士学位授权单位**

（1）硕士学位授权一级学科理论经济学的高等学校

凡获准博士学位授权一级学科的高等学校，自然获准拥有硕士学位授权一级学科，即北京大学、中国人民大学、南开大学、辽宁大学、吉林大学、复旦大学、上海财经大学、厦门大学、武汉大学、中南财经政法大学、北京师范大学、东北财经大学、南京大学、西南财经大学、西北大学、浙江大学、福建师范大学、山东大学、中山大学、四川大学、清华大学，北京协和医学院—清华大学医学部（清华大学网站发布）、中央财经大学、对外经济贸易大学、江西财经大学、华中科技大学、湖北大学、湘潭大学、湖南大学、深圳大学、云南大学、陕西师范大学、新疆大学。

此外，还有天津师范大学、河北大学、山西财经大学、吉林财经大学、黑龙江大学、华东师范大学、安徽大学、青岛大学、河南大学、河南财经政法大学、华中师范大学、暨南大学、华南师范大学、中国地质大学、贵州大学、云南财经大学、重庆大学、北京理工大学、北京工商大学、北京林业大学、首都经济贸易大学、国际关系学院、中央民族大学、中国政法大学、天津商业大学、天津财经大学、天津外国语大学、山西大学、内蒙古财经大学、内蒙古师范大学、延边大学、哈尔滨工业大学、上海大学、河海大学、南京财经大学、南京农业大学、安徽师范大学、安徽财经大学、南昌大学、山东师范大学、山东财经大学、郑州大学、河南师范大学、武汉理工大学、中南民族大学、湖南师范大学、福州大学、西南交通大学、西华师范大学、贵州财经大学、西安交通大学、延安大学、西北政法大学、兰州大学、西北师范大学、兰州商学院、宁夏大学、新疆财经大学、浙江财经大学、河北经贸大学、广东外语外贸大学、中共中央党校等高等学校。

(2）硕士学位授权二级学科的高等学校

取得1个至若干个（而不是全部）二级学科、专业硕士学位授权点的高等学校也有一批本书未编入，请读者在相关高等学校网站上查阅。

4. 相对应的本科专业

经济学、国际经济与贸易、财政学、金融学、经济统计学、税收学、保险学、金融工程、投资学、贸易经济等。

（二）0202 应用经济学

一级学科应用经济学包括国民经济学、区域经济学、财政学（含税收学）、金融学（含保险学）、产业经济学、国际贸易学、劳动经济学、统计学、数量经济学、国防经济10个二级学科（学科、专业）。

1. 国家重点学科

(1）一级学科国家重点学科应用经济学的高等学校

中国人民大学、中央财经大学、南开大学、厦门大学。

(2）二级学科国家重点学科的高等学校

①国民经济学：北京大学、辽宁大学。

②区域经济学：兰州大学。

③财政学（含税收学）：东北财经大学、上海财经大学、中南财经政法大学。

④金融学（含保险学）：辽宁大学、复旦大学、武汉大学、中南财经政法大学、暨南大学、西南财经大学。

⑤产业经济学：北京交通大学、东北财经大学、复旦大学、山东大学、暨南大学、西安交通大学。

⑥国际贸易学：对外经济贸易大学、湖南大学。

⑦劳动经济学：首都经济贸易大学。

⑧统计学：天津财经大学、西南财经大学。

⑨数量经济学：清华大学，北京协和医学院—清华大学医学部、吉林大学、华侨大学。

⑩国防经济：国防大学、军事经济学院。

(3) 国家重点（培育）学科的高等学校

①金融学：上海财经大学。

②产业经济学：江西财经大学。

③数量经济学：东北财经大学。

2. 博士学位授权单位

(1) 博士学位授权一级学科应用经济学的高等学校

北京大学、中国人民大学、南开大学、东北财经大学、复旦大学、上海财经大学、厦门大学、中南财经政法大学、西南财经大学、西安交通大学、中央财经大学、辽宁大学、暨南大学、对外经济贸易大学、首都经济贸易大学、天津财经大学、吉林大学、南京大学、山东大学、武汉大学、湖南大学、清华大学，北京协和医学院—清华大学医学部（清华大学网站发布）。

2010 年审核增列博士学位授权一级学科的高等学校有北京交通大学、北京工业大学、北京理工大学、中国农业大学、山西财经大学、东北大学、东北师范大学、哈尔滨商业大学、同济大学、上海交通大学、华东理工大学、华东师范大学、上海大学、苏州大学、东南大学、南京农业大学、浙江大学、浙江工商大学、江西财经大学、中国海洋大学、河南大学、华中科技大学、中国地质大学、中山大学、广西大学、重庆大学、西北大学、兰州大学。

(2) 博士学位授权二级学科的高等学校

①国民经济学：陕西师范大学。

②产业经济学：武汉理工大学。

③国际贸易学：浙江工业大学。

④劳动经济学：华南师范大学。

⑤数量经济学：华侨大学。

⑥国防经济：国防科学技术大学。

3. 硕士学位授权单位

(1) 硕士学位授权一级学科应用经济学的高等学校

凡获准博士学位授权一级学科的高等学校，自然获准拥有硕士学位授权一级学科，即北京大学、中国人民大学、南开大学、东北财经大学、复旦大学、上海财经大学、厦门大学、中南财经政法大学、西南财经大学、西安交通大学、中央财经大学、辽宁大学、暨南大学、对外经济贸易大学、首都经济贸易大学、天津财经大学、吉林大学、南京大学、山东大学、武汉大学、湖南大学、清华大学，北京协和医学院—清华大学医学部（清华大学网站发布）、北京交通大学、北京工业大学、北京理工大学、中国农业大学、山西财经大学、东北大学、东北师范大学、哈尔滨商业大学、同济大学、上海交通大学、华东理工大学、华东师范大学、上海大学、苏州大学、东南大学、南京农业大学、浙江大学、浙江工商大学、江西财经大学、中国海洋大学、河南大学、华中科技大学、中国地质大学、中山大学、广西大学、重庆大学、西北大学、兰州大学。

此外，还有北京航空航天大学、北京工商大学、北京林业大学、河北经贸大学、吉林财经大学、哈尔滨工业大学、哈尔滨工程大学、上海理工大学、南京航空航天大学、南京理工大学、河海大学、南京财经大学、安徽大学、中国科学技术大学、安徽财经大学、福州大学、山东财经大学、郑州大学、河南财经政法大学、武汉理工大学、湘潭大学、中南大学、四川大学、贵州财经大学、云南大学、云南财经大学、陕西师范大学、兰州商学院、新疆财经学院、北京科技大学、北方工业大学、北京邮电大学、北京师范大学、北京第二外国语学院、中国传媒大学、北京物资学院、中央民族大学、中国政法大学、天津大学、天津工业大学、天津师范大学、天津商业大学、河北大学、华北电力大学、河北工业大学、河北联合大学、河北农业大学、山西师范大学、内蒙古大学、内蒙古财经大学、沈阳工业大学、沈阳化工大学、内蒙古农业大学、大连理工大学、长春工业大学、黑龙江大学、哈尔滨理工大学、燕山大学、东北农业大学、东北林业大学、哈尔滨师范大学、上海海事大学、上海师范大学、上海外国语大学、上海对外经贸大学、华东政法大学、中国矿业大学、江南大学、江苏大学、南京师范大学、徐州师范大学、杭州电子科技大学、浙江工业大学、浙江理工大学、合肥工业大学、安徽工业大学、华侨大学、福建农林大学、集美大学、福建师范大学、南昌大学、华东交通大学、景德镇陶瓷学院、青岛科技大学、济南大学、青岛理工大学、山东理工大学、山东农业大学、聊城大学、河南工业大学、河南师范大学、华中师范大学、湖北工业大学、吉首大学、长沙理工大学、南华大学、湖南科技大学、华南理工大学、华南农业大学、华南师范大学、海南大学、广东商学院、广西师范大学、西南交通大学、电子科技大学、成都理工大学、成都信息工程学院、西南政法大学、西南民族大学、贵州大学、昆明理工大学、云南师范大学、云南民族大学、西北工业大学、西安电子科技大学、西安工业大学、西南大学、重庆师范大学、西北师范大学、石河子大学、新疆农业大学、新疆师范大学、沈阳大学、青岛大学、扬州大学、北京信息科技大学、浙江财经大学、西安财经学院、中国青年政治学院、宁波大学、重庆理工大学、西安邮电大学、重庆工商大学、广东外语外贸大学、中国石油大学等高等学校。

（2）硕士学位授权二级学科的高等学校

取得1个至若干个（而不是全部）二级学科、专业硕士学位授权点的高等学校也有一批本书未编入，请读者在相关高等学校网站上查阅。

4. 相对应的本科专业

经济学、国际经济与贸易、财政学、金融学、经济统计学、税收学、保险学、金融工程、投资学、贸易经济等。

三、03 法学

法学学科门类包括法学、政治学、社会学、民族学、马克思主义理论、公安学6个一级学科。由于马克思主义理论、公安学是新调整增设的一级学科，其资料有待进一步调整。

（一）0301 法学

一级学科法学包括法学理论、法律史、宪法学与行政法学、刑法学、民商法学（含劳动法学、社会保障法学）、诉讼法学、经济法学、环境与资源保护法学、国际法学（含国际公法、国际私法、国际经济法）、军事法学10个二级学科。

1. 国家重点学科

(1) 一级学科国家重点学科法学的高等学校

北京大学、中国人民大学、中国政法大学。

(2) 二级学科国家重点学科的高等学校

①法学理论：吉林大学。

②法律史：华东政法大学。

③宪法学与行政法学：浙江大学。

④刑法学：吉林大学。

⑤民商法学：中南财经政法大学。

⑥诉讼法学：西南政法大学。

⑦经济法学：西南政法大学。

⑧环境与资源保护法学：武汉大学。

⑨国际法学：对外经济贸易大学、厦门大学、武汉大学。

(3) 国家重点（培育）学科的高等学校

①法学理论：南京师范大学。

②宪法学与行政法学：武汉大学。

③经济法学：南京大学。

2. 博士学位授权单位

(1) 博士学位授权一级学科法学的高等学校

北京大学、中国人民大学、中国政法大学、武汉大学、西南政法大学、吉林大学、华东政法大学、南京师范大学、厦门大学、中南财经政法大学、清华大学，北京协和医学院—清华大学医学部（清华大学网站发布）。

2010年审核增列博士学位授权一级学科的高等学校有北京航空航天大学、对外经济贸易大学、中国人民公安大学、南开大学、辽宁大学、大连海事大学、黑龙江大学、复旦大学、同济大学、上海交通大学、南京大学、苏州大学、浙江大学、安徽大学、山东大学、郑州大学、湘潭大学、湖南大学、中南大学、湖南师范大学、中山大学、华南理工大学、海南大学、四川大学、重庆大学、西南财经大学。

（2）博士学位授权二级学科的高等学校

①法学理论：中共中央党校。

②环境与资源保护法学：福州大学、中国海洋大学。

3．硕士学位授权单位

（1）硕士学位授权一级学科法学的高等学校

凡获准博士学位授权一级学科的高等学校，自然获准拥有硕士学位授权一级学科，即北京大学、中国人民大学、中国政法大学、武汉大学、西南政法大学、吉林大学、华东政法大学、南京师范大学、厦门大学、中南财经政法大学、清华大学，北京协和医学院—清华大学医学部（清华大学网站发布）、北京航空航天大学、对外经济贸易大学、中国人民公安大学、南开大学、辽宁大学、大连海事大学、黑龙江大学、复旦大学、同济大学、上海交通大学、南京大学、苏州大学、浙江大学、安徽大学、山东大学、郑州大学、湘潭大学、湖南大学、中南大学、湖南师范大学、中山大学、华南理工大学、海南大学、四川大学、重庆大学、西南财经大学。

此外，还有山西大学、烟台大学、贵州大学、云南大学、西安交通大学、西北政法大学、兰州大学、北京交通大学、北京理工大学、北京化工大学、北京工商大学、北京邮电大学、中国农业大学、北方工业大学、北京师范大学、首都师范大学、北京外国语大学、中央财经大学、首都经济贸易大学、中央民族大学、天津大学、中国民航大学、天津师范大学、天津商业大学、河北大学、河北师范大学、山西财经大学、内蒙古大学、华北电力大学、大连理工大学、沈阳工业大学、东北大学、辽宁师范大学、沈阳师范大学、东北财经大学、长春理工大学、延边大学、中国刑事警察学院、东北师范大学、吉林财经大学、哈尔滨工业大学、哈尔滨工程大学、东北林业大学、哈尔滨商业大学、华东理工大学、上海海事大学、上海师范大学、上海财经大学、上海对外经贸大学、上海大学、东南大学、南京航空航天大学、南京工业大学、河海大学、南京财经大学、杭州师范大学、浙江工商大学、中国科学技术大学、安徽师范大学、安徽财经大学、华侨大学、福州大学、福建师范大学、南昌大学、江西理工大学、华东交通大学、江西财经大学、中国海洋大学、山东科技大学、山东师范大学、山东财经大学、河南大学、河南师范大学、河南财经政法大学、华中科技大学、中国地质大学、武汉理工大学、华中师范大学、湖北大学、中南民族大学、中南林业科技大学、暨南大学、华南师范大学、深圳大学、广东商学院、广西大学、广西师范大学、西南交通大学、四川师范大学、贵州师范大学、贵州民族大学、昆明理工大学、云南财经大学、云南民族大学、西北大学、西北工业大学、西北师范大学、宁夏大学、青海民族大学、新疆大学、青岛大学、广州大学、扬州大学、甘肃政法学院、中国石油大学、浙江财经大学、湖南工业大学、中国青年政治学院、宁波大学、河北经贸大学、广东外语外贸大学、中共中央党校、西南民族大学、中国人民武装警察部队学院等高等学校。

（2）硕士学位授权二级学科的高等学校

取得1个至若干个（而不是全部）二级学科、专业硕士学位授权点的高等学校也有一批本书未编入，请读者在相关高等学校网站上查阅。

4. **相对应的本科专业**

法学等。

（二）0302 政治学

一级学科政治学包括政治学理论、中外政治制度、科学社会主义与国际共产主义运动、中共党史（含党的学说与党的建设）、国际政治、国际关系、外交学 7 个二级学科（学科、专业），原马克思主义基本原理与思想政治教育学科已调整到新增设的一级学科马克思主义理论之中。

1. **国家重点学科**

（1）一级学科国家重点学科政治学的高等学校

北京大学。

（2）二级学科国家重点学科的高等学校

①政治学理论：南开大学、天津师范大学、吉林大学、复旦大学。

②中外政治制度：华中师范大学。

③科学社会主义与国际共产主义运动：山东大学、华中师范大学、中共中央党校。

④中共党史：中国人民大学、中共中央党校。

⑤国际政治：中国人民大学。

⑥国际关系：复旦大学。

（3）国家重点（培育）学科的高等学校（无）

2. **博士学位授权单位**

（1）博士学位授权一级学科政治学的高等学校

北京大学、中国人民大学、复旦大学、华中师范大学、吉林大学、武汉大学、中共中央党校、南开大学、天津师范大学、华东师范大学、南京大学、山东大学。

2010 年审核增列博士学位授权一级学科的高等学校有清华大学、外交学院、中国政法大学、东北师范大学、上海外国语大学、苏州大学、厦门大学、湖南师范大学、中山大学、云南大学。

（2）博士学位授权二级学科的高等学校

①政治学理论：浙江大学、山西大学。

②科学社会主义与国际共产主义运动：南京师范大学、华侨大学、华南师范大学、云南大学。

③中共党史：北京师范大学、湖南师范大学、辽宁师范大学、湘潭大学。

④国际关系：暨南大学。

3. **硕士学位授权单位**

（1）硕士学位授权一级学科政治学的高等学校

凡获准博士学位授权一级学科的高等学校，自然获准拥有硕士学位授权一级学科，即北京大学、中国人民大学、复旦大学、华中师范大学、吉林大学、武汉大学、中共中央党校、南开大学、天津师范大学、华东师范大学、南京大学、山东大学、清华大学、外交学院、中国政法大学、东北师范大学、上海外国语大学、苏州大学、厦门大学、湖南师范大学、中山大学、云南大学。

此外，还有首都师范大学、中国石油大学、河北师范大学、山西大学、辽宁大学、东北大学、黑龙江大学、同济大学、上海交通大学、上海师范大学、河海大学、南京师范大学、南昌大学、山东师范大学、郑州大学、河南大学、中南财经政法大学、湖北大学、湖南大学、中南大学、华南师范大学、广西师范大学、四川大学、北京师范大学、北京外国语大学、中国传媒大学、对外经济贸易大学、国际关系学院、中央民族大学、燕山大学、华东政法大学、南京航空航天大学、浙江师范大学、安徽师范大学、安庆师范学院、华侨大学、福建师范大学、江西师范大学、江西财经大学、中国海洋大学、聊城大学、河南师范大学、武汉理工大学、湘潭大学、暨南大学、深圳大学、广西民族大学、西南交通大学、电子科技大学、西南大学、西华师范大学、西南政法大学、贵州师范大学、西北大学、陕西师范大学、延安大学、青海民族大学、新疆大学、广东外语外贸大学、新疆师范大学等高等学校。

(2) 硕士学位授权二级学科的高等学校

取得1个至若干个（而不是全部）二级学科、专业硕士学位授权点的高等学校也有一批本书未编入，请读者在相关高等学校网站上查阅。

4. 相对应的本科专业

政治学与行政学、国际政治、外交学、思想政治教育等。

（三）0303 社会学

一级学科社会学包括社会学、人口学、人类学、民俗学（含中国民间文学）4个二级学科（学科、专业）。

1. 国家重点学科

(1) 一级学科国家重点学科社会学的高等学校

北京大学、中国人民大学。

(2) 二级学科国家重点学科的高等学校

①社会学：上海大学、南京大学。

②人类学：中山大学。

③民俗学：北京师范大学。

(3) 国家重点（培育）学科的高等学校

社会学：中山大学。

2. 博士学位授权单位

(1) 博士学位授权一级学科社会学的高等学校

中国人民大学、北京大学、南开大学、中山大学、清华大学，北京协和医学院—清华大学医学部（清华大学网站发布）。

2010年审核增列博士学位授权一级学科的高等学校有中央民族大学、吉林大学、哈尔滨工业大学、复旦大学、华东理工大学、华东师范大学、上海大学、南京大学、华中科技大学。

（2）博士学位授权二级学科的高等学校

①社会学：武汉大学、华中师范大学、河海大学、厦门大学。

②人口学：西南财经大学、浙江大学。

③人类学：厦门大学。

④民俗学：北京师范大学。

3. 硕士学位授权单位

（1）硕士学位授权一级学科社会学的高等学校

凡获准博士学位授权一级学科的高等学校，自然获准拥有硕士学位授权一级学科，即中国人民大学、北京大学、南开大学、中山大学、清华大学，北京协和医学院—清华大学医学部（清华大学网站发布）、中央民族大学、吉林大学、哈尔滨工业大学、复旦大学、华东理工大学、华东师范大学、上海大学、南京大学、华中科技大学。

此外，还有中国农业大学、河海大学、安徽大学、厦门大学、华中农业大学、中南大学、四川大学、云南大学、云南民族大学、兰州大学、北京工业大学、中央财经大学、中国政法大学、天津师范大学、山西大学、内蒙古师范大学、山西师范大学、沈阳师范大学、东北师范大学、黑龙江大学、上海师范大学、苏州大学、东南大学、南京农业大学、南京师范大学、浙江师范大学、福建师范大学、江西财经大学、山东大学、赣南师范学院、济南大学、武汉大学、中南财经政法大学、湖南师范大学、广西师范学院、西南大学、贵州民族大学、云南师范大学、西安交通大学、西北大学、西北农林科技大学、陕西师范大学、西北师范大学、西北民族大学、中国青年政治学院、重庆工商大学、西南财经大学、中共中央党校等高等学校。

（2）硕士学位授权二级学科的高等学校

取得1个至若干个（而不是全部）二级学科、专业硕士学位授权点的高等学校也有一批本书未编入，请读者在相关高等学校网站上查阅。

4. 相对应的本科专业

社会学、社会工作等。

（四）0304 民族学

一级学科民族学包括民族学、马克思主义民族理论与政策、中国少数民族经济、中国少数民族史、中国少数民族艺术5个二级学科（学科、专业）。

1. 国家重点学科

（1）一级学科国家重点学科民族学的高等学校（无）

（2）二级学科国家重点学科的高等学校

民族学：中央民族大学、云南大学、兰州大学。

（3）国家重点（培育）学科的高等学校

中国少数民族经济：中央民族大学。

2．博士学位授权单位

（1）博士学位授权一级学科民族学的高等学校

中央民族大学、云南大学、兰州大学。

2010年审核增列博士学位授权一级学科的高等学校有内蒙古大学、中南民族大学、中山大学、西南民族大学、宁夏大学。

（2）博士学位授权二级学科的高等学校

①民族学：厦门大学。

②中国少数民族史：陕西师范大学。

3．硕士学位授权单位

（1）硕士学位授权一级学科民族学的高等学校

凡获准博士学位授权一级学科的高等学校，自然获准拥有硕士学位授权一级学科，即中央民族大学、云南大学、兰州大学、内蒙古大学、中南民族大学、中山大学、西南民族大学、宁夏大学。

此外，还有延边大学、广西民族大学、四川大学、陕西师范大学、西北民族大学、青海民族大学、新疆师范大学、南开大学、内蒙古工业大学、内蒙古民族大学、湖北民族学院、吉首大学、广东技术师范学院、西南大学、贵州大学、贵州民族大学、大理学院、云南艺术学院、云南民族大学、西藏大学、西藏民族学院、西北师范大学、新疆大学、北方民族大学等高等学校。

（2）硕士学位授权二级学科的高等学校

取得1个至若干个（而不是全部）二级学科、专业硕士学位授权点的高等学校也有一批本书未编入，请读者在相关高等学校网站上查阅。

4．相对应的本科专业

民族学等。

（五）0305 马克思主义理论

一级学科马克思主义理论包括马克思主义基本原理、马克思主义发展史、马克思主义中国化研究、外国马克思主义研究、思想政治教育5个二级学科（学科、专业）。本学科为新调整增设的学科。

1．国家重点学科

（1）一级学科国家重点学科马克思主义理论的高等学校

中国人民大学。

（2）二级学科国家重点学科的高等学校

①马克思主义基本原理：南京师范大学、武汉大学、华中师范大学、南京政治学院。

②思想政治教育：东北师范大学、中山大学。

（3）国家重点（培育）学科的高等学校

①马克思主义基本原理：复旦大学、中山大学。

②思想政治教育：武汉大学。

2. 博士学位授权单位

（1）博士学位授权一级学科马克思主义理论的高等学校

北京大学（北京大学网站发布）、清华大学，北京协和医学院—清华大学医学部（清华大学网站发布），其他高等学校暂缺。

2010年审核增列博士学位授权一级学科的高等学校有首都师范大学、中国政法大学、山西大学、大连理工大学、福建师范大学、郑州大学、湖南大学、中南大学、广西师范大学、兰州大学。

（2）博士学位授权二级学科的高等学校

资料暂缺。

3. 硕士学位授权单位

（1）硕士学位授权一级学科马克思主义理论的高等学校

凡获准博士学位授权一级学科的高等学校，自然获准拥有硕士学位授权一级学科，即北京大学（北京大学网站发布）、清华大学，北京协和医学院—清华大学医学部（清华大学网站发布）、首都师范大学、中国政法大学、山西大学、大连理工大学、福建师范大学、郑州大学、湖南大学、中南大学、广西师范大学、兰州大学。

此外，还有北京交通大学、中国石油大学、天津大学、天津师范大学、天津商业大学、河北大学、河北师范大学、山西师范大学、内蒙古大学、内蒙古师范大学、辽宁大学、东北大学、大连海事大学、辽宁师范大学、延边大学、吉林师范大学、长春理工大学、黑龙江大学、哈尔滨工业大学、哈尔滨理工大学、东北林业大学、哈尔滨师范大学、齐齐哈尔大学、同济大学、上海交通大学、华东理工大学、上海师范大学、上海大学、东南大学、浙江师范大学、安徽师范大学、南昌大学、江西师范大学、江西财经大学、山东师范大学、曲阜师范大学、河南大学、华中科技大学、中国地质大学、武汉理工大学、湖北大学、湘潭大学、湖南师范大学、华南理工大学、南方医科大学、广西民族大学、西南大学、重庆师范大学、西南政法大学、四川大学、西南交通大学、西南财经大学、西华师范大学、贵州师范大学、云南大学、西北大学、西北工业大学、西安理工大学、西安建筑科技大学、西安科技大学、延安大学、新疆大学、新疆师范大学、北京航空航天大学、北方工业大学、北京邮电大学、中国农业大学、北京理工大学、中央财经大学、北京体育大学、中央民族大学、华北电力大学、山西财经大学、沈阳工业大学、沈阳航空航天大学、辽宁石油化工大学、大连医科大学、沈阳师范大学、渤海大学、北华大学、吉林财经大学、哈尔滨工程大学、东北石油大学、东北农业大学、牡丹江师范学院、黑龙江科技大学、东华大学、华东政法大学、浙江理工大学、温州大学、杭州师范大学、浙江工商大学、中国计量学院、合肥工业大学、南京财经大学、福建农林大学、南昌航空大学、江西理工大学、山东农业大学、郑州轻工业学院、河南中医学院、信阳师范学院、武汉轻工大学、中南财经政法大学、吉首大学、南华大学、广东商学院、广西大学、广西师范学院、电子科技大学、成都理工大学、重庆邮电大学、西南科技大学、四川农业大学、西华大学、贵州财经大学、云南财经大学、西安工业大学、陕西科技大学、西安工程大学、西北民族大学、广州大学、西南石油大学、中国青年政治学院、重庆工商大学、河北经贸大学等高等学校。

(2) 硕士学位授权二级学科的高等学校

取得1个至若干个（而不是全部）二级学科、专业硕士学位授权点的高等学校也有一批本书未编入，请读者在相关高等学校网站上查阅。

4. 相对应的本科专业

科学社会主义、中国共产党史、思想政治教育等。

（六）0306 公安学※

本学科为新增一级学科，其有关资料待补。

四、04 教育学

教育学学科门类包括教育学、心理学(可授教育学、理学学位)、体育学3个一级学科。

（一）0401 教育学

一级学科教育学包括教育学原理、课程与教学论、教育史、比较教育学、学前教育学、高等教育学、成人教育学、职业技术教育学、特殊教育学、教育技术学10个二级学科（学科、专业）。

1. 国家重点学科

(1) 一级学科国家重点学科教育学的高等学校

北京师范大学、华东师范大学。

(2) 二级学科国家重点学科的高等学校

①教育学原理：东北师范大学、南京师范大学、华中师范大学。

②课程与教学论：西南大学。

③教育史：浙江大学。

④学前教育学：南京师范大学。

⑤高等教育学：厦门大学、华中科技大学。

⑥教育技术学：华南师范大学。

(3) 国家重点（培育）学科的高等学校

①教育学原理：山东师范大学。

②课程与教学论：南京师范大学、西北师范大学。

2. 博士学位授权单位

(1) 博士学位授权一级学科教育学的高等学校

北京师范大学、华东师范大学、南京师范大学、华中师范大学、华南师范大学、西南大学、东北师范大学、浙江大学、西北师范大学、北京大学（北京大学网站发布）。

2010年审核增列博士学位授权一级学科的高等学校有清华大学、北京理工大学、首都师范大学、天津师范大学、辽宁师范大学、哈尔滨师范大学、上海师范大学、厦门大学、山东师范大学、河南大学、华中科技大学、湖南师范大学、四川师范大学、陕西师范大学。

（2）博士学位授权二级学科的高等学校

①教育史：河北大学、浙江大学、福建师范大学。

②比较教育学：浙江大学。

③高等教育学：苏州大学、湖南师范大学、南京大学。

④职业技术教育学：天津大学。

3．硕士学位授权单位

（1）硕士学位授权一级学科教育学的高等学校

凡获准博士学位授权一级学科的高等学校，自然获准拥有硕士学位授权一级学科，即北京师范大学、华东师范大学、南京师范大学、华中师范大学、华南师范大学、西南大学、东北师范大学、浙江大学、西北师范大学、北京大学（北京大学网站发布）、清华大学、北京理工大学、首都师范大学、天津师范大学、辽宁师范大学、哈尔滨师范大学、上海师范大学、厦门大学、山东师范大学、河南大学、华中科技大学、湖南师范大学、四川师范大学、陕西师范大学。

此外，还有中国人民大学、北京航空航天大学、南开大学、河北大学、沈阳师范大学、南京大学、浙江师范大学、福建师范大学、湖南大学、北京工业大学、中央民族大学、天津大学、天津职业技术师范大学、河北师范大学、河北科技大学、山西大学、山西师范大学、内蒙古师范大学、大连理工大学、渤海大学、延边大学、北华大学、吉林师范大学、长春师范大学、东北石油大学、复旦大学、同济大学、上海交通大学、上海外国语大学、苏州大学、东南大学、中国矿业大学、南京邮电大学、河海大学、江南大学、江苏大学、南通大学、徐州师范大学、浙江工业大学、杭州师范大学、安徽师范大学、淮北师范大学、南昌大学、景德镇陶瓷学院、江西师范大学、赣南师范学院、曲阜师范大学、聊城大学、鲁东大学、河南师范大学、信阳师范学院、武汉大学、长江大学、中国地质大学、武汉理工大学、湖北大学、中南民族大学、中南大学、湖南科技大学、湖南农业大学、中山大学、华南理工大学、深圳大学、广西师范大学、广西师范学院、四川大学、湖北师范学院、重庆师范大学、西华师范大学、贵州师范大学、云南大学、云南师范大学、云南民族大学、西藏大学、西安交通大学、西安电子科技大学、西安外国语大学、兰州大学、西北民族大学、青海师范大学、宁夏大学、石河子大学、新疆师范大学、青岛大学、三峡大学、广州大学、扬州大学、江西科技师范大学、宁波大学、海南师范大学等高等学校。

（2）硕士学位授权二级学科的高等学校

取得1个至若干个（而不是全部）二级学科、专业硕士学位授权点的高等学校也有一批本书未编入，请读者在相关高等学校网站上查阅。

4．相对应的本科专业

教育学、学前教育、特殊教育、教育技术学、人文教育、小学教育、艺术教育等。

（二）0402 心理学（可授教育学、理学学位）

一级学科心理学包括基础心理学、发展与教育心理学、应用心理学 3 个二级学科（学科、专业）。

1．国家重点学科

（1）一级学科国家重点学科心理学的高等学校

北京师范大学。

（2）二级学科国家重点学科的高等学校

①基础心理学：北京大学、华东师范大学、西南大学。

②发展与教育心理学：天津师范大学、华南师范大学。

③应用心理学：浙江大学。

（3）国家重点（培育）学科的高等学校（无）

2．博士学位授权单位

（1）博士学位授权一级学科心理学的高等学校

北京师范大学、北京大学、浙江大学、华南师范大学、天津师范大学、华东师范大学、西南大学、华中师范大学。

2010 年审核增列博士学位授权一级学科的高等学校有首都师范大学、内蒙古师范大学、辽宁师范大学、东北师范大学、南京师范大学、山东师范大学、陕西师范大学。

（2）博士学位授权二级学科的高等学校

①基础心理学：江西师范大学、湖南师范大学、中山大学。

②发展与教育心理学：天津师范大学、上海师范大学、福建师范大学、西北师范大学。

③应用心理学：中南大学。

3．硕士学位授权单位

（1）硕士学位授权一级学科心理学的高等学校

凡获准博士学位授权一级学科的高等学校，自然获准拥有硕士学位授权一级学科，即北京师范大学、北京大学、浙江大学、华南师范大学、天津师范大学、华东师范大学、西南大学、华中师范大学、首都师范大学、内蒙古师范大学、辽宁师范大学、东北师范大学、南京师范大学、山东师范大学、陕西师范大学。

此外，还有南开大学、河北师范大学、吉林大学、上海师范大学、浙江师范大学、江西师范大学、河南大学、湖南师范大学、南方医科大学、四川大学、云南师范大学、重庆大学、西北师范大学、中国人民大学、清华大学、北京航空航天大学、北京理工大学、北京林业大学、首都体育学院、中国人民公安大学、北京体育大学、中国政法大学、河北大学、山西大学、沈阳师范大学、复旦大学、上海交通大学、华东政法大学、南京大学、苏州大学、东南大学、南京医科大学、杭州师范大学、安徽医科大学、安徽师范大学、福建师范大学、闽南师范大学、山东中医药大学、曲阜师范大学、鲁东大学、新乡医学院、武汉大学、华中科技大学、武汉体育学院、中南大学、中山大学、暨南大学、贵州师范大学、西安体育学院、广州大学、新疆师范大学、宁波大学等高等学校。

（2）硕士学位授权二级学科的高等学校

取得1个至若干个（而不是全部）二级学科、专业硕士学位授权点的高等学校也有一批本书未编入，请读者在相关高等学校网站上查阅。

4. 相对应的本科专业

心理学、应用心理学等。

（三）0403 体育学

一级学科体育学包括体育人文社会学、运动人体科学（可授教育学、理学、医学学位）、体育教育训练学、民族传统体育学4个二级学科（学科、专业）。

1. 国家重点学科

（1）一级学科国家重点学科体育学的高等学校

北京体育大学。

（2）二级学科国家重点学科的高等学校（无）

（3）国家重点（培育）学科的高等学校

①体育人文社会学：华南师范大学。

②运动人体科学：华东师范大学。

③民族传统体育学：上海体育学院。

2. 博士学位授权单位

（1）博士学位授权一级学科体育学的高等学校

北京体育大学、上海体育学院、华东师范大学、华南师范大学。

2010年审核增列博士学位授权一级学科的高等学校有清华大学、北京师范大学、山西大学、东北师范大学、苏州大学、南京师范大学、浙江大学、福建师范大学、华中师范大学、武汉体育学院、湖南师范大学。

（2）博士学位授权二级学科的高等学校

①体育人文社会学：曲阜师范大学。

②体育教育训练学：河北师范大学、辽宁师范大学、河南大学。

3. 硕士学位授权单位

（1）硕士学位授权一级学科体育学的高等学校

凡获准博士学位授权一级学科的高等学校，自然获准拥有硕士学位授权一级学科，即北京体育大学、上海体育学院、华东师范大学、华南师范大学、清华大学、北京师范大学、山西大学、东北师范大学、苏州大学、南京师范大学、浙江大学、福建师范大学、华中师范大学、武汉体育学院、湖南师范大学。

此外，还有天津体育学院、河北师范大学、辽宁师范大学、沈阳体育学院、扬州大学、江西师范大学、曲阜师范大学、山东体育学院、河南大学、河南师范大学、广州体育学院、四川大学、成都体育学院、重庆大学、陕西师范大学、西安体育学院、西北师范大学、新疆师范大学、首都体育学院、中北大学、山西师范大学、太原理工大学、内蒙古师范大学、大连理工大学、东北大学、沈阳师范大学、吉林大学、延边大学、吉林体育学院、哈尔滨师范大学、哈尔滨体育学院、同济大学、上海交通大学、上海师范大学、东南大学、徐州师范大学、杭州师范大学、南京体育学院、浙江师范大学、安徽师范大学、集美大学、华东交通大学、赣南师范学院、山东大学、山东师范大学、郑州大学、华中科技大学、湖北大学、吉首大学、华南理工大学、深圳大学、湖南大学、广西师范大学、西南交通大学、西南大学、西华师范大学、云南师范大学、西安交通大学、广州大学、大连大学、中国石油大学、宁波大学、海南师范大学等高等学校。

(2）硕士学位授权二级学科、专业点的高等学校

仅有个别硕士点的高等学校（本书略），读者可详见相关高等学校网站介绍。

4. 相对应的本科专业

体育教育、运动训练、社会体育指导与管理、运动人体学、武术与民族传统体育等。

五、05 文学

文学学科门类包括中国语言文学、外国语言文学、新闻传播学3个一级学科。

（一）0501 中国语言文学

一级学科中国语言文学包括文艺学、语言学及应用语言学、汉语言文字学、中国古典文献学、中国古代文学、中国现当代文学、中国少数民族语言文学（分语族）、比较文学与世界文学8个二级学科（学科、专业）。

1. 国家重点学科

(1）一级学科国家重点学科中国语言文学的高等学校

北京大学、北京师范大学、复旦大学、南京大学、四川大学。

(2）二级学科国家重点学科的高等学校

①文艺学：中国人民大学、山东大学、暨南大学。

②语言学及应用语言学：北京语言大学。

③汉语言文字学：安徽大学、华中师范大学。

④中国古典文献学：浙江大学。

⑤中国古代文学：首都师范大学、南开大学、华东师范大学、中山大学、陕西师范大学。

⑥中国现当代文学：南京师范大学、福建师范大学、山东师范大学、武汉大学。

⑦中国少数民族语言文学（分语族）：中央民族大学、内蒙古大学、新疆大学。

⑧比较文学与世界文学：上海师范大学。

(3）国家重点（培育）学科的高等学校

①文艺学：华中师范大学。

②语言学及应用语言学：南开大学。

③中国古典文献学：山东大学。

④中国古代文学：武汉大学、西北师范大学。

2. **博士学位授权单位**

（1）博士学位授权一级学科中国语言文学的高等学校

北京大学、北京师范大学、南开大学、复旦大学、华东师范大学、上海师范大学、南京大学、南京师范大学、浙江大学、山东大学、华中师范大学、中山大学、四川大学、首都师范大学、苏州大学、福建师范大学、武汉大学、中国人民大学、北京语言大学、中央民族大学、吉林大学、东北师范大学、山东师范大学、湖南师范大学、陕西师范大学、清华大学，北京协和医学院—清华大学医学部（清华大学网站发布）。

2010年审核增列博士学位授权一级学科的高等学校有天津师范大学、河北大学、河北师范大学、山西大学、内蒙古大学、辽宁大学、黑龙江大学、哈尔滨师范大学、上海大学、安徽大学、安徽师范大学、厦门大学、江西师范大学、曲阜师范大学、河南大学、华中科技大学、暨南大学、华南师范大学、西南交通大学、西南大学、四川师范大学、云南大学、西北大学、兰州大学、西北师范大学、新疆大学、扬州大学。

（2）博士学位授权二级学科的高等学校

①文艺学：中国传媒大学。

②语言学及应用语言学：中国传媒大学。

③中国古典文献学：郑州大学。

④中国古代文学：中国人民大学、湖北大学、广西师范大学。

⑤中国现当代文学：辽宁师范大学。

⑥中国少数民族语言文学（分语族）：中央民族大学、西北民族大学。

⑦比较文学与世界文学：湘潭大学。

3. **硕士学位授权单位**

（1）硕士学位授权一级学科中国语言文学的高等学校

凡获准博士学位授权一级学科的高等学校，自然获准拥有硕士学位授权一级学科，即北京大学、北京师范大学、南开大学、复旦大学、华东师范大学、上海师范大学、南京大学、南京师范大学、浙江大学、山东大学、华中师范大学、中山大学、四川大学、首都师范大学、苏州大学、福建师范大学、武汉大学、中国人民大学、北京语言大学、中央民族大学、吉林大学、东北师范大学、山东师范大学、湖南师范大学、陕西师范大学、清华大学，北京协和医学院—清华大学医学部（清华大学网站发布）、天津师范大学、河北大学、河北师范大学、山西大学、内蒙古大学、辽宁大学、黑龙江大学、哈尔滨师范大学、上海大学、安徽大学、安徽师范大学、厦门大学、江西师范大学、曲阜师范大学、河南大学、华中科技大学、暨南大学、华南师范大学、西南交通大学、西南大学、四川师范大学、云南大学、西北大学、兰州大学、西北师范大学、新疆大学、扬州大学。

此外，还有中国传媒大学、内蒙古师范大学、辽宁师范大学、上海交通大学、徐州师范大学、浙江师范大学、南昌大学、郑州大学、湖北大学、湘潭大学、湖南大学、中南大学、广西师范大学、重庆师范大学、北京外国语大学、北京第二外国语学院、中央财经大学、天津外国语大学、山西师范大学、内蒙古民族大学、大连理工大学、沈阳师范大学、渤海大学、大连外国语学院、延边大学、长春理工大学、北华大学、吉林师范大学、牡丹江师范学院、同济大学、上海外国语大学、上海财经大学、东南大学、中国矿业大学、江南大学、南通大学、浙江工业大学、杭州师范大学、温州大学、淮北师范大学、安庆师范学院、华侨大学、集美大学、闽南师范大学、赣州师范学院、中国海洋大学、济南大学、山东理工大学、聊城大学、鲁东大学、河南师范大学、信阳师范学院、湖北师范学院、东华理工大学、中南民族大学、湖南科技大学、吉首大学、长沙理工大学、汕头大学、海南大学、深圳大学、广西大学、广西师范学院、广西民族大学、重庆大学、西华师范大学、四川外国语大学、西南民族大学、贵州大学、贵州师范大学、贵州民族大学、云南师范大学、云南民族大学、西藏大学、西藏民族学院、延安大学、陕西理工学院、西安外国语大学、西北民族大学、青海师范大学、宁夏大学、喀什师范学院、伊犁师范学院、青岛大学、烟台大学、三峡大学、广州大学、大连大学、北方民族大学、宁波大学、海南师范大学、广东外语外贸大学、青海民族大学等高等学校。

(2）硕士学位授权二级学科的高等学校

取得1个至若干个（而不是全部）二级学科、专业硕士学位授权点的高等学校也有一批本书未编入，请读者在相关高等学校网站上查阅。

4. 相对应的本科专业

汉语言文学、汉语言、汉语国际教育、中国少数民族语言文学、古典文献等。

（二）0502 外国语言文学

一级学科外国语言文学包括英语语言文学、俄语语言文学、法语语言文学、德语语言文学、日语语言文学、印度语言文学、西班牙语语言文学、阿拉伯语语言文学、欧洲语言文学、亚非语言文学、外国语言学及应用语言学11个二级学科（学科、专业）。

1. 国家重点学科

(1）一级学科国家重点学科外国语言文学的高等学校（无）

(2）二级学科国家重点学科的高等学校

①英语语言文学：北京大学、北京外国语大学、上海外国语大学、南京大学、湖南师范大学、中山大学、解放军外国语学院。

②俄语语言文学：黑龙江大学、上海外国语大学、解放军外国语学院。

③德语语言文学：北京外国语大学。

④印度语言文学：北京大学。

⑤亚非语言文学（朝鲜语）：延边大学。

⑥外国语言学及应用语言学：北京外国语大学、广东外语外贸大学。

(3）国家重点（培育）学科的高等学校

①法语语言文学：武汉大学。

②日语语言文学：北京外国语大学。

③阿拉伯语语言文学：上海外国语大学。

④亚非语言文学：北京大学。

2. 博士学位授权单位

（1）博士学位授权一级学科外国语言文学的高等学校

北京大学、北京外国语大学、上海外国语大学、南京大学、解放军外国语学院、广东外语外贸大学。

2010年审核增列博士学位授权一级学科的高等学校有中国人民大学、清华大学、北京航空航天大学、北京科技大学、北京师范大学、首都师范大学、北京语言大学、南开大学、延边大学、东北师范大学、黑龙江大学、复旦大学、同济大学、上海交通大学、华东师范大学、苏州大学、南京师范大学、浙江大学、厦门大学、福建师范大学、山东大学、河南大学、武汉大学、湖南大学、湖南师范大学、中山大学、四川大学、西南大学。

（2）博士学位授权二级学科的高等学校

①英语语言文学：华中师范大学、中南大学。

②日语语言文学：吉林大学。

③外国语言学及应用语言学：南京大学、南京师范大学。

3. 硕士学位授权单位

（1）硕士学位授权一级学科外国语言文学的高等学校

凡获准博士学位授权一级学科的高等学校，自然获准拥有硕士学位授权一级学科，即北京大学、北京外国语大学、上海外国语大学、南京大学、解放军外国语学院、广东外语外贸大学、中国人民大学、清华大学、北京航空航天大学、北京科技大学、北京师范大学、首都师范大学、北京语言大学、南开大学、延边大学、东北师范大学、黑龙江大学、复旦大学、同济大学、上海交通大学、华东师范大学、苏州大学、南京师范大学、浙江大学、厦门大学、福建师范大学、山东大学、河南大学、武汉大学、湖南大学、湖南师范大学、中山大学、四川大学、西南大学。

此外，还有北京第二外国语学院、对外经济贸易大学、天津外国语学院、东北大学、大连外国语学院、中国海洋大学、华中师范大学、中南大学、华南理工大学、四川外国语大学、西安外国语大学、北京交通大学、北京理工大学、北方工业大学、北京邮电大学、北京工业大学、北京林业大学、首都经济贸易大学、国际关系学院、中国政法大学、天津科技大学、中国传媒大学、天津师范大学、天津理工大学、天津财经大学、华北电力大学、河北联合大学、河北科技大学、河北师范大学、河北大学、山西大学、太原理工大学、内蒙古大学、内蒙古工业大学、内蒙古财经大学、大连理工大学、辽宁师范大学、长春理工大学、北华大学、吉林师范大学、哈尔滨工业大学、哈尔滨理工大学、燕山大学、佳木斯大学、东北林业大学、哈尔滨师范大学、齐齐哈尔大学、上海海事大学、上海师范大学、上海财经大学、上海大学、上海对外经贸大学、东南大学、南京航空航天大学、中国矿业大学、河海大学、南京农业大学、南通大学、徐州师范大学、南京财经大学、浙江师范大学、杭州师范大学、浙江工商大学、安徽大学、合肥工业大学、福州大学、南昌大学、南昌航空大学、江西师范大学、江西财经大学、山东科技大学、青岛科技大学、山东师范大学、曲阜师范大学、鲁东大学、郑州大学、河南科技大学、河南工业大学、河南师范大学、华中科技大学、武汉科技大学、中国地质大学、武汉理工大学、湖北大学、中南财经政法大学、中南民族大学、湘潭大学、湖南科技大学、长沙理工大学、暨南大学、华南师范大学、深圳大学、广西大学、广西师范大学、广西师范学院、广西民族大学、重庆大学、西南交通大学、电子科技大学、四川师范大学、西南财经大学、西南民族大学、贵州大学、贵州师范大学、云南大学、云南师范大学、云南民族大学、西北大学、西安交通大学、西北工业大学、陕西师范大学、兰州大学、西北师范大学、宁夏大学、新疆大学、烟台大学、三峡大学、扬州大学、大连大学、中国石油大学、宁波大学、山东财经大学等高等学校。

（2）硕士学位授权二级学科的高等学校

取得1个至若干个（而不是全部）二级学科、专业硕士学位授权点的高等学校也有一批本书未编入，请读者在相关高等学校网站上查阅。

4．相对应的本科专业

英语、俄语、德语、法语、西班牙语、阿拉伯语、日语、印地语等。

（三）0503 新闻传播学

一级学科新闻传播学包括新闻学、传播学2个二级学科（学科、专业）。

1．国家重点学科

（1）一级学科国家重点学科新闻传播学的高等学校

中国人民大学、复旦大学。

（2）二级学科国家重点学科的高等学校

新闻学：中国传媒大学。

（3）国家重点（培育）学科的高等学校

传播学：中国传媒大学。

2．博士学位授权单位

（1）博士学位授权一级学科新闻传播学的高等学校

中国人民大学、中国传媒大学、复旦大学、武汉大学、华中科技大学、清华大学，北京协和医学院—清华大学医学部（清华大学网站发布）。

2010年审核增列博士学位授权一级学科的高等学校有北京大学、河北大学、华东师范大学、上海大学、浙江大学、厦门大学、山东大学、暨南大学、四川大学。

（2）博士学位授权二级学科的高等学校

新闻学：南京师范大学、南京政治学院。

3．硕士学位授权单位

（1）硕士学位授权一级学科新闻传播学的高等学校

凡获准博士学位授权一级学科的高等学校，自然获准拥有硕士学位授权一级学科，即中国人民大学、中国传媒大学、复旦大学、武汉大学、华中科技大学、清华大学，北京协和医学院—清华大学医学部（清华大学网站发布）、北京大学、河北大学、华东师范大学、上海大学、浙江大学、厦门大学、山东大学、暨南大学、四川大学。

此外，还有北京师范大学、南开大学、天津师范大学、辽宁大学、吉林大学、东北师范大学、上海交通大学、南京大学、苏州大学、南京师范大学、安徽大学、中国科学技术大学、南昌大学、郑州大学、河南大学、湖南大学、湖南师范大学、广西大学、重庆大学、西北大学、陕西师范大学、兰州大学、北京交通大学、北京工商大学、北京邮电大学、北京印刷学院、首都师范大学、北京外国语大学、中央民族大学、中国政法大学、山西大学、大连理工大学、内蒙古大学、渤海大学、黑龙江大学、同济大学、上海理工大学、上海师范大学、上海外国语大学、上海财经大学、河海大学、浙江工业大学、安徽师范大学、福建师范大学、江西师范大学、江西财经大学、山东师范大学、中国地质大学、华中师范大学、武汉理工大学、湖北大学、中南财经政法大学、湘潭大学、中南大学、中山大学、汕头大学、华南理工大学、深圳大学、广西艺术学院、西南交通大学、电子科技大学、西南大学、西南政法大学、成都体育学院、云南大学、西安交通大学、西北政法大学、新疆财经大学、广州大学、重庆工商大学、河北经贸大学、新疆大学、中国青年政治学院等高等学校。

（2）硕士学位授权二级学科的高等学校

取得1个至若干个（而不是全部）二级学科、专业硕士学位授权点的高等学校也有一批本书未编入，请读者在相关高等学校网站上查阅。

4. 相对应的本科专业

新闻学、广播电视学、广告学、编辑出版学、传播学等。

六、06 历史学

历史学学科门类包括考古学、中国史、世界史3个一级学科。

以下是旧目录学科对应的资料。

一级学科历史学包括史学理论及史学史、考古学及博物馆学、历史地理学、历史文献学（含敦煌学、古文字学）、专门史、中国古代史、中国近现代史、世界史8个二级学科（学科、专业）。

1. 国家重点学科

（1）一级学科国家重点学科历史学的高等学校

北京大学、南开大学。

（2）二级学科国家重点学科的高等学校

①史学理论及史学史：北京师范大学。

②考古学及博物馆学：吉林大学。

③历史地理学：复旦大学、陕西师范大学。

④历史文献学：四川大学。

⑤专门史：清华大学，北京协和医学院—清华大学医学部、厦门大学、四川大学、云南大学、西北大学。

⑥中国古代史：中国人民大学、北京师范大学、山东大学、武汉大学、中山大学、陕西师范大学。

⑦中国近现代史：中国人民大学、复旦大学、华中师范大学、湖南师范大学、中山大学。

⑧世界史：首都师范大学、东北师范大学、南京大学、武汉大学。

（3）国家重点（培育）学科的高等学校

①历史文献学：兰州大学。

②中国古代史：郑州大学。

③中国近现代史：南京大学。

④世界史：华东师范大学。

2. 博士学位授权单位

（1）博士学位授权一级学科历史学的高等学校

北京大学、中国人民大学、北京师范大学、南开大学、吉林大学、复旦大学、华东师范大学、南京大学、厦门大学、武汉大学、中山大学、四川大学、首都师范大学、东北师范大学、山东大学、华中师范大学、云南大学、陕西师范大学、天津师范大学、上海师范大学、浙江大学、福建师范大学、郑州大学、暨南大学、西北大学、清华大学，北京协和医学院—清华大学医学部（清华大学网站发布）。

2010年审核增列博士学位授权一级学科的高等学校有中央民族大学、河北大学、河北师范大学、山西大学、内蒙古大学、辽宁师范大学、上海大学、苏州大学、南京师范大学、安徽大学、安徽师范大学、曲阜师范大学、河南大学、湖北大学、湖南大学、湖南师范大学、华南师范大学、兰州大学、西北师范大学。

（2）博士学位授权二级学科的高等学校

①历史地理学：西南大学。

②中国近现代史：扬州大学。

③世界史：延边大学、山东师范大学。

3. 硕士学位授权单位

（1）硕士学位授权一级学科历史学的高等学校

凡获准博士学位授权一级学科的高等学校，自然获准拥有硕士学位授权一级学科，即北京大学、中国人民大学、北京师范大学、南开大学、吉林大学、复旦大学、华东师范大学、南京大学、厦门大学、武汉大学、中山大学、四川大学、首都师范大学、东北师范大学、山东大学、华中师范大学、云南大学、陕西师范大学、天津师范大学、上海师范大学、浙江大学、福建师范大学、郑州大学、暨南大学、西北大学、清华大学，北京协和医学院—清华大学医学部（清华大学网站发布）、中央民族大学、河北大学、河北师范大学、山西大学、内蒙古大学、辽宁师范大学、上海大学、苏州大学、南京师范大学、安徽大学、安徽师范大学、曲阜师范大学、河南大学、湖北大学、湖南大学、湖南师范大学、华南师范大学、兰州大学、西北师范大学。

此外，还有辽宁大学、江西师范大学、山东师范大学、中南大学、四川师范大学、西南大学、中国政法大学、山西师范大学、内蒙古师范大学、内蒙古民族大学、内蒙古科技大学、渤海大学、北华大学、吉林师范大学、长春师范大学、黑龙江大学、哈尔滨师范大学、徐州师范大学、苏州科技学院、浙江师范大学、杭州师范大学、淮北师范大学、景德镇陶瓷学院、赣南师范学院、中国海洋大学、聊城大学、河南师范大学、华中科技大学、湘潭大学、南昌大学、湖南科技大学、广西师范大学、广西民族大学、重庆师范大学、西华师范大学、西南民族大学、贵州师范大学、云南师范大学、延安大学、西北民族大学、青海师范大学、新疆大学、新疆师范大学、广州大学、扬州大学、大连大学、北京联合大学、宁波大学、海南师范大学等高等学校。

（2）硕士学位授权二级学科的高等学校

取得 1 个至若干个（而不是全部）二级学科、专业硕士学位授权点的高等学校也有一批本书未编入，请读者在相关高等学校网站上查阅。

4．相对应的本科专业

历史学、世界史、考古学、文物与博物馆学等。

（一）**0601** 考古学※

本学科为新增一级学科，其有关资料待补。

（二）**0602** 中国史※

本学科为新增一级学科，其有关资料待补。

（三）**0603** 世界史※

本学科为新增一级学科，其有关资料待补。

七、07 理学

理学学科门类包括数学、物理学、化学、天文学、地理学、大气科学、海洋科学、地球物理学、地质学、生物学、系统科学、科学技术史（分学科，可授理学、工学、农学、医学学位）、生态学、统计学（可授理学、经济学学位）14 个一级学科。

（一）**0701** 数学

一级学科数学包括基础数学、计算数学、概率论与数理统计、应用数学、运筹学与控制论 5 个二级学科（学科、专业）。

1. 国家重点学科

（1）一级学科国家重点学科数学的高等学校

北京大学、清华大学，北京协和医学院—清华大学医学部、北京师范大学、南开大学、吉林大学、复旦大学、南京大学、浙江大学、中国科学技术大学、山东大学、四川大学。

（2）二级学科国家重点学科的高等学校

①基础数学：首都师范大学、华东师范大学、厦门大学、武汉大学、中山大学。

②计算数学：大连理工大学、湘潭大学、西安交通大学。

③概率论与数理统计：中南大学。

④应用数学：新疆大学。

（3）国家重点（培育）学科的高等学校

①基础数学：同济大学、湖南师范大学。

②应用数学：上海交通大学。

2. 博士学位授权单位

（1）博士学位授权一级学科数学的高等学校

北京大学、清华大学，北京协和医学院—清华大学医学部、北京师范大学、南开大学、吉林大学、复旦大学、华东师范大学、南京大学、浙江大学、中国科学技术大学、山东大学、武汉大学、中山大学、四川大学、大连理工大学、上海交通大学、苏州大学、厦门大学、西安交通大学、首都师范大学、东北师范大学、同济大学、上海大学、南京师范大学、湖南师范大学、兰州大学。

2010年审核增列博士学位授权一级学科的高等学校有中国人民大学、北京交通大学、北京工业大学、北京航空航天大学、北京理工大学、天津大学、河北师范大学、哈尔滨工业大学、华东理工大学、上海师范大学、东南大学、南京航空航天大学、南京理工大学、中国矿业大学、安徽大学、福建师范大学、山东师范大学、曲阜师范大学、郑州大学、华中科技大学、华中师范大学、湘潭大学、湖南大学、中南大学、华南理工大学、华南师范大学、重庆大学、电子科技大学、西南大学、贵州大学、云南大学、西北大学、西北工业大学、西安电子科技大学、陕西师范大学、西北师范大学、宁夏大学、新疆大学、广州大学、扬州大学。

（2）博士学位授权二级学科的高等学校

①基础数学：山西大学、厦门大学、湖北大学、汕头大学、四川师范大学。

②应用数学：内蒙古大学、福州大学、中南大学。

3. 硕士学位授权单位

（1）硕士学位授权一级学科数学的高等学校

凡获准博士学位授权一级学科的高等学校，自然获准拥有硕士学位授权一级学科，即北京大学、清华大学，北京协和医学院—清华大学医学部、北京师范大学、南开大学、吉林大学、复旦大学、华东师范大学、南京大学、浙江大学、中国科学技术大学、山东大学、武汉大学、中山大学、四川大学、大连理工大学、上海交通大学、苏州大学、厦门大学、西安交通大学、首都师范大学、东北师范大学、同济大学、上海大学、南京师范大学、湖南师范大学、兰州大学、中国人民大学、北京交通大学、北京工业大学、北京航空航天大学、北京理工大学、天津大学、河北师范大学、哈尔滨工业大学、华东理工大学、上海师范大学、东南大学、南京航空航天大学、南京理工大学、中国矿业大学、安徽大学、福建师范大学、山东师范大学、曲阜师范大学、郑州大学、华中科技大学、华中师范大学、湘潭大学、湖南大学、中南大学、华南理工大学、华南师范大学、重庆大学、电子科技大学、西南大学、贵州大学、云南大学、西北大学、西北工业大学、西安电子科技大学、陕西师范大学、西北师范大学、宁夏大学、新疆大学、广州大学、扬州大学。

此外，还有北京科技大学、中国农业大学、中国石油大学、山西大学、山西师范大学、内蒙古大学、东北大学、辽宁师范大学、哈尔滨师范大学、吉林师范大学、河海大学、徐州师范大学、浙江师范大学、安徽师范大学、福州大学、南昌大学、江西师范大学、山东科技大学、河南大学、河南师范大学、湖北大学、广西大学、广西师范大学、兰州交通大学、北方工业大学、北京化工大学、北京邮电大学、北京建筑大学、北京林业大学、中国传媒大学、中央民族大学、天津工业大学、中国民航大学、天津师范大学、天津职业技术师范大学、河北大学、华北水利水电大学、华北电力大学、河北工业大学、河北联合大学、河北科技大学、中北大学、太原科技大学、太原理工大学、内蒙古工业大学、内蒙古师范大学、辽宁大学、沈阳工业大学、大连交通大学、大连海事大学、沈阳师范大学、渤海大学、东北电力大学、长春工业大学、北华大学、黑龙江大学、哈尔滨理工大学、黑龙江科技大学、东北林业大学、上海理工大学、东华大学、江苏大学、南京信息工程大学、南京农业大学、南京财经大学、苏州科技学院、杭州电子科技大学、浙江工业大学、浙江理工大学、杭州师范大学、合肥工业大学、安庆师范学院、淮北师范大学、集美大学、闽南师范大学、华东交通大学、东华理工大学、赣南师范学院、中国海洋大学、青岛科技大学、山东理工大学、鲁东大学、河南理工大学、河南工业大学、河南科技大学、信阳师范学院、武汉科技大学、中国地质大学、武汉理工大学、湖北师范学院、湖北民族学院、中南民族大学、吉首大学、湖南科技大学、长沙理工大学、暨南大学、华南农业大学、深圳大学、桂林电子科技大学、广西师范学院、广西民族大学、西南交通大学、西南石油大学、成都理工大学、四川师范大学、重庆师范大学、西华师范大学、贵州师范大学、贵州民族大学、昆明理工大学、云南师范大学、云南财经大学、西安理工大学、西安建筑科技大学、西安工程大学、长安大学、延安大学、兰州理工大学、青海师范大学、青海民族大学、伊犁师范学院、青岛大学、烟台大学、三峡大学、北京信息科技大学、五邑大学、北方民族大学、海南师范大学、重庆理工大学、广东工业大学等高等学校。

（2）硕士学位授权二级学科的高等学校

取得 1 个至若干个（而不是全部）二级学科、专业硕士学位授权点的高等学校也有一批本书未编入，请读者在相关高等学校网站上查阅。

4．相对应的本科专业

数学与应用数学、信息与计算科学等。

（二）0702 物理学

一级学科物理学包括理论物理、粒子物理与原子核物理、原子与分子物理、等离子体物理、凝聚态物理、声学、光学、无线电物理8个二级学科（学科、专业）。

1. 国家重点学科

（1）一级学科国家重点学科物理学的高等学校

北京大学、清华大学，北京协和医学院—清华大学医学部、复旦大学、南京大学、中国科学技术大学。

（2）二级学科国家重点学科的高等学校

①理论物理：北京师范大学、浙江大学、华中师范大学、湖南师范大学。

②粒子物理与原子核物理：山东大学、兰州大学。

③原子与分子物理：吉林大学、四川大学、国防科学技术大学。

④等离子体物理：大连理工大学。

⑤凝聚态物理：吉林大学、上海交通大学、浙江大学、厦门大学、山东大学、郑州大学、武汉大学、中山大学。

⑥光学：北京工业大学、南开大学、山西大学、哈尔滨工业大学、上海交通大学、华东师范大学、华南师范大学。

⑦无线电物理：武汉大学。

（3）国家重点（培育）学科的高等学校

①凝聚态物理：同济大学、四川大学。

②光学：中山大学。

2. 博士学位授权单位

（1）博士学位授权一级学科物理学的高等学校

北京大学、清华大学，北京协和医学院—清华大学医学部、北京师范大学、南开大学、吉林大学、复旦大学、上海交通大学、南京大学、浙江大学、中国科学技术大学、山东大学、武汉大学、中山大学、兰州大学、山西大学、大连理工大学、同济大学、华东师范大学、厦门大学、华中科技大学、华中师范大学、四川大学、北京工业大学、郑州大学、湖南师范大学、国防科学技术大学、电子科技大学、西北大学、西安交通大学。

2010年审核增列博士学位授权一级学科的高等学校有北京交通大学、北京航空航天大学、北京科技大学、河北师范大学、内蒙古大学、东北大学、辽宁师范大学、东北师范大学、哈尔滨工业大学、上海大学、苏州大学、东南大学、南京师范大学、福建师范大学、山东师范大学、曲阜师范大学、河南师范大学、湖南大学、中南大学、华南师范大学、重庆大学、云南大学、西北工业大学、西安电子科技大学、陕西师范大学、西北师范大学。

（2）博士学位授权二级学科的高等学校

①理论物理：北京理工大学。

②凝聚态物理：北京理工大学、河南大学、湘潭大学、燕山大学、南京航空航天大学。

③光学：山西大学、长春理工大学、苏州大学。

3. **硕士学位授权单位**

(1) 硕士学位授权一级学科物理学的高等学校

凡获准博士学位授权一级学科的高等学校，自然获准拥有硕士学位授权一级学科，即北京大学、清华大学，北京协和医学院—清华大学医学部、北京师范大学、南开大学、吉林大学、复旦大学、上海交通大学、南京大学、浙江大学、中国科学技术大学、山东大学、武汉大学、中山大学、兰州大学、山西大学、大连理工大学、同济大学、华东师范大学、厦门大学、华中科技大学、华中师范大学、四川大学、北京工业大学、郑州大学、湖南师范大学、国防科学技术大学、电子科技大学、西北大学、西安交通大学、北京交通大学、北京航空航天大学、北京科技大学、河北师范大学、内蒙古大学、东北大学、辽宁师范大学、东北师范大学、哈尔滨工业大学、上海大学、苏州大学、东南大学、南京师范大学、福建师范大学、山东师范大学、曲阜师范大学、河南师范大学、湖南大学、中南大学、华南师范大学、重庆大学、云南大学、西北工业大学、西安电子科技大学、陕西师范大学、西北师范大学。

此外，还有北京理工大学、中国石油大学、天津大学、天津师范大学、河北大学、长春理工大学、哈尔滨师范大学、南京航空航天大学、南京理工大学、安徽大学、南昌大学、中国海洋大学、烟台大学、河南大学、武汉理工大学、湖北大学、湘潭大学、华南理工大学、广西大学、四川师范大学、西南大学、新疆大学、中国人民大学、北京化工大学、北京邮电大学、天津工业大学、华北电力大学、河北工业大学、天津理工大学、中北大学、内蒙古科技大学、内蒙古民族大学、大连海事大学、辽宁大学、沈阳师范大学、渤海大学、延边大学、吉林师范大学、哈尔滨理工大学、燕山大学、牡丹江师范学院、华东理工大学、上海理工大学、东华大学、上海师范大学、中国矿业大学、浙江工业大学、浙江师范大学、安徽师范大学、江西师范大学、济南大学、聊城大学、鲁东大学、信阳师范学院、武汉科技大学、长江大学、中国地质大学、吉首大学、湖南科技大学、暨南大学、深圳大学、广西师范大学、西南交通大学、重庆邮电大学、西南科技大学、西华大学、重庆师范大学、西华师范大学、贵州大学、昆明理工大学、云南师范大学、西安理工大学、西安建筑科技大学、西安工业大学、兰州理工大学、宁夏大学、伊犁师范学院、青岛大学、三峡大学、扬州大学、宁波大学、新疆师范大学等高等学校。

(2) 硕士学位授权二级学科的高等学校

取得 1 个至若干个（而不是全部）二级学科、专业硕士学位授权点的高等学校也有一批本书未编入，请读者在相关高等学校网站上查阅。

4. **相对应的本科专业**

物理学、应用物理学、核物理等。

（三）0703 化学

一级学科化学包括无机化学、分析化学、有机化学、物理化学（含化学物理）、高分子化学与物理 5 个二级学科（学科、专业）。

1. 国家重点学科

（1）一级学科国家重点学科化学的高等学校

北京大学、南开大学、吉林大学、复旦大学、南京大学、浙江大学、中国科学技术大学、厦门大学。

（2）二级学科国家重点学科的高等学校

①无机化学：中山大学。

②分析化学：清华大学，北京协和医学院—清华大学医学部、武汉大学、湖南大学。

③有机化学：四川大学、兰州大学。

④物理化学：北京师范大学、福州大学、山东大学。

⑤高分子化学与物理：中山大学。

（3）国家重点（培育）学科的高等学校

①有机化学：郑州大学。

②物理化学：清华大学，北京协和医学院—清华大学医学部。

③高分子化学与物理：北京化工大学。

2. 博士学位授权单位

（1）博士学位授权一级学科化学的高等学校

北京大学、清华大学，北京协和医学院—清华大学医学部、南开大学、吉林大学、复旦大学、南京大学、浙江大学、中国科学技术大学、厦门大学、山东大学、武汉大学、中山大学、四川大学、兰州大学、北京师范大学、苏州大学、福州大学、湖南大学、西北大学、北京化工大学、天津大学、山西大学、大连理工大学、东北师范大学、同济大学、华东理工大学、华东师范大学、郑州大学、陕西师范大学、西北师范大学。

2010 年审核增列博士学位授权一级学科的高等学校有北京理工大学、北京科技大学、中国农业大学、河北大学、山西师范大学、内蒙古大学、辽宁大学、东北大学、黑龙江大学、上海交通大学、东华大学、南京师范大学、安徽大学、安徽师范大学、福建师范大学、南昌大学、江西师范大学、山东师范大学、河南大学、河南师范大学、华中科技大学、华中师范大学、中南大学、湖南师范大学、华南理工大学、华南师范大学、广西师范大学、西南大学、云南大学、西北工业大学、新疆大学、扬州大学、中国石油大学。

（2）博士学位授权二级学科的高等学校

①有机化学：延边大学、天津大学、湘潭大学。

②物理化学：辽宁师范大学、天津大学、扬州大学。

③高分子化学与物理：湘潭大学、青岛科技大学。

3. 硕士学位授权单位

（1）硕士学位授权一级学科化学的高等学校

凡获准博士学位授权一级学科的高等学校，自然获准拥有硕士学位授权一级学科，即北京大学、清华大学，北京协和医学院—清华大学医学部、南开大学、吉林大学、复旦大学、南京大学、浙江大学、中国科学技术大学、厦门大学、山东大学、武汉大学、中山大学、四川大学、兰州大学、北京师范大学、苏州大学、福州大学、湖南大学、西北大学、北京化工大学、天津大学、山西大学、大连理工大学、东北师范大学、同济大学、华东理工大学、华东师范大学、郑州大学、陕西师范大学、西北师范大学、北京理工大学、北京科技大学、中国农业大学、河北大学、山西师范大学、内蒙古大学、辽宁大学、东北大学、黑龙江大学、上海交通大学、东华大学、南京师范大学、安徽大学、安徽师范大学、福建师范大学、南昌大学、江西师范大学、山东师范大学、河南大学、河南师范大学、华中科技大学、华中师范大学、中南大学、湖南师范大学、华南理工大学、华南师范大学、广西师范大学、西南大学、云南大学、西北工业大学、新疆大学、扬州大学、中国石油大学。

此外，还有北京航空航天大学、河北师范大学、辽宁师范大学、大连大学、延边大学、哈尔滨师范大学、齐齐哈尔大学、上海师范大学、上海大学、南京理工大学、南京工业大学、华侨大学、青岛科技大学、曲阜师范大学、聊城大学、湖北大学、中南民族大学、湘潭大学、暨南大学、中国地质大学、贵州大学、云南师范大学、重庆大学、陕西科技大学、中国人民大学、首都师范大学、天津师范大学、河北工业大学、河北农业大学、中北大学、太原理工大学、内蒙古师范大学、内蒙古民族大学、辽宁石油化工大学、沈阳化工大学、沈阳药科大学、渤海大学、长春理工大学、长春工业大学、吉林师范大学、长春师范大学、哈尔滨工业大学、东北石油大学、东北林业大学、东南大学、南京航空航天大学、中国矿业大学、江苏大学、南京农业大学、中国药科大学、徐州师范大学、浙江理工大学、浙江师范大学、杭州师范大学、温州大学、安庆师范学院、闽南师范大学、华东交通大学、东华理工大学、江西财经大学、中国海洋大学、济南大学、齐鲁工业大学、山东农业大学、鲁东大学、河南工业大学、信阳师范学院、赣南师范学院、武汉工程大学、武汉纺织大学、武汉理工大学、湖北师范学院、湖南科技大学、长沙理工大学、南华大学、汕头大学、深圳大学、广西师范学院、成都理工大学、西南科技大学、四川师范大学、西华师范大学、西南民族大学、云南民族大学、西安交通大学、青海师范大学、青海民族大学、宁夏大学、新疆师范大学、烟台大学、三峡大学、广州大学、江西科技师范大学、海南师范大学等高等学校。

（2）硕士学位授权二级学科的高等学校

取得 1 个至若干个（而不是全部）二级学科、专业硕士学位授权点的高等学校也有一批本书未编入，请读者在相关高等学校网站上查阅。

4．相对应的本科专业

化学、应用化学等。

（四）**0704** 天文学

一级学科天文学包括天体物理、天体测量与天体力学 2 个二级学科（学科、专业）。

1．国家重点学科

（1）一级学科国家重点学科天文学的高等学校

南京大学。

（2）二级学科国家重点学科的高等学校

天体物理：北京大学、中国科学技术大学。

（3）国家重点（培育）学科的高等学校（无）

2. 博士学位授权单位

（1）博士学位授权一级学科天文学的高等学校

南京大学、北京大学（北京大学网站发布）。

2010年审核增列博士学位授权一级学科的高等学校有中国科技大学。

（2）博士学位授权二级学科的高等学校

天体物理：北京师范大学、清华大学，北京协和医学院—清华大学医学部。

3. 硕士学位授权单位

（1）硕士学位授权一级学科天文学的高等学校

凡获准博士学位授权一级学科的高等学校，自然获准拥有硕士学位授权一级学科，即南京大学、北京大学（北京大学网站发布）、中国科技大学。

（2）硕士学位授权二级学科的高等学校

取得1个至若干个（而不是全部）二级学科、专业硕士学位授权点的高等学校也有一批本书未编入，请读者在相关高等学校网站上查阅。

4. 相对应的本科专业

天文学等。

（五）0705 地理学

一级学科地理学包括自然地理学、人文地理学、地图学与地理信息系统3个二级学科（学科、专业）。

1. 国家重点学科

（1）一级学科国家重点学科地理学的高等学校

北京大学、北京师范大学、华东师范大学。

（2）二级学科国家重点学科的高等学校

①自然地理学：南京大学、兰州大学。

②人文地理学：中山大学。

③地图学与地理信息系统：南京师范大学、武汉大学。

（3）国家重点（培育）学科的高等学校

①人文地理学：南京师范大学。

②地图学与地理信息系统：中山大学。

2. 博士学位授权单位

（1）博士学位授权一级学科地理学的高等学校

北京大学、华东师范大学、南京大学、南京师范大学、中山大学、兰州大学、北京师范大学、东北师范大学、陕西师范大学、福建师范大学、河南大学、武汉大学。

2010年审核增列博士学位授权一级学科的高等学校有首都师范大学、河北师范大学、辽宁师范大学、山东师范大学、湖南师范大学、华南师范大学、云南师范大学、西北师范大学、新疆大学。

(2) 博士学位授权二级学科的高等学校

①自然地理学：西南大学、哈尔滨师范大学、西北大学。

②人文地理学：西北大学、安徽师范大学、华中师范大学。

③地图学与地理信息系统：中国海洋大学、浙江大学。

3. 硕士学位授权单位

(1) 硕士学位授权一级学科地理学的高等学校

凡获准博士学位授权一级学科的高等学校，自然获准拥有硕士学位授权一级学科，即北京大学、华东师范大学、南京大学、南京师范大学、中山大学、兰州大学、北京师范大学、东北师范大学、陕西师范大学、福建师范大学、河南大学、武汉大学、首都师范大学、河北师范大学、辽宁师范大学、山东师范大学、湖南师范大学、华南师范大学、云南师范大学、西北师范大学、新疆大学。

此外，还有内蒙古师范大学、哈尔滨师范大学、河海大学、安徽师范大学、华中师范大学、中国地质大学、云南大学、西南大学、西北大学、新疆师范大学、中国人民大学、中国农业大学、北京林业大学、天津师范大学、延边大学、上海师范大学、南京信息工程大学、徐州师范大学、浙江师范大学、东华理工大学、江西师范大学、中国海洋大学、山东科技大学、曲阜师范大学、聊城大学、鲁东大学、河南财经政法大学、湖北大学、中南大学、广西师范学院、成都理工大学、四川师范大学、重庆交通大学、重庆师范大学、西南林业大学、西安科技大学、青海师范大学、宁夏大学、广州大学、海南师范大学、兰州交通大学等高等学校。

(2) 硕士学位授权二级学科的高等学校

取得1个至若干个（而不是全部）二级学科、专业硕士学位授权点的高等学校也有一批本书未编入，请读者在相关高等学校网站上查阅。

4. 相对应的本科专业

地理科学、自然地理与资源环境、地理信息科学、人文地理与城乡规划等。

（六）0706 大气科学

一级学科大气科学包括气象学、大气物理学与大气环境2个二级学科。

1. 国家重点学科

(1) 一级学科国家重点学科大气科学的高等学校

北京大学。

(2) 二级学科国家重点学科的高等学校

气象学：南京大学、南京信息工程大学。

(3) 国家重点（培育）学科的高等学校

大气物理学与大气环境：南京大学、兰州大学。

2. 博士学位授权单位

(1) 博士学位授权一级学科大气科学的高等学校

北京大学、南京大学、南京信息工程大学、兰州大学、中国海洋大学。

2010 年审核增列博士学位授权一级学科的高等学校有中山大学。

(2) 博士学位授权二级学科的高等学校

气象学：云南大学。

3. 硕士学位授权单位

(1) 硕士学位授权一级学科大气科学的高等学校

凡获准博士学位授权一级学科的高等学校，自然获准拥有硕士学位授权一级学科，即北京大学、南京大学、南京信息工程大学、兰州大学、中国海洋大学、中山大学。

此外，还有中国农业大学、中国科学技术大学、成都信息工程学院、云南大学、清华大学、沈阳农业大学、浙江大学、安徽农业大学等高等学校。

(2) 硕士学位授权二级学科的高等学校

取得 1 个至若干个（而不是全部）二级学科、专业硕士学位授权点的高等学校也有一批本书未编入，请读者在相关高等学校网站上查阅。

4. 相对应的本科专业

大气科学、应用气象学等。

（七）0707 海洋科学

一级学科海洋科学包括物理海洋学、海洋化学、海洋生物学、海洋地质 4 个二级学科（学科、专业）。

1. 国家重点学科

(1) 一级学科国家重点学科海洋科学的高等学校

厦门大学、中国海洋大学。

(2) 二级学科国家重点学科的高等学校

海洋地质：同济大学。

(3) 国家重点（培育）学科的高等学校（无）

2. 博士学位授权单位

(1) 博士学位授权一级学科海洋科学的高等学校

厦门大学、中国海洋大学、同济大学。

2010 年审核增列博士学位授权一级学科的高等学校有中国地质大学、中山大学。

(2) 博士学位授权二级学科的高等学校

①物理海洋学：河海大学。

②海洋生物学：汕头大学、清华大学，北京协和医学院—清华大学医学部。

③海洋地质：南京大学。

3．硕士学位授权单位

（1）硕士学位授权一级学科海洋科学的高等学校

凡获准博士学位授权一级学科的高等学校，自然获准拥有硕士学位授权一级学科，即厦门大学、中国海洋大学、同济大学、中国地质大学、中山大学。

（2）硕士学位授权二级学科的高等学校

取得1个至若干个（而不是全部）二级学科、专业硕士学位授权点的高等学校也有一批本书未编入，请读者在相关高等学校网站上查阅。

4．相对应的本科专业

海洋科学、海洋技术等。

（八）0708 地球物理学

一级学科地球物理学包括固体地球物理学、空间物理学2个二级学科（学科、专业）。

1．国家重点学科

（1）一级学科国家重点学科地球物理学的高等学校

中国科学技术大学。

（2）二级学科国家重点学科的高等学校

固体地球物理学：北京大学。

（3）国家重点（培育）学科的高等学校

空间物理学：武汉大学。

2．博士学位授权单位

（1）博士学位授权一级学科地球物理学的高等学校

北京大学、中国科学技术大学、武汉大学、中国地质大学。

2010年审核增列博士学位授权一级学科的高等学校有吉林大学、同济大学、成都理工大学。

（2）博士学位授权二级学科的高等学校（无）

3．硕士学位授权单位

（1）硕士学位授权一级学科地球物理学的高等学校

凡获准博士学位授权一级学科的高等学校，自然获准拥有硕士学位授权一级学科，即北京大学、中国科学技术大学、武汉大学、中国地质大学、吉林大学、同济大学、成都理工大学。

此外，还有长江大学等高等学校。

（2）硕士学位授权二级学科的高等学校

取得1个至若干个（而不是全部）二级学科、专业硕士学位授权点的高等学校也有一批本书未编入，请读者在相关高等学校网站上查阅。

4．相对应的本科专业

地球物理学、空间科学与技术等。

（九）0709 地质学

一级学科地质学包括矿物学、岩石学、矿床学，地球化学，古生物学与地层学（含古人类学），构造地质学，第四纪地质学5个二级学科。

1. 国家重点学科

（1）一级学科国家重点学科地质学的高等学校

南京大学、中国地质大学、西北大学。

（2）二级学科国家重点学科的高等学校

①地球化学：中国科学技术大学。

②构造地质学：北京大学。

（3）国家重点（培育）学科的高等学校

矿物学、岩石学、矿床学：北京大学、成都理工大学。

2. 博士学位授权单位

（1）博士学位授权一级学科地质学的高等学校

北京大学、吉林大学、南京大学、中国地质大学、成都理工大学、西北大学、中国石油大学、中国矿业大学、浙江大学、长安大学。

2010年审核增列博士学位授权一级学科的高等学校有中国科技大学、合肥工业大学、中山大学、贵州大学、兰州大学。

（2）博士学位授权二级学科的高等学校

①矿物学、岩石学、矿床学：中南大学。

②第四纪地质学：华东师范大学、南京师范大学。

3. 硕士学位授权单位

（1）硕士学位授权一级学科地质学的高等学校

凡获准博士学位授权一级学科的高等学校，自然获准拥有硕士学位授权一级学科，即北京大学、吉林大学、南京大学、中国地质大学、成都理工大学、西北大学、中国石油大学、中国矿业大学、浙江大学、长安大学、中国科技大学、合肥工业大学、中山大学、贵州大学、兰州大学。

此外，还有中国海洋大学、长江大学、桂林理工大学、西南石油大学、石家庄经济学院、河海大学、东华理工大学、山东科技大学、昆明理工大学、天津城建大学等高等学校。

（2）硕士学位授权二级学科的高等学校

取得1个至若干个（而不是全部）二级学科、专业硕士学位授权点的高等学校也有一批本书未编入，请读者在相关高等学校网站上查阅。

4. 相对应的本科专业

地质学、地球化学等。

（十）0710 生物学

一级学科生物学包括植物学、动物学、生理学、水生生物学、微生物学、神经生物学、遗传学、发育生物学、细胞生物学、生物化学与分子生物学、生物物理学、生态学12个二级学科（学科、专业）。

1. 国家重点学科

（1）一级学科国家重点学科生物学的高等学校

北京大学、清华大学，北京协和医学院—清华大学医学部、复旦大学、南京大学、中国科学技术大学、武汉大学、中山大学。

（2）二级学科国家重点学科的高等学校

①植物学：中国农业大学、北京林业大学、首都师范大学、东北林业大学、浙江大学、四川大学、西北大学、兰州大学。

②动物学：南开大学、内蒙古大学、南京师范大学、厦门大学。

③生理学：山西医科大学、西安交通大学、第二军医大学。

④水生生物学：厦门大学、暨南大学。

⑤微生物学：中国农业大学、南开大学、山东大学、华中农业大学、云南大学。

⑥神经生物学：首都医科大学、第四军医大学。

⑦遗传学：上海交通大学、中南大学、四川大学、第二军医大学。

⑧发育生物学：湖南师范大学。

⑨细胞生物学：北京师范大学、河北师范大学、东北师范大学、厦门大学、第四军医大学。

⑩生物化学与分子生物学：中国农业大学、吉林大学、上海交通大学、华中农业大学、第四军医大学。

⑪生物物理学：浙江大学、华中科技大学。

⑫生态学：北京师范大学、东北师范大学、东北林业大学、华东师范大学、南京林业大学、浙江大学、云南大学、兰州大学。

（3）国家重点（培育）学科的高等学校

①植物学：南开大学。

②动物学：河北大学、华东师范大学、陕西师范大学。

③生理学：青岛大学。

④微生物学：广西大学。

⑤生态学：内蒙古大学、中南林业科技大学、西南大学。

2. 博士学位授权单位

（1）博士学位授权一级学科生物学的高等学校

北京大学、清华大学，北京协和医学院—清华大学医学部、中国农业大学、北京师范大学、南开大学、东北师范大学、复旦大学、华东师范大学、南京大学、南京农业大学、浙江大学、厦门大学、中国科学技术大学、山东大学、武汉大学、华中农业大学、中南大学、中山大学、四川大学、兰州大学、北京林业大学、河北师范大学、内蒙古大学、东北林业大学、上海交通大学、南京林业大学、中国海洋大学、湖南师范大学、云南大学、西北农林科技大学、山西大学、中国医科大学、吉林大学、哈尔滨医科大学、南京师范大学、福建农林大学、山东农业大学、华中科技大学、湖南农业大学、华南农业大学、华南师范大学、西南大学、第三军医大学、西北大学、陕西师范大学。

2010年审核增列博士学位授权一级学科的高等学校有首都医科大学、首都师范大学、天津大学、河北农业大学、河北医科大学、山西医科大学、内蒙古农业大学、大连医科大学、东北农业大学、同济大学、东南大学、安徽农业大学、安徽师范大学、福建师范大学、南昌大学、山东师范大学、河南大学、湖北大学、中南林业科技大学、暨南大学、华南理工大学、海南大学、广西大学、重庆大学、四川农业大学、贵州大学、西安交通大学、新疆大学、南方医科大学。

（2）博士学位授权二级学科的高等学校

①植物学：河北师范大学、云南大学、扬州大学、华中师范大学。

②动物学：河北大学、河北师范大学、河南师范大学、华中师范大学。

③生理学：延边大学、青岛大学。

④水生生物学：上海水产大学。

⑤微生物学：云南大学。

⑥神经生物学：青岛大学。

⑦遗传学：上海交通大学、哈尔滨师范大学。

⑧细胞生物学：山东师范大学、辽宁师范大学。

⑨生物化学与分子生物学：上海交通大学、南京医科大学、东北农业大学、华东理工大学、汕头大学。

⑩生态学：云南大学、甘肃农业大学、安徽大学。

3. 硕士学位授权单位

（1）硕士学位授权一级学科生物学的高等学校

凡获准博士学位授权一级学科的高等学校，自然获准拥有硕士学位授权一级学科，即北京大学、清华大学，北京协和医学院—清华大学医学部、中国农业大学、北京师范大学、南开大学、东北师范大学、复旦大学、华东师范大学、南京大学、南京农业大学、浙江大学、厦门大学、中国科学技术大学、山东大学、武汉大学、华中农业大学、中南大学、中山大学、四川大学、兰州大学、北京林业大学、河北师范大学、内蒙古大学、东北林业大学、上海交通大学、南京林业大学、中国海洋大学、湖南师范大学、云南大学、西北农林科技大学、山西大学、中国医科大学、吉林大学、哈尔滨医科大学、南京师范大学、福建农林大学、山东农业大学、华中科技大学、湖南农业大学、华南农业大学、华南师范大学、西南大学、第三军医大学、西北大学、陕西师范大学、首都医科大学、首都师范大学、天津大学、河北农业大学、河北医科大学、山西医科大学、内蒙古农业大学、大连医科大学、东北农业大学、同济大学、东南大学、安徽农业大学、安徽师范大学、福建师范大学、南昌大学、山东师范大学、河南大学、湖北大学、中南林业科技大学、暨南大学、华南理工大学、海南大学、广西大学、重庆大学、四川农业大学、贵州大学、西安交通大学、新疆大学、南方医科大学。

此外，还有河北大学、沈阳农业大学、哈尔滨师范大学、苏州大学、南京医科大学、扬州大学、安徽大学、江西农业大学、青岛大学、郑州大学、河南农业大学、河南师范大学、华中师范大学、北京交通大学、北京工业大学、北京理工大学、中央民族大学、天津师范大学、天津医科大学、山西师范大学、内蒙古科技大学、内蒙古师范大学、辽宁大学、大连理工大学、东北大学、大连工业大学、大连海洋大学、辽宁医学院、沈阳药科大学、辽宁师范大学、沈阳师范大学、吉林农业大学、长春师范大学、黑龙江大学、哈尔滨工业大学、佳木斯大学、黑龙江八一农垦大学、齐齐哈尔大学、牡丹江师范学院、上海海洋大学、上海师范大学、上海大学、江苏科技大学、江南大学、江苏大学、南京信息工程大学、南通大学、中国药科大学、徐州医学院、徐州师范大学、浙江理工大学、浙江农林大学、温州医科大学、浙江师范大学、杭州师范大学、合肥工业大学、安徽医科大学、蚌埠医学院、淮北师范大学、福州大学、集美大学、福建医科大学、江西师范大学、山东理工大学、青岛农业大学、曲阜师范大学、鲁东大学、潍坊医学院、聊城大学、河南工业大学、河南科技大学、新乡医学院、信阳师范学院、武汉科技大学、长江大学、中国地质大学、中南民族大学、武汉轻工大学、吉首大学、湖南大学、南华大学、汕头大学、深圳大学、广西师范大学、电子科技大学、广西医科大学、西南科技大学、重庆医科大学、四川师范大学、重庆师范大学、西华师范大学、贵州师范大学、昆明理工大学、西南林业大学、云南师范大学、西藏大学、延安大学、陕西理工学院、甘肃农业大学、西北师范大学、青海师范大学、宁夏大学、塔里木大学、新疆农业大学、石河子大学、新疆师范大学、河北科技师范学院、沈阳大学、烟台大学、三峡大学、大连大学、海南师范大学、广州大学、西北工业大学、宁夏医科大学高等学校。

(2) 硕士学位授权二级学科的高等学校

取得1个至若干个（而不是全部）二级学科、专业硕士学位授权点的高等学校也有一批本书未编入，请读者在相关高等学校网站上查阅。

4. 相对应的本科专业

生物科学、生物技术、生物信息、生态学等。

（十一）0711 系统科学

一级学科系统科学包括系统理论、系统分析与集成2个二级学科（学科、专业）。

1. 国家重点学科

(1) 一级学科国家重点学科系统科学的高等学校（无）

(2) 二级学科国家重点学科的高等学校

系统理论：北京师范大学。

(3) 国家重点（培育）学科的高等学校

系统分析与集成：华东师范大学。

2. 博士学位授权单位

(1) 博士学位授权一级学科系统科学的高等学校

北京师范大学、华东师范大学、北京交通大学。

(2) 博士学位授权二级学科的高等学校

①系统理论：山东大学、青岛大学。

②系统分析与集成：华中科技大学、云南大学、上海理工大学。

3. 硕士学位授权单位

（1）硕士学位授权一级学科系统科学的高等学校

凡获准博士学位授权一级学科的高等学校，自然获准拥有硕士学位授权一级学科，即北京师范大学、华东师范大学、北京交通大学。

此外，还有中国人民大学、上海理工大学、南京信息工程大学、山东大学、华南理工大学、昆明理工大学、重庆师范大学等高等学校。

（2）硕士学位授权二级学科的高等学校

取得1个至若干个（而不是全部）二级学科、专业硕士学位授权点的高等学校也有一批本书未编入，请读者在相关高等学校网站上查阅。

4. 相对应的本科专业（缺）

（十二）0712 科学技术史（分学科，可授理学、工学、农学、医学学位）

一级学科科学技术史不分设二级学科（学科、专业）。

1. 国家重点学科

（1）一级学科国家重点学科科学技术史的高等学校

北京科技大学、中国科学技术大学。

（2）国家重点（培育）学科的高等学校

科学技术史：西北大学。

2. 博士学位授权单位

博士学位授权一级学科科学技术史的高等学校

北京大学、北京科技大学、南京农业大学、中国科学技术大学、西北大学、山西大学、内蒙古师范大学。

3. 硕士学位授权单位

硕士学位授权一级学科科学技术史的高等学校

凡获准博士学位授权一级学科的高等学校，自然获准拥有硕士学位授权一级学科，即北京大学、北京科技大学、南京农业大学、中国科学技术大学、西北大学、山西大学、内蒙古师范大学。

此外，还有天津师范大学、东北大学、哈尔滨工业大学、哈尔滨师范大学、东华大学、景德镇陶瓷学院、郑州大学、华南农业大学、云南农业大学、陕西师范大学等高等学校。

4. 相对应的本科专业

理学、工学、农学、医学类专业。

（十三）0713 生态学※

本学科为新增一级学科，其有关资料待补。

（十四）**0714** 统计学※（可授理学、经济学学位）

本学科为新增一级学科，其有关资料待补。

八、08 工学

工学学科门类包括力学（可授工学、理学学位）、机械工程、光学工程、仪器科学与技术、材料科学与工程、冶金工程、动力工程及工程热物理、电气工程（可授工学、理学学位）、电子科学与技术（可授工学、理学学位）、信息与通信工程、控制科学与工程、计算机科学与技术（可授工学、理学学位）、建筑学、土木工程、水利工程、测绘科学与技术、化学工程与技术、地质资源与地质工程、矿业工程、石油与天然气工程、纺织科学与工程、轻工技术与工程、交通运输工程、船舶与海洋工程、航空宇航科学与技术、兵器科学与技术、核科学与技术、农业工程、林业工程、环境科学与工程（可授工学、理学、农学学位）、生物医学工程（可授工学、理学、医学学位）、食品科学与工程（可授工学、农学学位）、城乡规划学、风景园林学（可授工学、农学学位）、软件工程、生物工程、安全科学与工程、公安技术 38 个一级学科。

（一）**0801** 力学（可授工学、理学学位）

一级学科力学包括一般力学与力学基础、固体力学、流体力学、工程力学 4 个二级学科（学科、专业）。

1. 国家重点学科

（1）一级学科国家重点学科力学的高等学校

北京大学、清华大学，北京协和医学院—清华大学医学部、北京航空航天大学、大连理工大学、哈尔滨工业大学、上海交通大学、南京航空航天大学、中国科学技术大学。

（2）二级学科国家重点学科的高等学校

①一般力学与力学基础：湘潭大学。

②固体力学：浙江大学、四川大学、西安交通大学、西北工业大学、兰州大学。

③流体力学：天津大学、上海大学。

④工程力学：北京理工大学、同济大学、中国矿业大学、河海大学。

（3）国家重点（培育）学科的高等学校

①一般力学与力学基础：天津大学。

②流体力学：西北工业大学。

2. 博士学位授权单位

（1）博士学位授权一级学科力学的高等学校

北京大学、清华大学，北京协和医学院—清华大学医学部、北京航空航天大学、天津大学、大连理工大学、哈尔滨工业大学、同济大学、上海交通大学、上海大学、南京航空航天大学、浙江大学、中国科学技术大学、华中科技大学、西安交通大学、西北工业大学、北京理工大学、哈尔滨工程大学、中国矿业大学、重庆大学、北京交通大学、北京科技大学、南京理工大学、武汉理工大学、湖南大学、四川大学、西南交通大学。

2010 年审核增列博士学位授权一级学科的高等学校有北京工业大学、内蒙古工业大学、东北大学、辽宁工程技术大学、河海大学、郑州大学、武汉大学、中山大学、昆明理工大学、兰州大学、中国石油大学。

（2）博士学位授权二级学科的高等学校

①一般力学与力学基础：湘潭大学。

②固体力学：太原理工大学、吉林大学、重庆大学、江苏大学、武汉理工大学、华南理工大学、东南大学、南昌大学。

③流体力学：复旦大学。

④工程力学：合肥工业大学、燕山大学、东南大学、山东大学、中南大学、暨南大学、太原理工大学。

3. 硕士学位授权单位

（1）硕士学位授权一级学科力学的高等学校

凡获准博士学位授权一级学科的高等学校，自然获准拥有硕士学位授权一级学科，即北京大学、清华大学，北京协和医学院—清华大学医学部、北京航空航天大学、天津大学、大连理工大学、哈尔滨工业大学、同济大学、上海交通大学、上海大学、南京航空航天大学、浙江大学、中国科学技术大学、华中科技大学、西安交通大学、西北工业大学、北京理工大学、哈尔滨工程大学、中国矿业大学、重庆大学、北京交通大学、北京科技大学、南京理工大学、武汉理工大学、湖南大学、四川大学、西南交通大学、北京工业大学、内蒙古工业大学、东北大学、辽宁工程技术大学、河海大学、郑州大学、武汉大学、中山大学、昆明理工大学、兰州大学、中国石油大学。

此外，还有中国农业大学、燕山大学、太原科技大学、太原理工大学、复旦大学、东南大学、江苏大学、南昌大学、厦门大学、山东大学、暨南大学、华南理工大学、西安理工大学、河北大学、河北工业大学、石家庄铁道大学、沈阳工业大学、沈阳航空航天大学、大连交通大学、沈阳建筑大学、东北石油大学、合肥工业大学、福州大学、山东科技大学、青岛理工大学、山东理工大学、河南理工大学、河南工业大学、湖北工业大学、西南石油大学、重庆交通大学、西安建筑科技大学、长安大学、兰州交通大学、宁夏大学、宁波大学、兰州理工大学等高等学校。

（2）硕士学位授权二级学科的高等学校

取得 1 个至若干个（而不是全部）二级学科、专业硕士学位授权点的高等学校也有一批本书未编入，请读者在相关高等学校网站上查阅。

4. 相对应的本科专业

理论与应用力学、工程力学等。

（二）0802 机械工程

一级学科机械工程包括机械制造及其自动化、机械电子工程、机械设计及理论、车辆工程4个二级学科（学科、专业）。

1. 国家重点学科

（1）一级学科国家重点学科机械工程的高等学校

清华大学，北京协和医学院—清华大学医学部、北京航空航天大学、北京理工大学、吉林大学、哈尔滨工业大学、燕山大学、上海交通大学、浙江大学、华中科技大学、湖南大学、中南大学、重庆大学、西南交通大学、西安交通大学。

（2）二级学科国家重点学科的高等学校

①机械制造及其自动化：大连理工大学、南京航空航天大学、山东大学、武汉理工大学。

②机械电子工程：上海大学、西北工业大学、国防科学技术大学。

③机械设计及理论：北京科技大学、天津大学、东北大学、同济大学、中国矿业大学、合肥工业大学。

（3）国家重点（培育）学科的高等学校

①机械制造及其自动化：东南大学、江苏大学、华南理工大学。

②机械设计及理论：东华大学。

③车辆工程：同济大学。

2. 博士学位授权单位

（1）博士学位授权一级学科机械工程的高等学校

清华大学，北京协和医学院—清华大学医学部、北京航空航天大学、北京理工大学、北京科技大学、天津大学、大连理工大学、东北大学、吉林大学、哈尔滨工业大学、同济大学、上海交通大学、东南大学、南京航空航天大学、南京理工大学、江苏大学、浙江大学、合肥工业大学、华中科技大学、中南大学、西南交通大学、重庆大学、西安交通大学、西北工业大学、西安理工大学、燕山大学、山东大学、武汉理工大学、湖南大学、华南理工大学、上海大学、北京交通大学、北京工业大学、中国农业大学、太原理工大学、长春理工大学、中国矿业大学、哈尔滨工程大学、广东工业大学、四川大学、西安电子科技大学、长安大学、解放军理工大学。

2010年审核增列博士学位授权一级学科的高等学校有北京林业大学、河北工业大学、太原科技大学、沈阳工业大学、大连交通大学、哈尔滨理工大学、东北林业大学、华东理工大学、上海理工大学、东华大学、南京林业大学、浙江工业大学、浙江理工大学、厦门大学、华侨大学、福州大学、南昌大学、山东科技大学、武汉大学、武汉科技大学、电子科技大学、西南石油大学、贵州大学、昆明理工大学、西安科技大学、兰州理工大学、兰州交通大学、中国石油大学。

（2）博士学位授权二级学科的高等学校

①机械制造及其自动化：河南理工大学、新疆大学。

②机械电子工程：北京邮电大学、第二炮兵工程大学。

③机械设计及理论：北京化工大学、天津工业大学、辽宁工程技术大学、西安建筑科技大学、中北大学、青岛科技大学、青岛理工大学。

④车辆工程：军械工程学院。

3．硕士学位授权单位

（1）硕士学位授权一级学科机械工程的高等学校

凡获准博士学位授权一级学科的高等学校，自然获准拥有硕士学位授权一级学科，即清华大学，北京协和医学院—清华大学医学部、北京航空航天大学、北京理工大学、北京科技大学、天津大学、大连理工大学、东北大学、吉林大学、哈尔滨工业大学、同济大学、上海交通大学、东南大学、南京航空航天大学、南京理工大学、江苏大学、浙江大学、合肥工业大学、华中科技大学、中南大学、西南交通大学、重庆大学、西安交通大学、西北工业大学、西安理工大学、燕山大学、山东大学、武汉理工大学、湖南大学、华南理工大学、上海大学、北京交通大学、北京工业大学、中国农业大学、太原理工大学、长春理工大学、中国矿业大学、哈尔滨工程大学、广东工业大学、四川大学、西安电子科技大学、长安大学、解放军理工大学、北京林业大学、河北工业大学、太原科技大学、沈阳工业大学、大连交通大学、哈尔滨理工大学、东北林业大学、华东理工大学、上海理工大学、东华大学、南京林业大学、浙江工业大学、浙江理工大学、厦门大学、华侨大学、福州大学、南昌大学、山东科技大学、武汉大学、武汉科技大学、电子科技大学、西南石油大学、贵州大学、昆明理工大学、西安科技大学、兰州理工大学、兰州交通大学、中国石油大学。

此外，还有北京邮电大学、北京信息科技大学、天津科技大学、天津工业大学、华北电力大学、石家庄铁道大学、中北大学、内蒙古工业大学、辽宁工程技术大学、沈阳理工大学、沈阳建筑大学、长春工业大学、东北石油大学、上海海事大学、苏州大学、河海大学、江南大学、南京农业大学、安徽理工大学、华东交通大学、江西理工大学、青岛科技大学、青岛理工大学、山东理工大学、郑州大学、河南理工大学、河南工业大学、河南科技大学、湘潭大学、广西大学、桂林电子科技大学、中国地质大学、西华大学、重庆理工大学、西安工业大学、西安建筑科技大学、西安石油大学、陕西科技大学、北方工业大学、北京化工大学、北京工商大学、北京服装学院、北京印刷学院、天津职业技术师范大学、中国民航大学、河北工程大学、华北水利水电大学、河北联合大学、河北科技大学、河北农业大学、内蒙古农业大学、沈阳航空航天大学、辽宁科技大学、沈阳化工大学、大连海事大学、大连工业大学、辽宁工业大学、黑龙江科技大学、东北农业大学、哈尔滨商业大学、北华大学、上海应用技术学院、上海海洋大学、常州大学、江苏科技大学、南京工业大学、南通大学、杭州电子科技大学、安徽工业大学、安徽农业大学、安徽工程大学、徐州师范大学、景德镇陶瓷学院、中国海洋大学、济南大学、山东建筑大学、齐鲁工业大学、山东农业大学、福建农林大学、郑州轻工业学院、中原工学院、长江大学、武汉轻工大学、武汉纺织大学、湖北工业大学、湖南科技大学、长沙理工大学、中南林业科技大学、南华大学、汕头大学、华南农业大学、深圳大学、广西工学院、西南科技大学、重庆交通大学、四川理工学院、西安工程大学、陕西理工学院、西北农林科技大学、青海大学、宁夏大学、新疆大学、石河子大学、上海工程技术大学、青岛大学、三峡大学、广州大学、扬州大学、大连大学、五邑大学、湖南工业大学等高等学校。

(2) 硕士学位授权二级学科的高等学校

取得1个至若干个（而不是全部）二级学科、专业硕士学位授权点的高等学校也有一批本书未编入，请读者在相关高等学校网站上查阅。

4. 相对应的本科专业

机械设计制造及其自动化、材料成型及控制工程、工业设计、过程装备与控制工程、机械工程、机械电子工程、车辆工程、汽车服务工程等。

（三）0803 光学工程

一级学科光学不分设二级学科（学科、专业）。

1. 国家重点学科

(1) 一级学科国家重点学科光学工程的高等学校

清华大学，北京协和医学院—清华大学医学部、北京理工大学、南开大学、天津大学、长春理工大学、南京理工大学、浙江大学、华中科技大学、国防科学技术大学。

(2) 国家重点（培育）学科的高等学校

光学工程：上海理工大学、电子科技大学。

2. 博士学位授权单位

博士学位授权一级学科光学工程的高等学校

清华大学，北京协和医学院—清华大学医学部、北京工业大学、北京理工大学、南开大学、天津大学、河北大学、大连理工大学、长春理工大学、哈尔滨工业大学、上海理工大学、南京理工大学、浙江大学、山东大学、华中科技大学、中山大学、电子科技大学、重庆大学、西安电子科技大学、上海交通大学、苏州大学、东南大学、四川大学、西北工业大学、北京交通大学、北京航空航天大学、北京邮电大学、燕山大学、南京航空航天大学、福建师范大学、深圳大学。

2010年审核增列博士学位授权一级学科的高等学校有首都师范大学、哈尔滨工程大学、复旦大学、南京大学、南京邮电大学。

3. 硕士学位授权单位

硕士学位授权一级学科光学工程的高等学校

凡获准博士学位授权一级学科的高等学校，自然获准拥有硕士学位授权一级学科，即清华大学，北京协和医学院—清华大学医学部、北京工业大学、北京理工大学、南开大学、天津大学、河北大学、大连理工大学、长春理工大学、哈尔滨工业大学、上海理工大学、南京理工大学、浙江大学、山东大学、华中科技大学、中山大学、电子科技大学、重庆大学、西安电子科技大学、上海交通大学、苏州大学、东南大学、四川大学、西北工业大学、北京交通大学、北京航空航天大学、北京邮电大学、燕山大学、南京航空航天大学、福建师范大学、深圳大学、首都师范大学、哈尔滨工程大学、复旦大学、南京大学、南京邮电大学。

此外，还有天津工业大学、天津理工大学、中北大学、太原理工大学、哈尔滨理工大学、江南大学、南京师范大学、浙江工业大学、合肥工业大学、电子工程学院、厦门大学、南昌大学、江西师范大学、中国海洋大学、郑州大学、河南大学、云南师范大学、重庆师范大学、西安理工大学、西安工业大学、陕西师范大学、太原科技大学、沈阳理工大学、大连工业大学、东华大学、南京信息工程大学、南通大学、徐州师范大学、苏州科技学院、安徽大学、中国科学技术大学、华侨大学、河南师范大学、武汉大学、武汉工程大学、湖北工业大学、湖北师范学院、汕头大学、桂林电子科技大学、重庆邮电大学、西北大学、西安石油大学、新疆大学、中国石油大学、北京信息科技大学、西安邮电大学等高等学校。

4．相对应的本科专业

光电信息科学与技术、物理学、应用物理学等。

（四）0804 仪器科学与技术

一级学科仪器科学与技术包括精密仪器及机械、测试计量技术及仪器 2 个二级学科（学科、专业）。

1．国家重点学科

（1）一级学科国家重点学科仪器科学与技术的高等学校

北京航空航天大学、天津大学、哈尔滨工业大学。

（2）二级学科国家重点学科的高等学校

精密仪器及机械：清华大学，北京协和医学院—清华大学医学部、重庆大学。

（3）国家重点（培育）学科的高等学校

精密仪器及机械：上海交通大学。

2．博士学位授权单位

（1）博士学位授权一级学科仪器科学与技术的高等学校

清华大学，北京协和医学院—清华大学医学部、北京航空航天大学、北京理工大学、天津大学、中北大学、哈尔滨工业大学、上海交通大学、东南大学、南京航空航天大学、浙江大学、重庆大学、西安交通大学、南京理工大学、中国科学技术大学、合肥工业大学、燕山大学、大连理工大学、吉林大学、长春理工大学、西北工业大学。

2010 年审核增列博士学位授权一级学科的高等学校有沈阳工业大学、哈尔滨理工大学、厦门大学、电子科技大学、西安理工大学、西安电子科技大学。

（2）博士学位授权二级学科的高等学校

①精密仪器及机械：哈尔滨工程大学。

②测试计量技术及仪器：吉林大学、厦门大学、华中科技大学、四川大学、上海理工大学。

3．硕士学位授权单位

（1）硕士学位授权一级学科仪器科学与技术的高等学校

凡获准博士学位授权一级学科的高等学校，自然获准拥有硕士学位授权一级学科，即清华大学，北京协和医学院—清华大学医学部、北京航空航天大学、北京理工大学、天津大学、中北大学、哈尔滨工业大学、上海交通大学、东南大学、南京航空航天大学、浙江大学、重庆大学、西安交通大学、南京理工大学、中国科学技术大学、合肥工业大学、燕山大学、大连理工大学、吉林大学、长春理工大学、西北工业大学、沈阳工业大学、哈尔滨理工大学、厦门大学、电子科技大学、西安理工大学、西安电子科技大学。

此外，还有北京工业大学、北京信息科技大学、河北工业大学、哈尔滨工程大学、上海理工大学、上海大学、山东科技大学、郑州大学、河南工业大学、华中科技大学、湖北工业大学、湖南大学、桂林电子科技大学、四川大学、西南石油大学、西安工业大学、北京科技大学、天津科技大学、河北大学、内蒙古工业大学、东北电力大学、长春工业大学、东北石油大学、苏州大学、中国矿业大学、南京邮电大学、南京林业大学、江苏大学、中国计量学院、华侨大学、杭州电子科技大学、南昌大学、华东交通大学、南昌航空大学、江西理工大学、山东大学、山东理工大学、武汉大学、中国地质大学、武汉理工大学、西南交通大学、西华大学、成都理工大学、重庆邮电大学、西安石油大学、兰州交通大学、重庆理工大学、广东工业大学等高等学校。

（2）硕士学位授权二级学科的高等学校

取得 1 个至若干个（而不是全部）二级学科、专业硕士学位授权点的高等学校也有一批本书未编入，请读者在相关高等学校网站上查阅。

4．相对应的本科专业

测控技术与仪器等。

（五）0805 材料科学与工程

一级学科材料科学与工程包括材料物理与化学、材料学、材料加工工程 3 个二级学科（学科、专业）。

1．国家重点学科

（1）一级学科国家重点学科材料科学与工程的高等学校

清华大学，北京协和医学院—清华大学医学部、北京航空航天大学、北京科技大学、天津大学、东北大学、哈尔滨工业大学、上海交通大学、浙江大学、山东大学、华中科技大学、武汉理工大学、中南大学、华南理工大学、四川大学、西安交通大学、西北工业大学。

（2）二级学科国家重点学科的高等学校

①材料物理与化学：河北工业大学、南京大学、南昌大学。

②材料学：北京化工大学、北京工业大学、燕山大学、同济大学、东华大学、南京理工大学、重庆大学。

③材料加工工程：太原理工大学、吉林大学、郑州大学。

（3）国家重点（培育）学科的高等学校

①材料物理与化学：复旦大学。

②材料学：北京理工大学、吉林大学、华东理工大学、武汉科技大学。

③材料加工工程：南昌大学。

2. 博士学位授权单位

(1) 博士学位授权一级学科材料科学与工程的高等学校

清华大学，北京协和医学院—清华大学医学部、北京工业大学、北京航空航天大学、北京科技大学、北京化工大学、天津大学、大连理工大学、东北大学、吉林大学、哈尔滨工业大学、同济大学、上海交通大学、东华大学、东南大学、南京理工大学、南京工业大学、浙江大学、山东大学、华中科技大学、武汉理工大学、湖南大学、中南大学、华南理工大学、四川大学、重庆大学、西安交通大学、西北工业大学、燕山大学、华东理工大学、中国科学技术大学、北京理工大学、装甲兵工程学院、河北工业大学、太原理工大学、合肥工业大学、南昌大学、郑州大学、电子科技大学、西安理工大学、昆明理工大学、兰州理工大学。

2010 年审核增列博士学位授权一级学科的高等学校有南开大学、天津工业大学、太原科技大学、中北大学、内蒙古工业大学、沈阳工业大学、大连交通大学、长春理工大学、哈尔滨理工大学、哈尔滨工程大学、复旦大学、上海大学、南京大学、苏州大学、南京航空航天大学、江苏科技大学、江苏大学、安徽大学、厦门大学、华侨大学、福州大学、青岛科技大学、武汉大学、武汉科技大学、中国地质大学、湖北大学、湘潭大学、中山大学、西南交通大学、西安建筑科技大学、陕西师范大学、青岛大学、中国石油大学、广东工业大学。

(2) 博士学位授权二级学科的高等学校

①材料物理与化学：兰州大学、东北师范大学、西安电子科技大学、陕西科技大学。

②材料学：江苏大学、陕西科技大学、湘潭大学。

③材料加工工程：北京理工大学。

3. 硕士学位授权单位

(1) 硕士学位授权一级学科材料科学与工程的高等学校

凡获准博士学位授权一级学科的高等学校，自然获准拥有硕士学位授权一级学科，即清华大学，北京协和医学院—清华大学医学部、北京工业大学、北京航空航天大学、北京科技大学、北京化工大学、天津大学、大连理工大学、东北大学、吉林大学、哈尔滨工业大学、同济大学、上海交通大学、东华大学、东南大学、南京理工大学、南京工业大学、浙江大学、山东大学、华中科技大学、武汉理工大学、湖南大学、中南大学、华南理工大学、四川大学、重庆大学、西安交通大学、西北工业大学、燕山大学、华东理工大学、中国科学技术大学、北京理工大学、装甲兵工程学院、河北工业大学、太原理工大学、合肥工业大学、南昌大学、郑州大学、电子科技大学、西安理工大学、昆明理工大学、兰州理工大学、南开大学、天津工业大学、太原科技大学、中北大学、内蒙古工业大学、沈阳工业大学、大连交通大学、长春理工大学、哈尔滨理工大学、哈尔滨工程大学、复旦大学、上海大学、南京大学、苏州大学、南京航空航天大学、江苏科技大学、江苏大学、安徽大学、厦门大学、华侨大学、福州大学、青岛科技大学、武汉大学、武汉科技大学、中国地质大学、湖北大学、湘潭大学、中山大学、西南交通大学、西安建筑科技大学、陕西师范大学、青岛大学、中国石油大学、广东工业大学。

此外，还有北京交通大学、天津科技大学、天津理工大学、沈阳理工大学、鞍山科技大学、沈阳建筑大学、沈阳化工大学、大连海事大学、佳木斯大学、中国矿业大学、常州大学、河海大学、扬州大学、浙江工业大学、浙江理工大学、安徽工业大学、安徽工程大学、福建师范大学、南昌航空大学、景德镇陶瓷学院、山东科技大学、济南大学、河南科技大学、河南大学、武汉工程大学、湖北工业大学、广西大学、桂林理工大学、成都理工大学、西南科技大学、西华大学、贵州大学、云南大学、西安电子科技大学、西安工业大学、陕西科技大学、西安科技大学、长安大学、兰州大学、北京工商大学、北京服装学院、北京印刷学院、中国民航大学、华北电力大学、河北联合大学、河北科技大学、石家庄铁道大学、内蒙古科技大学、内蒙古师范大学、沈阳航空航天大学、辽宁工程技术大学、辽宁石油化工大学、大连工业大学、辽宁工业大学、吉林建筑大学、黑龙江科技大学、齐齐哈尔大学、江南大学、南京林业大学、苏州科技学院、中国计量学院、淮北师范大学、华东交通大学、江西理工大学、中国海洋大学、青岛理工大学、山东建筑大学、齐鲁工业大学、山东理工大学、聊城大学、河南理工大学、河南工业大学、中原工学院、河南师范大学、武汉纺织大学、华中师范大学、湖南科技大学、暨南大学、海南大学、深圳大学、桂林电子科技大学、西南石油大学、重庆交通大学、西南民族大学、西安石油大学、兰州交通大学、天津城建大学、上海工程技术大学、安徽建筑大学、沈阳大学、烟台大学、北方民族大学、湖南工业大学、重庆理工大学、新疆大学等高等学校。

(2) 硕士学位授权二级学科的高等学校

取得1个至若干个（而不是全部）二级学科、专业硕士学位授权点的高等学校也有一批本书未编入，请读者在相关高等学校网站上查阅。

4. 相对应的本科专业

金属材料工程、无机非金属材料工程、高分子材料与工程、冶金工程材料科学与工程、材料物理、材料化学、复合材料与工程等。

（六）0806 冶金工程

一级学科冶金工程包括冶金物理化学、钢铁冶金、有色金属冶金3个二级学科。

1. 国家重点学科

(1) 一级学科国家重点学科冶金工程的高等学校

北京科技大学、东北大学。

(2) 二级学科国家重点学科的高等学校

①钢铁冶金：上海大学。

②有色金属冶金：中南大学、昆明理工大学。

(3) 国家重点（培育）学科的高等学校

钢铁冶金：重庆大学。

2. 博士学位授权单位

(1) 博士学位授权一级学科冶金工程的高等学校

北京科技大学、东北大学、中南大学、重庆大学、昆明理工大学。

2010 年审核增列博士学位授权一级学科的高等学校有上海大学、武汉科技大学。

(2) 博士学位授权二级学科的高等学校

钢铁冶金：鞍山科技大学。

3. 硕士学位授权单位

(1) 硕士学位授权一级学科冶金工程的高等学校

凡获准博士学位授权一级学科的高等学校，自然获准拥有硕士学位授权一级学科，即北京科技大学、东北大学、中南大学、重庆大学、昆明理工大学、上海大学、武汉科技大学。

此外，还有河北理工大学、内蒙古科技大学、鞍山科技大学、安徽工业大学、江西理工大学、四川大学、西安建筑科技大学等高等学校。

(2) 硕士学位授权二级学科的高等学校

取得 1 个至若干个（而不是全部）二级学科、专业硕士学位授权点的高等学校也有一批本书未编入，请读者在相关高等学校网站上查阅。

4. 相对应的本科专业

冶金工程、金属材料工程、无机非金属材料工程、高分子材料与工程等。

（七）0807 动力工程及工程热物理

一级学科动力工程及工程热物理包括工程热物理、热能工程、动力机械及工程、流体机械及工程、制冷及低温工程、化工过程机械 6 个二级学科（学科、专业）。

1. 国家重点学科

(1) 一级学科国家重点学科动力工程及工程热物理的高等学校

清华大学，北京协和医学院—清华大学医学部、哈尔滨工业大学、上海交通大学、浙江大学、华中科技大学、西安交通大学。

(2) 二级学科国家重点学科的高等学校

①工程热物理：重庆大学。

②热能工程：北京科技大学、华北电力大学、东南大学。

③动力机械及工程：北京理工大学、天津大学。

④化工过程机械：北京化工大学、华东理工大学。

(3) 国家重点（培育）学科的高等学校

①动力机械及工程：大连理工大学。

②流体机械及工程：北京航空航天大学。

2. 博士学位授权单位

(1) 博士学位授权一级学科动力工程及工程热物理的高等学校

清华大学，北京协和医学院—清华大学医学部、天津大学、哈尔滨工业大学、上海交通大学、上海理工大学、东南大学、浙江大学、华中科技大学、西安交通大学、北京航空航天大学、大连理工大学、江苏大学、中国科学技术大学、北京科技大学、华北电力大学、东北大学、华东理工大学、海军工程大学、重庆大学。

2010年审核增列博士学位授权一级学科的高等学校有北京工业大学、北京化工大学、吉林大学、哈尔滨工程大学、南京航空航天大学、南京工业大学、山东大学、青岛科技大学、武汉大学、中南大学、西北工业大学、兰州理工大学。

（2）博士学位授权二级学科的高等学校

①工程热物理：南京理工大学。

②热能工程：同济大学、中国石油大学。

③动力机械及工程：北京理工大学、江苏大学、内蒙古工业大学、同济大学、武汉理工大学。

④化工过程机械：浙江工业大学、四川大学、东北石油大学、中国石油大学、郑州大学、华南理工大学。

3. 硕士学位授权单位

（1）硕士学位授权一级学科动力工程及工程热物理的高等学校

凡获准博士学位授权一级学科的高等学校，自然获准拥有硕士学位授权一级学科，即清华大学，北京协和医 学院—清华大学医学部、天津大学、哈尔滨工业大学、上海交通大学、上海理工大学、东南大学、浙江大学、华中科技大学、西安交通大学、北京航空航天大学、大连理工大学、江苏大学、中国科学技术大学、北京科技大学、华北电力大学、东北大学、华东理工大学、海军工程大学、重庆大学、北京工业大学、北京化工大学、吉林大学、哈尔滨工程大学、南京航空航天大学、南京工业大学、山东大学、青岛科技大学、武汉大学、中南大学、西北工业大学、兰州理工大学。

此外，还有北京理工大学、中国石油大学、东北电力大学、东北石油大学、同济大学、南京理工大学、浙江工业大学、南昌大学、郑州大学、华南理工大学、昆明理工大学、长安大学、北京交通大学、中国农业大学、天津商业大学、华北水利水电大学、河北工业大学、中北大学、太原理工大学、内蒙古工业大学、沈阳航空航天大学、辽宁科技大学、辽宁工程技术大学、辽宁石油化工大学、沈阳化工大学、燕山大学、上海海事大学、东华大学、上海电力学院、中国矿业大学、河海大学、南京师范大学、合肥工业大学、安徽工业大学、安徽理工大学、景德镇陶瓷学院、山东科技大学、山东建筑大学、河南科技大学、武汉工程大学、湘潭大学、湖南大学、长沙理工大学、广西大学、西南石油大学、西华大学、西安石油大学、兰州交通大学、陕西科技大学、广东工业大学等高等学校。

（2）硕士学位授权二级学科的高等学校

取得1个至若干个（而不是全部）二级学科、专业硕士学位授权点的高等学校也有一批本书未编入，请读者在相关高等学校网站上查阅。

4. 相对应的本科专业

热能与动力过程、能源与动力工程等。

（八）0808 电气工程（可授工学、理学学位）

一级学科电气工程包括电机与电器、电力系统及其自动化、高电压与绝缘技术、电力电子与电力传动、电工理论与新技术5个二级学科（学科、专业）。

1. **国家重点学科**

（1）一级学科国家重点学科电气工程的高等学校

清华大学，北京协和医学院—清华大学医学部、浙江大学、华中科技大学、重庆大学、西安交通大学。

（2）二级学科国家重点学科的高等学校

①电机与电器：河北工业大学、沈阳工业大学、哈尔滨工业大学。

②电力系统及其自动化：天津大学、华北电力大学、西南交通大学、海军工程大学。

③高电压与绝缘技术：哈尔滨理工大学。

④电力电子与电力传动：中国矿业大学、合肥工业大学。

（3）国家重点（培育）学科的高等学校

①电力系统及其自动化：上海交通大学、山东大学。

②电力电子与电力传动：南京航空航天大学、西南交通大学。

③电工理论与新技术：湖南大学。

2. **博士学位授权单位**

（1）博士学位授权一级学科电气工程的高等学校

清华大学，北京协和医学院—清华大学医学部、天津大学、华北电力大学、哈尔滨工业大学、上海交通大学、东南大学、浙江大学、华中科技大学、西南交通大学、重庆大学、西安交通大学、河北工业大学、沈阳工业大学、山东大学、武汉大学、湖南大学、华南理工大学、哈尔滨理工大学、北京交通大学、南京航空航天大学、合肥工业大学、海军工程大学。

2010年审核增列博士学位授权一级学科的高等学校有太原理工大学、大连理工大学、燕山大学、中国矿业大学、河海大学、福州大学、广西大学、西北工业大学。

（2）博士学位授权二级学科的高等学校

①电机与电器：北京航空航天大学。

②电力系统及其自动化：四川大学、新疆大学。

③电力电子与电力传动：上海海事大学、西安理工大学、江苏大学、上海大学、东北大学。

3. **硕士学位授权单位**

（1）硕士学位授权一级学科电气工程的高等学校

凡获准博士学位授权一级学科的高等学校，自然获准拥有硕士学位授权一级学科，即清华大学，北京协和医学院—清华大学医学部、天津大学、华北电力大学、哈尔滨工业大学、上海交通大学、东南大学、浙江大学、华中科技大学、西南交通大学、重庆大学、西安交通大学、河北工业大学、沈阳工业大学、山东大学、武汉大学、湖南大学、华南理工大学、哈尔滨理工大学、北京交通大学、南京航空航天大学、合肥工业大学、海军工程大学、太原理工大学、大连理工大学、燕山大学、中国矿业大学、河海大学、福州大学、广西大学、西北工业大学。

此外，还有北京航空航天大学、中国农业大学、东北电力大学、哈尔滨工程大学、同济大学、南京理工大学、江苏大学、南昌大学、华东交通大学、郑州大学、中南大学、广东工业大学、四川大学、兰州理工大学、北京理工大学、北方工业大学、天津理工大学、石家庄铁道大学、辽宁工程技术大学、北华大学、长春工业大学、黑龙江科技大学、东北石油大学、上海理工大学、上海海事大学、上海电力学院、上海大学、江南大学、南京师范大学、安徽工业大学、安徽理工大学、山东科技大学、山东理工大学、河南理工大学、郑州轻工业学院、湖北工业大学、湘潭大学、长沙理工大学、电子科技大学、西华大学、贵州大学、西安理工大学、西安科技大学、兰州交通大学、新疆大学、青岛大学、三峡大学、北京信息科技大学、中国石油大学、湖南工业大学、昆明理工大学等高等学校。

(2）硕士学位授权二级学科的高等学校

取得1个至若干个（而不是全部）二级学科、专业硕士学位授权点的高等学校也有一批本书未编入，请读者在相关高等学校网站上查阅。

4. 相对应的本科专业

电气工程及其自动化、自动化、电子信息工程、电子科学与技术、微电子科学与工程、光电子科学与工程等。

（九）0809 电子科学与技术（可授工学、理学学位）

一级学科电子科学与技术包括物理电子学、电路与系统、微电子学与固体电子学、电磁场与微波技术4个二级学科（学科、专业）。

1. 国家重点学科

(1）一级学科国家重点学科电子科学与技术的高等学校

北京大学、清华大学，北京协和医学院—清华大学医学部、北京邮电大学、复旦大学、东南大学、电子科技大学、西安电子科技大学。

(2）二级学科国家重点学科的高等学校

①物理电子学：北京理工大学、哈尔滨工业大学。

②电路与系统：西北工业大学。

③微电子学与固体电子学：天津大学、吉林大学、南京大学、华中科技大学、西安交通大学。

④电磁场与微波技术：北京航空航天大学、上海交通大学、南京理工大学。

(3）国家重点（培育）学科的高等学校

①物理电子学：西安交通大学。

②微电子学与固体电子学：国防科学技术大学。

2. 博士学位授权单位

(1）博士学位授权一级学科电子科学与技术的高等学校

北京大学、清华大学，北京协和医学院—清华大学医学部、北京邮电大学、哈尔滨工业大学、复旦大学、上海交通大学、东南大学、浙江大学、中国科学技术大学、华中科技大学、电子科技大学、西安电子科技大学、西安交通大学、北京航空航天大学、北京理工大学、天津大学、南开大学、吉林大学、南京大学、南京理工大学、安徽大学、华南理工大学、西北工业大学。

2010年审核增列博士学位授权一级学科的高等学校有北京交通大学、北京工业大学、河北工业大学、太原理工大学、大连理工大学、长春理工大学、燕山大学、华东师范大学、南京邮电大学、厦门大学、福州大学、山东大学、武汉大学、贵州大学、西安理工大学。

(2）博士学位授权二级学科的高等学校

①物理电子学：南京师范大学。

②电路与系统：重庆大学、吉林大学、湖南大学。

③微电子学与固体电子学：兰州大学、黑龙江大学、华南师范大学、中山大学。

④电磁场与微波技术：上海大学、西南交通大学、中国传媒大学。

3．硕士学位授权单位

(1）硕士学位授权一级学科电子科学与技术的高等学校

凡获准博士学位授权一级学科的高等学校，自然获准拥有硕士学位授权一级学科，即北京大学、清华大学，北京协和医学院—清华大学医学部、北京邮电大学、哈尔滨工业大学、复旦大学、上海交通大学、东南大学、浙江大学、中国科学技术大学、华中科技大学、电子科技大学、西安电子科技大学、西安交通大学、北京航空航天大学、北京理工大学、天津大学、南开大学、吉林大学、南京大学、南京理工大学、安徽大学、华南理工大学、西北工业大学，北京交通大学、北京工业大学、河北工业大学、太原理工大学、大连理工大学、长春理工大学、燕山大学、华东师范大学、南京邮电大学、厦门大学、福州大学、山东大学、武汉大学、贵州大学、西安理工大学。

此外，还有北京科技大学、大连海事大学、黑龙江大学、南京航空航天大学、南京师范大学、杭州电子科技大学、合肥工业大学、华中师范大学、湖南大学、中南大学、华南师范大学、桂林电子科技大学、四川大学、重庆大学、重庆邮电大学、北方工业大学、中国传媒大学、天津工业大学、天津理工大学、河北大学、华北电力大学、中北大学、东北大学、吉林师范大学、哈尔滨理工大学、哈尔滨工程大学、同济大学、上海大学、苏州大学、中国矿业大学、河海大学、江苏大学、中国计量学院、华侨大学、景德镇陶瓷学院、山东师范大学、曲阜师范大学、郑州大学、河南大学、武汉纺织大学、武汉理工大学、湖北大学、长沙理工大学、湘潭大学、湖南师范大学、暨南大学、深圳大学、广西师范大学、西南交通大学、云南大学、西北大学、西安科技大学、兰州交通大学、西北师范大学、宁夏大学、烟台大学、北京信息科技大学、西安邮电大学、广东工业大学等高等学校。

(2）硕士学位授权二级学科的高等学校

取得1个至若干个（而不是全部）二级学科、专业硕士学位授权点的高等学校也有一批本书未编入，请读者在相关高等学校网站上查阅。

4．相对应的本科专业

微电子学、电子信息科学与技术、光信息科学与技术、电气工程及其自动化、自动化、电子信息工程、电子科学与技术等。

（十）0810 信息与通信工程

一级学科信息与通信工程包括通信与信息系统、信号与信息处理2个二级学科（学科、专业）。

1. 国家重点学科

（1）一级学科国家重点学科信息与通信工程的高等学校

清华大学，北京协和医学院—清华大学医学部、北京交通大学、北京理工大学、北京邮电大学、东南大学、电子科技大学、西安电子科技大学、国防科学技术大学。

（2）二级学科国家重点学科的高等学校

通信与信息系统：北京大学、北京航空航天大学、天津大学、哈尔滨工业大学、上海交通大学、浙江大学、中国科学技术大学、华南理工大学、解放军信息工程大学、解放军理工大学。

（3）国家重点（培育）学科的高等学校

①通信与信息系统：华中科技大学、西安交通大学、海军航空工程学院。

②信号与信息处理：哈尔滨工业大学、上海交通大学、南京邮电大学。

2. 博士学位授权单位

（1）博士学位授权一级学科信息与通信工程的高等学校

北京大学、清华大学，北京协和医学院—清华大学医学部、北京交通大学、北京航空航天大学、北京理工大学、北京邮电大学、天津大学、哈尔滨工业大学、上海交通大学、东南大学、浙江大学、中国科学技术大学、华中科技大学、电子科技大学、西安交通大学、西北工业大学、西安电子科技大学、哈尔滨工程大学、南京航空航天大学、南京理工大学、南京邮电大学、华南理工大学、西南交通大学、上海大学、大连理工大学、电子工程学院、山东大学、武汉大学、武汉理工大学、四川大学。

2010年审核增列博士学位授权一级学科的高等学校有中国传媒大学、中北大学、东北大学、大连海事大学、长春理工大学、南京大学、中国矿业大学、河海大学、合肥工业大学、厦门大学、郑州大学、中山大学、海南大学、深圳大学、云南大学、宁波大学。

（2）博士学位授权二级学科的高等学校

①通信与信息系统：吉林大学、福州大学、武汉理工大学、重庆大学、北京科技大学、华东师范大学。

②信号与信息处理：苏州大学、空军预警学院。

3. 硕士学位授权单位

（1）硕士学位授权一级学科信息与通信工程的高等学校

凡获准博士学位授权一级学科的高等学校，自然获准拥有硕士学位授权一级学科，即北京大学、清华大学，北京协和医学院—清华大学医学部、北京交通大学、北京航空航天大学、北京理工大学、北京邮电大学、天津大学、哈尔滨工业大学、上海交通大学、东南大学、浙江大学、中国科学技术大学、华中科技大学、电子科技大学、西安交通大学、西北工业大学、西安电子科技大学、哈尔滨工程大学、南京航空航天大学、南京理工大学、南京邮电大学、华南理工大学、西南交通大学、上海大学、大连理工大学、电子工程学院、山东大学、武汉大学、武汉理工大学、四川大学、中国传媒大学、中北大学、东北大学、大连海事大学、长春理工大学、南京大学、中国矿业大学、河海大学、合肥工业大学、厦门大学、郑州大学、中山大学、海南大学、深圳大学、云南大学、宁波大学。

此外，还有北京工业大学、北京科技大学、中国石油大学、南开大学、中国民航大学、华北电力大学、燕山大学、山西大学、太原理工大学、黑龙江大学、哈尔滨理工大学、东北石油大学、同济大学、苏州大学、杭州电子科技大学、浙江工业大学、安徽大学、华侨大学、福州大学、南昌大学、中国海洋大学、湖南大学、中南大学、中国地质大学、重庆大学、重庆邮电大学、西北大学、西安理工大学、西安科技大学、西安邮电大学、兰州大学、兰州理工大学、兰州交通大学、北方工业大学、中国农业大学、北京印刷学院、天津工业大学、天津理工大学、内蒙古大学、沈阳理工大学、辽宁工程技术大学、沈阳化工大学、东北电力大学、沈阳航空航天大学、长春工业大学、复旦大学、上海海事大学、东华大学、华东师范大学、南京信息工程大学、南通大学、浙江工商大学、中国计量学院、华东交通大学、南昌航空大学、山东科技大学、山东师范大学、聊城大学、青岛理工大学、河南科技大学、长江大学、华中师范大学、中南民族大学、湘潭大学、汕头大学、桂林电子科技大学、成都理工大学、西南科技大学、成都信息工程学院、贵州大学、昆明理工大学、云南民族大学、西安石油大学、陕西师范大学、长安大学、延安大学、新疆大学、北京信息科技大学、五邑大学、重庆理工大学、广东工业大学等高等学校。

（2）硕士学位授权二级学科的高等学校

取得1个至若干个（而不是全部）二级学科、专业硕士学位授权点的高等学校也有一批本书未编入，请读者在相关高等学校网站上查阅。

4. 相对应的本科专业

通信工程、电气工程及其自动化、自动化、电子信息工程、电子科学与技术等。

（十一）0811 控制科学与工程

一级学科控制科学与工程包括控制理论与控制工程，检测技术与自动化装置，系统工程，模式识别与智能系统，导航、制导与控制5个二级学科（学科、专业）。

1. 国家重点学科

（1）一级学科国家重点学科控制科学与工程的高等学校

清华大学，北京协和医学院—清华大学医学部、北京航空航天大学、东北大学、哈尔滨工业大学、上海交通大学、浙江大学、华中科技大学、西安交通大学、国防科学技术大学。

（2）二级学科国家重点学科的高等学校

①控制理论与控制工程：北京理工大学、同济大学、华东理工大学、东南大学、山

东大学、湖南大学、中南大学、西北工业大学。

②检测技术与自动化装置：天津大学。

③模式识别与智能系统：南京理工大学。

④导航、制导与控制：哈尔滨工程大学、第二炮兵工程大学。

（3）国家重点（培育）学科的高等学校

①控制理论与控制工程：北京科技大学。

②导航、制导与控制：北京理工大学、南京航空航天大学、西北工业大学。

2. 博士学位授权单位

（1）博士学位授权一级学科控制科学与工程的高等学校

清华大学，北京协和医学院—清华大学医学部、北京航空航天大学、北京理工大学、东北大学、哈尔滨工业大学、上海交通大学、东南大学、南京理工大学、浙江大学、华中科技大学、西安交通大学、西北工业大学、哈尔滨工程大学、同济大学、华东理工大学、南京航空航天大学、中国科学技术大学、中南大学、华南理工大学、北京科技大学、天津大学、燕山大学、山东大学、湖南大学、空军工程大学、第二炮兵工程大学。

2010 年审核增列博士学位授权一级学科的高等学校有北京交通大学、北京工业大学、北京化工大学、北京邮电大学、华北电力大学、大连理工大学、吉林大学、东华大学、上海大学、江南大学、江苏大学、浙江工业大学、山东科技大学、郑州大学、武汉科技大学、西南交通大学、电子科技大学、西安理工大学、西安电子科技大学、兰州理工大学、广东工业大学。

（2）博士学位授权二级学科的高等学校

①控制理论与控制工程：南开大学、中国矿业大学、重庆大学、厦门大学、河北工业大学、大连海事大学、中国石油大学。

②检测技术与自动化装置：中国矿业大学。

③系统工程：武汉大学、山西大学、厦门大学。

④模式识别与智能系统：海军航空工程学院。

3. 硕士学位授权单位

（1）硕士学位授权一级学科控制科学与工程的高等学校

凡获准博士学位授权一级学科的高等学校，自然获准拥有硕士学位授权一级学科，即清华大学，北京协和医学院—清华大学医学部、北京航空航天大学、北京理工大学、东北大学、哈尔滨工业大学、上海交通大学、东南大学、南京理工大学、浙江大学、华中科技大学、西安交通大学、西北工业大学、哈尔滨工程大学、同济大学、华东理工大学、南京航空航天大学、中国科学技术大学、中南大学、华南理工大学、北京科技大学、天津大学、燕山大学、山东大学、湖南大学、空军工程大学、第二炮兵工程大学、北京交通大学、北京工业大学、北京化工大学、北京邮电大学、华北电力大学、大连理工大学、吉林大学、东华大学、上海大学、江南大学、江苏大学、浙江工业大学、山东科技大学、郑州大学、武汉科技大学、西南交通大学、电子科技大学、西安理工大学、西安电子科技大学、兰州理工大学、广东工业大学。

此外，还有中国石油大学、南开大学、天津工业大学、河北工业大学、太原科技大学、中北大学、太原理工大学、沈阳理工大学、东北电力大学、哈尔滨理工大学、上海理工大学、南京大学、河海大学、杭州电子科技大学、厦门大学、福州大学、武汉理工大学、桂林电子科技大学、四川大学、昆明理工大学、重庆大学、兰州交通大学、北方工业大学、北京工商大学、北京建筑大学、中国农业大学、天津科技大学、中国民航大学、天津理工大学、天津职业技术师范大学、河北大学、华北水利水电大学、河北联合大学、河北科技大学、内蒙古工业大学、沈阳航空航天大学、辽宁科技大学、辽宁石油化工大学、沈阳化工大学、大连交通大学、大连海事大学、大连工业大学、沈阳建筑大学、辽宁工业大学、渤海大学、长春理工大学、长春工业大学、黑龙江大学、东北石油大学、东北林业大学、齐齐哈尔大学、江苏科技大学、中国矿业大学、南京工业大学、南京邮电大学、南通大学、浙江理工大学、中国计量学院、安徽大学、安徽工程大学、合肥工业大学、安徽理工大学、华东交通大学、南昌航空大学、南昌大学、江西理工大学、中国海洋大学、青岛科技大学、济南大学、青岛理工大学、山东建筑大学、齐鲁工业大学、曲阜师范大学、河南理工大学、河南工业大学、河南科技大学、中原工学院、河南大学、武汉工程大学、中国地质大学、湖北工业大学、湘潭大学、湖南科技大学、深圳大学、广西大学、西南石油大学、重庆邮电大学、西南科技大学、四川理工学院、贵州大学、云南大学、西安工业大学、西安建筑科技大学、西安科技大学、西安石油大学、陕西科技大学、西安工程大学、长安大学、新疆大学、沈阳大学、青岛大学、扬州大学、北京信息科技大学、大连大学等高等学校。

（2）硕士学位授权二级学科的高等学校

取得1个至若干个（而不是全部）二级学科、专业硕士学位授权点的高等学校也有一批本书未编入，请读者在相关高等学校网站上查阅。

4. 相对应的本科专业

电气工程及其自动化、自动化、电子信息工程、电子科学与技术等。

（十二）0812 计算机科学与技术（可授工学、理学学位）

一级学科计算机科学与技术包括计算机系统结构、计算机软件与理论、计算机应用技术3个二级学科（学科、专业）。

1. 国家重点学科

（1）一级学科国家重点学科计算机科学与技术的高等学校

北京大学、清华大学，北京协和医学院—清华大学医学部、北京航空航天大学、哈尔滨工业大学、上海交通大学、南京大学、国防科学技术大学。

（2）二级学科国家重点学科的高等学校

①计算机系统结构：华中科技大学。

②计算机软件与理论：吉林大学、复旦大学、中国科学技术大学、武汉大学。

③计算机应用技术：东北大学、东南大学、浙江大学、安徽大学、四川大学、西北工业大学。

(3) 国家重点(培育)学科的高等学校

①计算机软件与理论:浙江大学、重庆大学。

②计算机应用技术:电子科技大学。

2. 博士学位授权单位

(1) 博士学位授权一级学科计算机科学与技术的高等学校

北京大学、清华大学,北京协和医学院—清华大学医学部、北京航空航天大学、东北大学、吉林大学、哈尔滨工业大学、复旦大学、上海交通大学、南京大学、浙江大学、中国科学技术大学、华中科技大学、西北工业大学、东南大学、武汉大学、重庆大学、电子科技大学、西安交通大学、北京交通大学、北京邮电大学、同济大学、山东大学、四川大学。

2010年审核增列博士学位授权一级学科的高等学校有中国人民大学、北京工业大学、北京理工大学、北京科技大学、北京师范大学、南开大学、天津大学、山西大学、大连理工大学、哈尔滨理工大学、燕山大学、哈尔滨工程大学、华东师范大学、苏州大学、南京航空航天大学、南京理工大学、中国矿业大学、河海大学、安徽大学、合肥工业大学、厦门大学、中国海洋大学、武汉理工大学、湖南大学、中南大学、中山大学、华南理工大学、西南交通大学、西北大学、西安电子科技大学、兰州大学。

(2) 博士学位授权二级学科的高等学校

①计算机软件与理论:贵州大学、山东科技大学、郑州大学、陕西师范大学。

②计算机应用技术:太原理工大学、内蒙古大学、大连海事大学、华东理工大学、上海大学、江苏大学、新疆大学、解放军信息工程大学、空军工程大学。

3. 硕士学位授权单位

(1) 硕士学位授权一级学科计算机科学与技术的高等学校

凡获准博士学位授权一级学科的高等学校,自然获准拥有硕士学位授权一级学科,即北京大学、清华大学,北京协和医学院—清华大学医学部、北京航空航天大学、东北大学、吉林大学、哈尔滨工业大学、复旦大学、上海交通大学、南京大学、浙江大学、中国科学技术大学、华中科技大学、西北工业大学、东南大学、武汉大学、重庆大学、电子科技大学、西安交通大学、北京交通大学、北京邮电大学、同济大学、山东大学、四川大学、中国人民大学、北京工业大学、北京理工大学、北京科技大学、北京师范大学、南开大学、天津大学、山西大学、大连理工大学、哈尔滨理工大学、燕山大学、哈尔滨工程大学、华东师范大学、苏州大学、南京航空航天大学、南京理工大学、中国矿业大学、河海大学、安徽大学、合肥工业大学、厦门大学、中国海洋大学、武汉理工大学、湖南大学、中南大学、中山大学、华南理工大学、西南交通大学、西北大学、西安电子科技大学、兰州大学。

此外,还有中国农业大学、中国石油大学、河北大学、华北电力大学、中北大学、太原理工大学、内蒙古大学、沈阳理工大学、大连海事大学、辽宁师范大学、长春理工大学、黑龙江大学、华东理工大学、东华大学、上海大学、南京邮电大学、江南大学、江苏大学、杭州电子科技大学、浙江工业大学、福州大学、南昌大学、山东科技大学、济南大学、山东师范大学、青岛大学、郑州大学、武汉科技大学、华中师范大学、湘潭大学、湖南师范大学、暨南大学、南方医科大学、广东工业大学、广西大学、中国地质大学、贵州大学、云南大学、昆明理工大学、重庆邮电大学、西南大学、西安理工大学、西安工业大学、西安建筑科技大学、长安大学、西北农林科技大学、陕西师范大学、西安邮电大学、兰州理工大学、兰州交通大学、北方工业大学、北京化工大学、北京工商大学、北京林业大学、首都师范大学、北京语言大学、中国传媒大学、北京物资学院、中央民族大学、天津工业大学、中国民航大学、天津理工大学、天津财经大学、河北工程大学、石家庄经济学院、华北水利水电大学、河北工业大学、河北科技大学、河北师范大学、石家庄铁道大学、太原科技大学、山西师范大学、内蒙古科技大学、内蒙古农业大学、内蒙古师范大学、辽宁大学、沈阳航空航天大学、辽宁石油化工大学、沈阳化工大学、大连交通大学、沈阳建筑大学、辽宁工业大学、渤海大学、东北电力大学、长春工业大学、东北师范大学、东北石油大学、东北农业大学、东北林业大学、哈尔滨师范大学、上海理工大学、上海海事大学、上海海洋大学、上海师范大学、江苏科技大学、南京工业大学、常州大学、南京信息工程大学、南京农业大学、南京师范大学、南京财经大学、浙江理工大学、浙江师范大学、温州大学、浙江工商大学、安徽工业大学、安徽理工大学、安徽师范大学、华侨大学、福建师范大学、东华理工大学、南昌航空大学、江西理工大学、景德镇陶瓷学院、江西农业大学、江西中医学院、江西财经大学、青岛科技大学、青岛理工大学、山东理工大学、山东农业大学、曲阜师范大学、山东财经大学、河南理工大学、郑州轻工业学院、河南工业大学、河南科技大学、中原工学院、河南大学、河南师范大学、长江大学、武汉工程大学、武汉纺织大学、湖北工业大学、中南财经政法大学、中南民族大学、湖南科技大学、长沙理工大学、南华大学、华南农业大学、华南师范大学、海南大学、深圳大学、桂林电子科技大学、桂林理工大学、广西师范大学、广西师范学院、广西民族大学、西南石油大学、成都理工大学、重庆交通大学、西南科技大学、成都信息工程学院、西华大学、四川师范大学、重庆师范大学、西南财经大学、贵州师范大学、贵州财经大学、云南师范大学、云南财经大学、西藏大学、西安科技大学、西安石油大学、西北师范大学、青海师范大学、宁夏大学、天津城市建设学院、烟台大学、三峡大学、扬州大学、北京信息科技大学、大连大学、北方民族大学、北京联合大学、湖南工业大学、重庆理工大学、河北经贸大学等高等学校。

（2）硕士学位授权二级学科的高等学校

取得1个至若干个（而不是全部）二级学科、专业硕士学位授权点的高等学校也有一批本书未编入，请读者在相关高等学校网站上查阅。

4．相对应的本科专业

计算机科学与技术、软件工程、网络工程、信息安全、物联网工程、数字媒体技术等。

（十三）0813 建筑学

一级学科建筑学包括建筑历史与理论、建筑设计及其理论、城市规划与设计（含风景园林规划与设计）、建筑技术科学4个二级学科（学科、专业）。

1. 国家重点学科

（1）一级学科国家重点学科建筑学的高等学校

清华大学，北京协和医学院—清华大学医学部、天津大学、同济大学、东南大学。

（2）二级学科国家重点学科的高等学校

①建筑设计及其理论：西安建筑科技大学。

②城市规划与设计：重庆大学。

（3）国家重点（培育）学科的高等学校

建筑设计及其理论：华南理工大学。

2. 博士学位授权单位

（1）博士学位授权一级学科建筑学的高等学校

清华大学，北京协和医学院—清华大学医学部、天津大学、同济大学、东南大学、重庆大学、华南理工大学、西安建筑科技大学、哈尔滨工业大学。

2010年审核增列博士学位授权一级学科的高等学校有北京林业大学、大连理工大学、浙江大学、武汉大学、华中科技大学、湖南大学。

（2）博士学位授权二级学科的高等学校

建筑设计及其理论：南京大学。

3. 硕士学位授权单位

（1）硕士学位授权一级学科建筑学的高等学校

凡获准博士学位授权一级学科的高等学校，自然获准拥有硕士学位授权一级学科，即清华大学，北京协和医学院—清华大学医学部、天津大学、同济大学、东南大学、重庆大学、华南理工大学、西安建筑科技大学、哈尔滨工业大学、北京林业大学、大连理工大学、浙江大学、武汉大学、华中科技大学、湖南大学。

此外，还有北京建筑大学、沈阳建筑大学、南京大学、厦门大学、山东建筑大学、中南大学、昆明理工大学、北京交通大学、北京工业大学、北方工业大学、中央美术学院、河北工程大学、河北工业大学、太原理工大学、内蒙古工业大学、东北大学、东北林业大学、吉林建筑大学、上海交通大学、南京工业大学、中国矿业大学、南京林业大学、苏州科技学院、浙江农林大学、合肥工业大学、华侨大学、青岛理工大学、福州大学、郑州大学、河南工业大学、河南农业大学、武汉理工大学、四川大学、西南交通大学、西南林业大学、西安交通大学、西北工业大学、长安大学、兰州交通大学、安徽建筑大学、天津城建大学、广州大学等高等学校。

（2）硕士学位授权二级学科的高等学校

取得1个至若干个（而不是全部）二级学科、专业硕士学位授权点的高等学校也有一批本书未编入，请读者在相关高等学校网站上查阅。

4. 相对应的本科专业

建筑学、城市规划、风景园林等。

（十四）0814 土木工程

一级学科土木工程包括岩土工程，结构工程，市政工程，供热、供燃气、通风及空调工程，防灾减灾工程及防护工程，桥梁与隧道工程6个二级学科（学科、专业）。

1. **国家重点学科**

（1）一级学科国家重点学科土木工程的高等学校

清华大学，北京协和医学院—清华大学医学部、哈尔滨工业大学、同济大学、浙江大学、湖南大学、中南大学。

（2）二级学科国家重点学科的高等学校

①岩土工程：中国矿业大学、河海大学、四川大学、重庆大学。

②结构工程：北京工业大学、天津大学、大连理工大学、东南大学、广西大学、西安建筑科技大学。

③防灾减灾工程及防护工程：解放军理工大学。

④桥梁与隧道工程：北京交通大学、西南交通大学。

（3）国家重点（培育）学科的高等学校

①岩土工程：西南交通大学。

②结构工程：福州大学。

③桥梁与隧道工程：解放军理工大学。

2. **博士学位授权单位**

（1）博士学位授权一级学科土木工程的高等学校

清华大学，北京协和医学院—清华大学医学部、哈尔滨工业大学、同济大学、浙江大学、湖南大学、中南大学、东南大学、重庆大学、西安建筑科技大学、北京交通大学、西南交通大学、大连理工大学、北京工业大学、天津大学、河海大学、华中科技大学、武汉理工大学、中国矿业大学、武汉大学、华南理工大学、福州大学、长安大学、兰州交通大学。

2010年审核增列博士学位授权一级学科的高等学校有北京科技大学、河北工业大学、东北大学、上海交通大学、南京工业大学、合肥工业大学、安徽理工大学、山东大学、青岛理工大学、郑州大学、中国地质大学、长沙理工大学、广西大学、四川大学、成都理工大学、西安理工大学、西安科技大学、兰州理工大学、广州大学。

（2）博士学位授权二级学科的高等学校

①岩土工程：太原理工大学、山东科技大学、辽宁工程技术大学。

②结构工程：太原理工大学、华侨大学、汕头大学、上海大学。

③供热、供燃气、通风及空调工程：东华大学。

④桥梁与隧道工程：重庆交通大学。

3. **硕士学位授权单位**

（1）硕士学位授权一级学科土木工程的高等学校

凡获准博士学位授权一级学科的高等学校，自然获准拥有硕士学位授权一级学科，即清华大学，北京协和医学院—清华大学医学部、哈尔滨工业大学、同济大学、浙江大学、湖南大学、中南大学、东南大学、重庆大学、西安建筑科技大学、北京交通大学、西南交通大学、大连理工大学、北京工业大学、天津大学、河海大学、华中科技大学、武汉理工大学、中国矿业大学、武汉大学、华南理工大学、福州大学、长安大学、兰州交通大学、北京科技大学、河北工业大学、东北大学、上海交通大学、南京工业大学、合肥工业大学、安徽理工大学、山东大学、青岛理工大学、郑州大学、中国地质大学、长沙理工大学、广西大学、四川大学、成都理工大学、西安理工大学、西安科技大学、兰州理工大学、广州大学。

此外，还有北京航空航天大学、北京建筑大学、天津城建大学、石家庄铁道大学、太原理工大学、辽宁工程技术大学、沈阳建筑大学、上海大学、南京航空航天大学、厦门大学、华东交通大学、山东科技大学、山东建筑大学、河南工业大学、湖北工业大学、昆明理工大学、重庆交通大学、北方工业大学、中国农业大学、华北水利水电大学、华北电力大学、河北联合大学、河北科技大学、河北农业大学、内蒙古科技大学、内蒙古工业大学、大连海事大学、辽宁工业大学、吉林大学、东北电力大学、吉林建筑大学、燕山大学、哈尔滨工程大学、黑龙江科技大学、东北石油大学、东北林业大学、上海理工大学、南京理工大学、江苏科技大学、南京林业大学、苏州科技学院、浙江工业大学、华侨大学、南昌大学、南昌航空大学、江西理工大学、中国海洋大学、济南大学、山东农业大学、河南理工大学、中原工学院、河南大学、武汉科技大学、长江大学、武汉工程大学、湖南科技大学、中南林业科技大学、南华大学、海南大学、深圳大学、广西工学院、桂林理工大学、西南石油大学、西南科技大学、西华大学、贵州大学、云南大学、西安交通大学、西北工业大学、西安工业大学、西北农林科技大学、兰州大学、宁夏大学、新疆大学、安徽建筑大学、沈阳大学、烟台大学、三峡大学、扬州大学、大连大学、中国石油大学、湖南工业大学、广东工业大学、宁波大学等高等学校。

(2) 硕士学位授权二级学科的高等学校

取得1个至若干个（而不是全部）二级学科、专业硕士学位授权点的高等学校也有一批本书未编入，请读者在相关高等学校网站上查阅。

4. 相对应的本科专业

土木工程、建筑环境与能源应用工程、给排水科学与工程、交通工程建筑电气与智能化等。

（十五）0815 水利工程

一级学科水利工程包括水文学及水资源，水力学及河流动力学，水工结构工程，水利水电工程，港口、海岸及近海工程5个二级学科（学科、专业）。

1. 国家重点学科

(1) 一级学科国家重点学科水利工程的高等学校

清华大学，北京协和医学院—清华大学医学部、天津大学、大连理工大学、河海大学、武汉大学、西安理工大学。

(2) 二级学科国家重点学科的高等学校

①水力学及河流动力学：四川大学。

②水利水电工程：华中科技大学。

(3) 国家重点(培育)学科的高等学校

①水文学及水资源：南京大学、四川大学。

②水利水电工程：新疆农业大学。

③港口、海岸及近海工程：中国海洋大学。

2. 博士学位授权单位

(1) 博士学位授权一级学科水利工程的高等学校

清华大学，北京协和医学院—清华大学医学部、大连理工大学、河海大学、武汉大学、四川大学、西安理工大学、天津大学、郑州大学。

2010年审核增列博士学位授权一级学科的高等学校有中国农业大学、太原理工大学、吉林大学、浙江大学、华中科技大学、中国地质大学、重庆交通大学、长安大学、西北农林科技大学、宁夏大学、新疆农业大学、扬州大学。

(2) 博士学位授权二级学科的高等学校

①水文学及水资源：南京大学。

②水工结构工程：郑州大学。

③港口、海岸及近海工程：中国海洋大学、长沙理工大学。

3. 硕士学位授权单位

(1) 硕士学位授权一级学科水利工程的高等学校

凡获准博士学位授权一级学科的高等学校，自然获准拥有硕士学位授权一级学科，即清华大学，北京协和医学院—清华大学医学部、大连理工大学、河海大学、武汉大学、四川大学、西安理工大学、天津大学、郑州大学、中国农业大学、太原理工大学、吉林大学、浙江大学、华中科技大学、中国地质大学、重庆交通大学、长安大学、西北农林科技大学、宁夏大学、新疆农业大学、扬州大学。

此外，还有同济大学、合肥工业大学、山东大学、中国海洋大学、华北水利水电学院、北京工业大学、北京师范大学、河北工程大学、华北电力大学、内蒙古农业大学、沈阳农业大学、大连海洋大学、哈尔滨工程大学、上海海事大学、东南大学、福州大学、南昌大学、东华理工大学、济南大学、长沙理工大学、中山大学、华南理工大学、广西大学、桂林理工大学、昆明理工大学、兰州交通大学、青海大学、石河子大学、三峡大学等高等学校。

(2) 硕士学位授权二级学科的高等学校

取得1个至若干个（而不是全部）二级学科、专业硕士学位授权点的高等学校也有一批本书未编入，请读者在相关高等学校网站上查阅。

4. 相对应的本科专业

水利水电工程、水文与水资源工程、港口航道与海岸工程等。

（十六）0816 测绘科学与技术

一级学科测绘科学与技术包括大地测量学与测量工程、摄影测量与遥感、地图制图学与地理信息工程3个二级学科（学科、专业）。

1. 国家重点学科

(1) 一级学科国家重点学科测绘科学与技术的高等学校

武汉大学、解放军信息工程大学。

(2) 二级学科国家重点学科的高等学校

大地测量学与测量工程：同济大学。

(3) 国家重点（培育）学科的高等学校

大地测量学与测量工程：中国矿业大学。

2. 博士学位授权单位

(1) 博士学位授权一级学科测绘科学与技术的高等学校

中国矿业大学、武汉大学、同济大学、山东科技大学、中南大学、辽宁工程技术大学、西南交通大学、北京大学（北京大学网站发布）。

2010 年审核增列博士学位授权一级学科的高等学校有河南理工大学、中国地质大学、长安大学。

(2) 博士学位授权二级学科的高等学校

大地测量学与测量工程：河海大学。

3. 硕士学位授权单位

(1) 硕士学位授权一级学科测绘科学与技术的高等学校

凡获准博士学位授权一级学科的高等学校，自然获准拥有硕士学位授权一级学科，即中国矿业大学、武汉大学、同济大学、山东科技大学、中南大学、辽宁工程技术大学、西南交通大学、北京大学（北京大学网站发布）、河南理工大学、中国地质大学、长安大学。

此外，还有东北大学、东南大学、华东理工大学、重庆大学、西安科技大学等高等学校。

(2) 硕士学位授权二级学科的高等学校

取得 1 个至若干个（而不是全部）二级学科、专业硕士学位授权点的高等学校也有一批本书未编入，请读者在相关高等学校网站上查阅。

4. 相对应的本科专业

测绘工程、遥感科学与技术等。

（十七）0817 化学工程与技术

一级学科化学工程与技术包括化学工程、化学工艺、生物化工、应用化工、工业催化 5 个二级学科（学科、专业）。

1. 国家重点学科

(1) 一级学科国家重点学科化学工程与技术的高等学校

清华大学，北京协和医学院—清华大学医学部、北京化工大学、天津大学、大连理工大学、华东理工大学、南京工业大学。

(2) 二级学科国家重点学科的高等学校

①化学工程：浙江大学、华南理工大学、四川大学。

②化学工艺：太原理工大学、中国石油大学。

③应用化工：北京理工大学、南京理工大学。

(3) 国家重点（培育）学科的高等学校

①化学工艺：郑州大学。

②生物化工：浙江大学。

③工业催化：浙江工业大学、中国石油大学。

2. 博士学位授权单位

(1) 博士学位授权一级学科化学工程与技术的高等学校

清华大学，北京协和医学院—清华大学医学部、北京化工大学、天津大学、太原理工大学、大连理工大学、华东理工大学、南京理工大学、南京工业大学、浙江大学、中国石油大学、华南理工大学、中南大学、四川大学、哈尔滨工业大学、浙江工业大学、福州大学、郑州大学、湖南大学、西北大学。

2010年审核增列博士学位授权一级学科的高等学校有北京理工大学、河北工业大学、中北大学、内蒙古工业大学、燕山大学、东北石油大学、东南大学、中国矿业大学、江南大学、厦门大学、华侨大学、青岛科技大学、武汉科技大学、湘潭大学、广西大学、重庆大学、西南石油大学、西安交通大学、陕西科技大学、新疆大学、广东工业大学。

(2) 博士学位授权二级学科的高等学校

①化学工艺：鞍山科技大学。

②应用化工：山西大学、吉林大学、上海交通大学、苏州大学、陕西师范大学、北京工业大学。

③工业催化：南昌大学。

3. 硕士学位授权单位

(1) 硕士学位授权一级学科化学工程与技术的高等学校

凡获准博士学位授权一级学科的高等学校，自然获准拥有硕士学位授权一级学科，即清华大学，北京协和医学院—清华大学医学部、北京化工大学、天津大学、太原理工大学、大连理工大学、华东理工大学、南京理工大学、南京工业大学、浙江大学、中国石油大学、华南理工大学、中南大学、四川大学、哈尔滨工业大学、浙江工业大学、福州大学、郑州大学、湖南大学、西北大学、北京理工大学、河北工业大学、中北大学、内蒙古工业大学、燕山大学、东北石油大学、东南大学、中国矿业大学、江南大学、厦门大学、华侨大学、青岛科技大学、武汉科技大学、湘潭大学、广西大学、重庆大学、西南石油大学、西安交通大学、陕西科技大学、新疆大学、广东工业大学。

此外，还有北京工业大学、北京科技大学、天津科技大学、河北科技大学、东北大学、鞍山科技大学、辽宁石油化工大学、沈阳化工大学、长春工业大学、齐齐哈尔大学、上海交通大学、上海大学、扬州大学、安徽理工大学、济南大学、武汉工程大学、昆明理工大学、西安建筑科技大学、陕西师范大学、北京交通大学、北京工商大学、北京服装学院、天津工业大学、天津理工大学、华北电力大学、河北联合大学、内蒙古科技大学、沈阳工业大学、沈阳理工大学、大连工业大学、沈阳药科大学、沈阳师范大学、渤海大学、黑龙江大学、东北电力大学、哈尔滨理工大学、哈尔滨工程大学、同济大学、东华大学、上海电力学院、上海应用技术学院、上海师范大学、苏州大学、南京航空航天大学、江苏科技大学、常州大学、南京林业大学、江苏大学、苏州科技学院、安徽大学、合肥工业大学、安徽工业大学、福建师范大学、南昌大学、东华理工大学、江西理工大学、山东大学、中国海洋大学、山东科技大学、齐鲁工业大学、山东理工大学、青岛农业大学、郑州轻工业学院、河南工业大学、河南大学、河南科技大学、华中科技大学、长江大学、中国地质大学、武汉轻工大学、武汉理工大学、湖北民族学院、湖北工业大学、中南林业科技大学、湖南师范大学、中山大学、华南农业大学、海南大学、广西工学院、桂林理工大学、广西师范大学、广西民族大学、西南交通大学、电子科技大学、成都理工大学、西南科技大学、四川理工学院、贵州大学、西安理工大学、西安科技大学、西安工程大学、西安石油大学、西北农林科技大学、延安大学、兰州大学、兰州理工大学、兰州交通大学、西北师范大学、青海大学、宁夏大学、石河子大学、河北科技师范学院、青岛大学、江汉大学、广州大学、仲恺农业工程学院、五邑大学、烟台大学等高等学校。

（2）硕士学位授权二级学科的高等学校

取得 1 个至若干个（而不是全部）二级学科、专业硕士学位授权点的高等学校也有一批本书未编入，请读者在相关高等学校网站上查阅。

4. 相对应的本科专业

化学工程与工艺、制药工程等。

（十八）0818 地质资源与地质工程

一级学科地质资源与地质工程包括矿产普查与勘探、地球勘测与信息技术、地质工程 3 个二级学科。

1. 国家重点学科

（1）一级学科国家重点学科地质资源与地质工程的高等学校

吉林大学、中国地质大学、成都理工大学。

（2）二级学科国家重点学科的高等学校

①矿产普查与勘探：中国矿业大学、西北大学、中国石油大学。

②地球勘测与信息技术：中南大学。

③地质工程：长安大学。

（3）国家重点（培育）学科的高等学校

地球勘测与信息技术：中国石油大学。

2. 博士学位授权单位

（1）博士学位授权一级学科地质资源与地质工程的高等学校

吉林大学、中国矿业大学、中国石油大学、中国地质大学、中南大学、成都理工大学、西北大学、长安大学、南京大学、山东科技大学、西南石油大学、昆明理工大学。

2010 年审核增列博士学位授权一级学科的高等学校有东北石油大学、河海大学、浙江大学、河南理工大学、长江大学、西南交通大学、西安科技大学。

（2）博士学位授权二级学科的高等学校

①矿产普查与勘探：东北大学、西南石油大学、山东科技大学、太原理工大学。

②地球勘测与信息技术：长江大学。

③地质工程：兰州大学、同济大学、辽宁工程技术大学、安徽理工大学。

3．硕士学位授权单位

（1）硕士学位授权一级学科地质资源与地质工程的高等学校

凡获准博士学位授权一级学科的高等学校，自然获准拥有硕士学位授权一级学科，即吉林大学、中国矿业大学、中国石油大学、中国地质大学、中南大学、成都理工大学、西北大学、长安大学、南京大学、山东科技大学、西南石油大学、昆明理工大学、东北石油大学、河海大学、浙江大学、河南理工大学、长江大学、西南交通大学、西安科技大学。

此外，还有河北工程大学、同济大学、安徽理工大学、东华理工大学、华北水利水电大学、桂林理工大学、重庆大学、北京交通大学、北京科技大学、石家庄经济学院、太原理工大学、东北大学、福州大学、中国海洋大学、湖南科技大学、西安石油大学、青海大学、新疆大学、三峡大学等高等学校。

（2）硕士学位授权二级学科的高等学校

取得 1 个至若干个（而不是全部）二级学科、专业硕士学位授权点的高等学校也有一批本书未编入，请读者在相关高等学校网站上查阅。

4．相对应的本科专业

地质工程、勘查技术与工程、资源勘查工程、地质学、地球化学等。

（十九）0819 矿业工程

一级学科矿业工程包括采矿工程、矿物加工工程、安全技术及工程 3 个二级学科（学科、专业）。

1．国家重点学科

（1）一级学科国家重点学科矿业工程的高等学校

北京科技大学、中国矿业大学、中南大学。

（2）二级学科国家重点学科的高等学校

①采矿工程：东北大学、重庆大学。

②安全技术及工程：西安科技大学。

（3）国家重点（培育）学科的高等学校

①采矿工程：太原理工大学、山东科技大学。

②矿物加工工程：东北大学、武汉理工大学。

③安全技术及工程：辽宁工程技术大学、中国科学技术大学。

2. 博士学位授权单位

（1）博士学位授权一级学科矿业工程的高等学校

北京科技大学、东北大学、中国矿业大学、山东科技大学、中南大学、西安科技大学、辽宁工程技术大学、重庆大学、河南理工大学、武汉理工大学。

2010年审核增列博士学位授权一级学科的高等学校有太原理工大学、安徽理工大学、武汉科技大学、南华大学、昆明理工大学。

（2）博士学位授权二级学科的高等学校

安全技术及工程：中国科学技术大学、南京工业大学、安徽理工大学、北京交通大学、北京理工大学、中国地质大学、中国石油大学。

3. 硕士学位授权单位

（1）硕士学位授权一级学科矿业工程的高等学校

凡获准博士学位授权一级学科的高等学校，自然获准拥有硕士学位授权一级学科，即北京科技大学、东北大学、中国矿业大学、山东科技大学、中南大学、西安科技大学、辽宁工程技术大学、重庆大学、河南理工大学、武汉理工大学、太原理工大学、安徽理工大学、武汉科技大学、南华大学、昆明理工大学。

此外，还有河北理工大学、黑龙江科技大学、江西理工大学、湖南科技大学、贵州大学、西安建筑科技大学、河北工程大学、内蒙古科技大学、辽宁科技大学、哈尔滨理工大学、南京工业大学、福州大学、山东理工大学、武汉工程大学、广西大学、西南科技大学等高等学校。

（2）硕士学位授权二级学科的高等学校

取得1个至若干个（而不是全部）二级学科、专业硕士学位授权点的高等学校也有一批本书未编入，请读者在相关高等学校网站上查阅。

4. 相对应的本科专业

采矿工程、石油工程、矿物加工工程、油气储运工程、勘查技术与工程、资源勘查工程、地质学、地球化学等。

（二十）0820 石油与天然气工程

一级学科石油与天然气工程包括油气井工程、油气田开发工程、油气储运工程3个二级学科（学科、专业）。

1. 国家重点学科

（1）一级学科国家重点学科石油与天然气工程的高等学校

东北石油大学、西南石油大学、中国石油大学。

（2）二级学科国家重点学科的高等学校

油气储运工程：后勤工程学院。

（3）国家重点（培育）学科的高等学校（无）

2．博士学位授权单位

（1）博士学位授权一级学科石油与天然气工程的高等学校

东北石油大学、西南石油大学、中国石油大学。

2010年审核增列博士学位授权一级学科的高等学校有长江大学、中国地质大学。

（2）博士学位授权二级学科的高等学校

油气田开发工程：成都理工大学。

3．硕士学位授权单位

（1）硕士学位授权一级学科石油与天然气工程的高等学校

凡获准博士学位授权一级学科的高等学校，自然获准拥有硕士学位授权一级学科，即东北石油大学、西南石油大学、中国石油大学、长江大学、中国地质大学。

此外，还有西安石油大学、辽宁石油化工大学、常州大学、成都理工大学等高等学校。

（2）硕士学位授权二级学科的高等学校

取得1个至若干个（而不是全部）二级学科、专业硕士学位授权点的高等学校也有一批本书未编入，请读者在相关高等学校网站上查阅。

4．相对应的本科专业

油气储运工程、石油工程、采矿工程、矿物加工工程、勘查技术与工程、资源勘查工程、地质学、地球化学等。

（二十一）0821 纺织科学与工程

一级学科纺织科学与工程包括纺织工程、纺织材料与纺织品设计、纺织化学与染整工程、服装4个二级学科（学科、专业）。

1．国家重点学科

（1）一级学科国家重点学科纺织科学与工程的高等学校

东华大学。

（2）二级学科国家重点学科的高等学校

纺织工程：天津工业大学、苏州大学。

（3）国家重点（培育）学科的高等学校（无）

2．博士学位授权单位

（1）博士学位授权一级学科纺织科学与工程的高等学校

天津工业大学、东华大学、苏州大学。

2010年审核增列博士学位授权一级学科的高等学校有江南大学、浙江理工大学。

（2）博士学位授权二级学科的高等学校(无)

3．硕士学位授权单位

（1）硕士学位授权一级学科纺织科学与工程的高等学校

凡获准博士学位授权一级学科的高等学校，自然获准拥有硕士学位授权一级学科，即天津工业大学、东华大学、苏州大学、江南大学、浙江理工大学。

此外，还有北京服装学院、大连工业大学、青岛大学、武汉纺织大学、西安工程大学等高等学校。

（2）硕士学位授权二级学科的高等学校

取得1个至若干个（而不是全部）二级学科、专业硕士学位授权点的高等学校也有一批本书未编入，请读者在相关高等学校网站上查阅。

4. 相对应的本科专业

纺织工程、服装设计与工程等。

（二十二）0822 轻工技术与工程

一级学科轻工技术与工程包括制浆造纸工程、制糖工程、发酵工程、皮革化学与工程4个二级学科（学科、专业）。

1. 国家重点学科

（1）一级学科国家重点学科轻工技术与工程的高等学校

华南理工大学。

（2）二级学科国家重点学科的高等学校

①发酵工程：天津科技大学、江南大学。

②皮革化学与工程：四川大学。

（3）国家重点（培育）学科的高等学校（无）

2. 博士学位授权单位

（1）博士学位授权一级学科轻工技术与工程的高等学校

天津科技大学、江南大学、华南理工大学、四川大学。

2010年审核增列博士学位授权一级学科的高等学校有华东理工大学、南京工业大学、南京林业大学、陕西科技大学。

（2）博士学位授权二级学科的高等学校

①制糖工程：广西大学。

②发酵工程：山东大学。

3. 硕士学位授权单位

（1）硕士学位授权一级学科轻工技术与工程的高等学校

凡获准博士学位授权一级学科的高等学校，自然获准拥有硕士学位授权一级学科，即天津科技大学、江南大学、华南理工大学、四川大学、华东理工大学、南京工业大学、南京林业大学、陕西科技大学。

此外，还有北京化工大学、大连工业大学、齐鲁工业大学、广西大学、天津商业大学、吉林农业大学、南京农业大学、浙江工业大学、福建师范大学、青岛科技大学、河南农业大学、武汉大学、湖北工业大学、华中农业大学、西安理工大学、西北农林科技大学等高等学校。

（2）硕士学位授权二级学科的高等学校

取得1个至若干个（而不是全部）二级学科、专业硕士学位授权点的高等学校也有一批本书未编入，请读者在相关高等学校网站上查阅。

4．相对应的本科专业

印刷工程、轻化工程、包装工程等。

（二十三）0823 交通运输工程

一级学科交通运输工程包括道路与铁道工程、交通信息工程及控制、交通运输规划与管理、载运工具运用工程4个二级学科（学科、专业）。

1．国家重点学科

（1）一级学科国家重点学科交通运输工程的高等学校

北京交通大学、同济大学、东南大学、中南大学、西南交通大学、长安大学。

（2）二级学科国家重点学科的高等学校

交通信息工程及控制：大连海事大学。

（3）国家重点（培育）学科的高等学校

①交通信息工程及控制：吉林大学。

②交通运输规划与管理：上海海事大学。

2．博士学位授权单位

（1）博士学位授权一级学科交通运输工程的高等学校

北京交通大学、北京航空航天大学、大连海事大学、吉林大学、同济大学、东南大学、中南大学、西南交通大学、长安大学、南京航空航天大学、武汉理工大学、上海海事大学、长沙理工大学、西北工业大学、兰州交通大学。

2010年审核增列博士学位授权一级学科的高等学校有北京工业大学、哈尔滨工业大学、江苏大学、华南理工大学、重庆交通大学、中国石油大学。

（2）博士学位授权二级学科的高等学校

①道路与铁道工程：湖南大学。

②载运工具运用工程：东北林业大学、北京理工大学、海军潜艇学院。

3．硕士学位授权单位

（1）硕士学位授权一级学科交通运输工程的高等学校

凡获准博士学位授权一级学科的高等学校，自然获准拥有硕士学位授权一级学科，即北京交通大学、北京航空航天大学、大连海事大学、吉林大学、同济大学、东南大学、中南大学、西南交通大学、长安大学、南京航空航天大学、武汉理工大学、上海海事大学、长沙理工大学、西北工业大学、兰州交通大学、北京工业大学、哈尔滨工业大学、江苏大学、华南理工大学、重庆交通大学、中国石油大学。

此外，还有北京理工大学、中国民航大学、石家庄铁道大学、大连交通大学、东北林业大学、南京理工大学、华东交通大学、湖南大学、中山大学、重庆大学、清华大学、北京建筑大学、天津职业技术师范大学、内蒙古工业大学、大连理工大学、沈阳建筑大学、辽宁工业大学、上海交通大学、上海理工大学、河海大学、南京林业大学、浙江大学、合肥工业大学、福建农林大学、集美大学、山东大学、青岛理工大学、山东建筑大学、山东理工大学、郑州大学、武汉大学、华中科技大学、中国民用航空飞行学院、昆明理工大学、西安建筑科技大学、新疆农业大学等高等学校。

（2）硕士学位授权二级学科的高等学校

取得1个至若干个（而不是全部）二级学科、专业硕士学位授权点的高等学校也有一批本书未编入，请读者在相关高等学校网站上查阅。

4．相对应的本科专业

交通运输、交通工程、航海技术、轮机工程、飞行技术等。

（二十四）0824 船舶与海洋工程

一级学科船舶与海洋工程包括船舶与海洋结构物设计制造、轮机工程、水声工程3个二级学科（学科、专业）。

1．国家重点学科

（1）一级学科国家重点学科船舶与海洋工程的高等学校

哈尔滨工程大学、上海交通大学、武汉理工大学。

（2）二级学科国家重点学科的高等学校

①船舶与海洋结构物设计制造：大连海事大学。

②轮机工程：大连海事大学、海军工程大学。

③水声工程：西北工业大学。

（3）国家重点（培育）学科的高等学校（无）

2．博士学位授权单位

（1）博士学位授权一级学科船舶与海洋工程的高等学校

哈尔滨工程大学、上海交通大学、华中科技大学、武汉理工大学、大连理工大学、天津大学。

2010年审核增列博士学位授权一级学科的高等学校有大连海事大学、西北工业大学。

（2）博士学位授权二级学科的高等学校

①船舶与海洋结构物设计制造：华南理工大学。

②轮机工程：上海海事大学。

③水声工程：海军潜艇学院。

3．硕士学位授权单位

（1）硕士学位授权一级学科船舶与海洋工程的高等学校

凡获准博士学位授权一级学科的高等学校，自然获准拥有硕士学位授权一级学科，即哈尔滨工程大学、上海交通大学、华中科技大学、武汉理工大学、大连理工大学、天津大学、大连海事大学、西北工业大学。

此外，还有华南理工大学、北京航空航天大学、哈尔滨工业大学、上海海事大学、江苏科技大学、浙江大学、浙江海洋学院、集美大学、中国石油大学、宁波大学等高等学校。

（2）硕士学位授权二级学科的高等学校

取得1个至若干个（而不是全部）二级学科、专业硕士学位授权点的高等学校也有一批本书未编入，请读者在相关高等学校网站上查阅。

4．相对应的本科专业

船舶与海洋工程、海洋科学、海洋技术、航海技术、轮机工程、交通运输、交通工程、油气储运工程等。

（二十五）0825 航空宇航科学与技术

一级学科航空宇航科学与技术包括飞行器设计、航空宇航推进理论与工程、航空宇航制造工程、人机与环境工程4个二级学科（学科、专业）。

1．国家重点学科

（1）一级学科国家重点学科航空宇航科学与技术的高等学校

北京航空航天大学、南京航空航天大学、西北工业大学。

（2）二级学科国家重点学科的高等学校

①飞行器设计：哈尔滨工业大学。

②航空宇航推进理论与工程：国防科学技术大学、空军工程大学。

（3）国家重点（培育）学科的高等学校

飞行器设计：北京理工大学、国防科学技术大学。

2．博士学位授权单位

（1）博士学位授权一级学科航空宇航科学与技术的高等学校

北京航空航天大学、南京航空航天大学、西北工业大学、北京理工大学、哈尔滨工业大学、海军航空工程学院。

2010年审核增列博士学位授权一级学科的高等学校有清华大学、西安交通大学。

（2）博士学位授权二级学科的高等学校

①飞行器设计：第二炮兵工程大学。

②航空宇航推进理论与工程：南京理工大学。

3．硕士学位授权单位

（1）硕士学位授权一级学科航空宇航科学与技术的高等学校

凡获准博士学位授权一级学科的高等学校，自然获准拥有硕士学位授权一级学科，即北京航空航天大学、南京航空航天大学、西北工业大学、北京理工大学、哈尔滨工业大学、海军航空工程学院、清华大学、西安交通大学。

此外，还有中国民航大学、哈尔滨工程大学、沈阳航空航天大学、南京理工大学、南昌航空大学、大连理工大学、复旦大学、同济大学、上海交通大学、浙江大学、厦门大学、中南大学等高等学校。

（2）硕士学位授权二级学科的高等学校

取得1个至若干个（而不是全部）二级学科、专业硕士学位授权点的高等学校也有一批本书未编入，请读者在相关高等学校网站上查阅。

4. **相对应的本科专业**

飞行器设计与工程、飞行器动力工程、飞行器制造工程、飞行器环境与生命保障工程、飞行技术航空航天工程等。

（二十六）0826 兵器科学与技术

一级学科兵器科学与技术包括武器系统与运用工程，兵器发射理论与技术，火炮、自动武器与弹药工程，军事化学与烟火技术 4 个二级学科（学科、专业）。

1. **国家重点学科**

（1）一级学科国家重点学科兵器科学与技术的高等学校

北京理工大学、南京理工大学、军械工程学院。

（2）二级学科国家重点学科的高等学校

①武器系统与运用工程：西北工业大学。

②兵器发射理论与技术：第二炮兵工程大学。

（3）国家重点（培育）学科的高等学校

武器系统与运用工程：中北大学。

2. **博士学位授权单位**

（1）博士学位授权一级学科兵器科学与技术的高等学校

北京理工大学、南京理工大学、西北工业大学、中北大学、装甲兵工程学院、海军工程大学、空军工程大学。

（2）博士学位授权二级学科的高等学校

①武器系统与运用工程：陆军军官学院。

②军事化学与烟火技术：防化指挥工程学院。

3. **硕士学位授权单位**

（1）硕士学位授权一级学科兵器科学与技术的高等学校

凡获准博士学位授权一级学科的高等学校，自然获准拥有硕士学位授权一级学科，即北京理工大学、南京理工大学、西北工业大学、中北大学、装甲兵工程学院、海军工程大学、空军工程大学。

（2）硕士学位授权二级学科的高等学校

取得 1 个至若干个（而不是全部）二级学科、专业硕士学位授权点的高等学校也有一批本书未编入，请读者在相关高等学校网站上查阅。

4. **相对应的本科专业**

武器系统与工程、探测制导与控制技术、弹药工程与爆炸技术、特种能源技术与工程、信息对抗技术装甲车辆工程等。

（二十七）0827 核科学与技术

一级学科核科学与技术包括核能科学与工程、核燃料循环与材料、核技术及应用、辐射防护及环境保护 4 个二级学科（学科、专业）。

1. 国家重点学科

(1) 一级学科国家重点学科核科学与技术的高等学校

清华大学，北京协和医学院—清华大学医学部、中国科学技术大学。

(2) 二级学科国家重点学科的高等学校

①核能科学与工程：西安交通大学。

②核技术及应用：北京大学、四川大学。

(3) 国家重点（培育）学科的高等学校（无）

2. 博士学位授权单位

(1) 博士学位授权一级学科核科学与技术的高等学校

清华大学，北京协和医学院—清华大学医学部、中国科学技术大学、西安交通大学、四川大学、北京大学（北京大学网站发布）。

2010 年审核增列博士学位授权一级学科的高等学校有哈尔滨工程大学、上海交通大学。

(2) 博士学位授权二级学科的高等学校

核技术及应用：北京师范大学、浙江大学、南华大学、成都理工大学。

3. 硕士学位授权单位

(1) 硕士学位授权一级学科核科学与技术的高等学校

凡获准博士学位授权一级学科的高等学校，自然获准拥有硕士学位授权一级学科，即清华大学，北京协和医学院—清华大学医学部、中国科学技术大学、西安交通大学、四川大学、北京大学（北京大学网站发布）、哈尔滨工程大学、上海交通大学。

此外，还有郑州大学、华北电力大学、上海大学、南京航空航天大学、东华理工大学、南华大学、中山大学、重庆大学、兰州大学等高等学校。

(2) 硕士学位授权二级学科的高等学校

取得 1 个至若干个（而不是全部）二级学科、专业硕士学位授权点的高等学校也有一批本书未编入，请读者在相关高等学校网站上查阅。

4. 相对应的本科专业

核工程与核技术、工程物理、辐射防护与核安全、核化工与核燃料工程等。

（二十八）0828 农业工程

一级学科农业工程包括农业机械化工程、农业水土工程、农业生物环境与能源工程、农业电气化与自动化 4 个二级学科。

1. 国家重点学科

(1) 一级学科国家重点学科农业工程的高等学校

中国农业大学。

(2) 二级学科国家重点学科的高等学校

①农业机械化工程：吉林大学、东北农业大学、浙江大学。

②农业水土工程：西北农林科技大学。

③农业电气化与自动化：江苏大学。

（3）国家重点（培育）学科的高等学校

①农业机械化工程：华南农业大学。

②农业水土工程：内蒙古农业大学。

2. 博士学位授权单位

（1）博士学位授权一级学科农业工程的高等学校

中国农业大学、东北农业大学、浙江大学、西北农林科技大学、内蒙古农业大学、沈阳农业大学、吉林大学、江苏大学、华南农业大学、南京农业大学。

2010年审核增列博士学位授权一级学科的高等学校有河北农业大学、山西农业大学、河海大学、山东农业大学、河南农业大学、华中农业大学、西南大学、石河子大学。

（2）博士学位授权二级学科的高等学校

①农业机械化工程：黑龙江八一农垦大学。

②农业水土工程：扬州大学、西安理工大学。

③农业生物环境与能源工程：云南师范大学。

④农业电气化与自动化：江苏大学。

3. 硕士学位授权单位

（1）硕士学位授权一级学科农业工程的高等学校

凡获准博士学位授权一级学科的高等学校，自然获准拥有硕士学位授权一级学科，即中国农业大学、东北农业大学、浙江大学、西北农林科技大学、内蒙古农业大学、沈阳农业大学、吉林大学、江苏大学、华南农业大学、南京农业大学、河北农业大学、山西农业大学、河海大学、山东农业大学、河南农业大学、华中农业大学、西南大学、石河子大学。

此外，还有吉林农业大学、黑龙江八一农垦大学、福建农林大学、江西农业大学、山东理工大学、湖南农业大学、甘肃农业大学、华北水利水电大学、大连海洋大学、佳木斯大学、上海交通大学、安徽农业大学、青岛农业大学、河南科技大学、昆明理工大学、云南农业大学、云南师范大学、西安理工大学、塔里木大学、新疆农业大学、扬州大学等高等学校。

（2）硕士学位授权二级学科的高等学校

取得1个至若干个（而不是全部）二级学科、专业硕士学位授权点的高等学校也有一批本书未编入，请读者在相关高等学校网站上查阅。

4. 相对应的本科专业

农业机械化及其自动化、农业电气化、农业建筑环境与能源工程、农业水利工程农业工程等。

（二十九）0829 林业工程

一级学科林业工程包括森林工程、木材科学与技术、林产化学加工工程3个二级学科（学科、专业）。

1. 国家重点学科

(1) 一级学科国家重点学科林业工程的高等学校

东北林业大学、南京林业大学。

(2) 二级学科国家重点学科的高等学校

木材科学与技术：北京林业大学、中南林业科技大学。

(3) 国家重点（培育）学科的高等学校（无）

2. 博士学位授权单位

(1) 博士学位授权一级学科林业工程的高等学校

东北林业大学、南京林业大学、北京林业大学、内蒙古农业大学、中南林业科技大学。

2010年审核增列博士学位授权一级学科的高等学校有福建农林大学。

(2) 博士学位授权二级学科的高等学校

木材科学与技术：安徽农业大学。

3. 硕士学位授权单位

(1) 硕士学位授权一级学科林业工程的高等学校

凡获准博士学位授权一级学科的高等学校，自然获准拥有硕士学位授权一级学科，即东北林业大学、南京林业大学、北京林业大学、内蒙古农业大学、中南林业科技大学、福建农林大学。

此外，还有浙江农林大学、西南林业大学、西北农林科技大学、北华大学、吉首大学等高等学校。

(2) 硕士学位授权二级学科的高等学校

取得1个至若干个（而不是全部）二级学科、专业硕士学位授权点的高等学校也有一批本书未编入，请读者在相关高等学校网站上查阅。

4. 相对应的本科专业

森林工程、木材科学与工程、林产化工等。

（三十）0830 环境科学与工程（可授工学、理学、农学学位）

一级学科环境科学与工程包括环境科学、环境工程2个二级学科（学科、专业）。

1. 国家重点学科

(1) 一级学科国家重点学科环境科学与工程的高等学校（无）

(2) 二级学科国家重点学科的高等学校

①环境科学：北京大学、北京师范大学、南开大学、南京大学、厦门大学、中国海洋大学。

②环境工程：清华大学，北京协和医学院—清华大学医学部、大连理工大学、哈尔滨工业大学、同济大学、浙江大学、湖南大学、西安建筑科技大学。

(3) 国家重点（培育）学科的高等学校

①环境科学：哈尔滨工业大学。

②环境工程：南京大学、河海大学、昆明理工大学。

2. 博士学位授权单位

（1）博士学位授权一级学科环境科学与工程的高等学校

北京大学、清华大学，北京协和医学院—清华大学医学部、南开大学、哈尔滨工业大学、同济大学、南京大学、浙江大学、中国海洋大学、北京工业大学、北京师范大学、大连理工大学、吉林大学、上海交通大学、河海大学、厦门大学、武汉大学、湖南大学、中山大学、西安建筑科技大学、天津大学、华东理工大学、东华大学、华东师范大学、东南大学、中国矿业大学、中国科学技术大学、山东大学、华中科技大学、中国地质大学、华南理工大学、重庆大学、四川大学、昆明理工大学、东北师范大学、复旦大学。

2010年审核增列博士学位授权一级学科的高等学校有北京科技大学、中国农业大学、山西大学、上海大学、南京理工大学、江苏大学、浙江工业大学、南昌大学、武汉理工大学、西安理工大学、长安大学、西北农林科技大学、兰州交通大学。

（2）博士学位授权二级学科的高等学校

①环境科学：大连海事大学、兰州大学、上海师范大学、河南师范大学。

②环境工程：北京理工大学、中国地质大学、太原理工大学、江南大学、安徽理工大学、北京化工大学。

3. 硕士学位授权单位

（1）硕士学位授权一级学科环境科学与工程的高等学校

凡获准博士学位授权一级学科的高等学校，自然获准拥有硕士学位授权一级学科，即北京大学、清华大学，北京协和医学院—清华大学医学部、南开大学、哈尔滨工业大学、同济大学、南京大学、浙江大学、中国海洋大学、北京工业大学、北京师范大学、大连理工大学、吉林大学、上海交通大学、河海大学、厦门大学、武汉大学、湖南大学、中山大学、西安建筑科技大学、天津大学、华东理工大学、东华大学、华东师范大学、东南大学、中国矿业大学、中国科学技术大学、山东大学、华中科技大学、中国地质大学、华南理工大学、重庆大学、四川大学、昆明理工大学、东北师范大学、复旦大学、北京科技大学、中国农业大学、山西大学、上海大学、南京理工大学、江苏大学、浙江工业大学、南昌大学、武汉理工大学、西安理工大学、长安大学、西北农林科技大学、兰州交通大学。

此外，还有北京交通大学、北京航空航天大学、北京化工大学、北京工商大学、中国石油大学、华北电力大学、河北科技大学、太原理工大学、东北大学、大连海事大学、沈阳建筑大学、上海理工大学、南京林业大学、南京农业大学、合肥工业大学、安徽农业大学、福州大学、福建师范大学、南昌航空大学、郑州大学、河南师范大学、湖南农业大学、中南林业科技大学、华南农业大学、广东工业大学、桂林理工大学、西南交通大学、四川师范大学、贵州大学、西南大学、西安交通大学、西安科技大学、陕西科技大学、西安工程技术学院、兰州大学、中国人民大学、北京理工大学、北京建筑大学、北京林业大学、中央民族大学、天津工业大学、天津理工大学、河北大学、太原科技大学、内蒙古大学、辽宁大学、沈阳理工大学、辽宁工程技术大学、辽宁石油化工大学、沈阳化工大学、大连交通大学、大连工业大学、沈阳农业大学、吉林建筑大学、吉林农业大学、燕山大学、东北农业大学、哈尔滨商业大学、上海海洋大学、南京工业大学、常州大学、南京信息工程大学、南京师范大学、江苏科技学院、浙江工商大学、安徽大学、江南大学、安徽工业大学、安徽工程大学、安徽师范大学、福建农林大学、华东交通大学、东华理工大学、江西理工大学、青岛科技大学、青岛理工大学、济南大学、山东建筑大学、山东农业大学、山东师范大学、河南理工大学、长江大学、武汉工程大学、武汉纺织大学、华中农业大学、华南师范大学、湘潭大学、中南大学、广西大学、广西师范大学、西南石油大学、成都理工大学、西南科技大学、成都信息工程学院、云南农业大学、西北大学、西安电子科技大学、陕西师范大学、西北师范大学、天津城市建设学院、沈阳大学、青岛大学、广州大学、大连大学、重庆工商大学等高等学校。

（2）硕士学位授权二级学科的高等学校

取得 1 个至若干个（而不是全部）二级学科、专业硕士学位授权点的高等学校也有一批本书未编入，请读者在相关高等学校网站上查阅。

4．相对应的本科专业

环境科学、环境工程、环境科学与工程、水土保持与荒漠化防治、农业资源与环境、环境生态工程、安全工程等。

（三十一）0831 生物医学工程（可授工学、理学、医学学位）

一级学科生物医学工程不分设二级学科（学科、专业）。

1．国家重点学科

一级学科国家重点学科生物医学工程的高等学校

清华大学，北京协和医学院—清华大学医学部、上海交通大学、东南大学、浙江大学、华中科技大学、四川大学、重庆大学、西安交通大学。

2．博士学位授权单位

博士学位授权一级学科生物医学工程的高等学校

清华大学，北京协和医学院—清华大学医学部、天津大学、复旦大学、上海交通大学、东南大学、浙江大学、中国科学技术大学、华中科技大学、暨南大学、中山大学、南方医科大学、电子科技大学、四川大学、重庆大学、西安交通大学、北京工业大学、大连理工大学、同济大学、山东大学、中南大学、重庆医科大学、天津医科大学、北京航空航天大学、首都医科大学、太原理工大学、东北大学、华南理工大学。

2010 年审核增列博士学位授权一级学科的高等学校有北京大学、北京理工大学、哈尔滨工业大学、哈尔滨医科大学、上海理工大学、西北工业大学。

3．硕士学位授权单位

硕士学位授权一级学科生物医学工程的高等学校

凡获准博士学位授权一级学科的高等学校，自然获准拥有硕士学位授权一级学科，即清华大学，北京协和医学院—清华大学医学部、天津大学、复旦大学、上海交通大学、东南大学、浙江大学、中国科学技术大学、华中科技大学、暨南大学、中山大学、南方医科大学、电子科技大学、四川大学、重庆大学、西安交通大学、北京工业大学、大连理工大学、同济大学、山东大学、中南大学、重庆医科大学、天津医科大学、北京航空航天大学、首都医科大学、太原理工大学、东北大学、华南理工大学、北京大学、北京理工大学、哈尔滨工业大学、哈尔滨医科大学、上海理工大学、西北工业大学。

此外，还有北京交通大学、南开大学、天津工业大学、中国民航大学、山西医科大学、中北大学、河北科技大学、沈阳工业大学、长春理工大学、哈尔滨工程大学、华东理工大学、华东师范大学、上海大学、南京大学、南京医科大学、安徽理工大学、南昌航空大学、山东中医药大学、湖南工业大学、深圳大学、广西医科大学、重庆理工大学、云南大学、西安电子科技大学、陕西师范大学、兰州大学、天津中医药大学、大连海洋大学、东华大学、南通大学、中国药科大学、杭州电子科技大学、温州医科大学、安徽医科大学、福州大学、福建师范大学、新乡医学院、重庆邮电大学等高等学校。

4．相对应的本科专业

生物医学工程、生物工程等。

（三十二）0832 食品科学与工程（可授工学、农学学位）

一级学科食品科学与工程包括食品科学，粮食、油脂及植物蛋白工程，农产品加工及贮藏工程，水产品加工及贮藏工程 4 个二级学科（学科、专业）。

1．国家重点学科

（1）一级学科国家重点学科食品科学与工程的高等学校

江南大学。

（2）二级学科国家重点学科的高等学校

①食品科学：南昌大学、华南理工大学。

②农产品加工及贮藏工程：中国农业大学。

③水产品加工及贮藏工程：中国海洋大学。

（3）国家重点（培育）学科的高等学校

①食品科学：中国农业大学、南京农业大学。

②农产品加工及贮藏工程：合肥工业大学。

2．博士学位授权单位

（1）博士学位授权一级学科食品科学与工程的高等学校

中国农业大学、江南大学、江苏大学、浙江大学、中国海洋大学、华中农业大学、华南理工大学、东北农业大学、南京农业大学、合肥工业大学、南昌大学、西南大学、西北农林科技大学。

2010 年审核增列博士学位授权一级学科的高等学校有天津科技大学、内蒙古农业大学、吉林大学、上海海洋大学、福建农林大学、山东农业大学。

（2）博士学位授权二级学科的高等学校

①食品科学：沈阳农业大学、浙江工商大学、吉林农业大学、哈尔滨商业大学、华南农业大学。

②农产品加工及贮藏工程：江苏大学、华南农业大学、天津科技大学、河北农业大学。

③水产品加工及贮藏工程：上海海洋大学。

3．硕士学位授权单位

（1）硕士学位授权一级学科食品科学与工程的高等学校

凡获准博士学位授权一级学科的高等学校，自然获准拥有硕士学位授权一级学科，即中国农业大学、江南大学、江苏大学、浙江大学、中国海洋大学、华中农业大学、华南理工大学、东北农业大学、南京农业大学、合肥工业大学、南昌大学、西南大学、西北农林科技大学、天津科技大学、内蒙古农业大学、吉林大学、上海海洋大学、福建农林大学、山东农业大学。

此外，还有大连工业大学、沈阳农业大学、吉林农业大学、哈尔滨商业大学、上海交通大学、河南科技大学、河南工业大学、武汉纺织大学、湖南农业大学、华南农业大学、四川大学、陕西科技大学、中国人民大学、北京化工大学、北京工商大学、北京林业大学、北京农学院、天津商业大学、河北科技大学、河北农业大学、山西大学、山西农业大学、大连海洋大学、辽宁医学院、渤海大学、哈尔滨工业大学、黑龙江八一农垦大学、齐齐哈尔大学、上海理工大学、长春工业大学、南京师范大学、南京财经大学、安徽农业大学、福州大学、集美大学、齐鲁工业大学、浙江工业大学、安徽工程大学、江西农业大学、山东理工大学、青岛农业大学、郑州轻工业学院、河南农业大学、河南科技学院、湖北工业大学、中南林业科技大学、长沙理工大学、暨南大学、海南大学、广西大学、广东海洋大学、西华大学、贵州大学、云南农业大学、陕西师范大学、甘肃农业大学、四川农业大学、新疆农业大学、北京联合大学、仲恺农业工程学院、宁波大学、扬州大学等高等学校。

（2）硕士学位授权二级学科的高等学校

取得1个至若干个（而不是全部）二级学科、专业硕士学位授权点的高等学校也有一批本书未编入，请读者在相关高等学校网站上查阅。

4．相对应的本科专业

食品科学与工程等。

（三十三）0833 城乡规划学※

本学科为新增一级学科，其有关资料待补。

（三十四）0834 风景园林学※（可授工学、农学学位）

本学科为新增一级学科，其有关资料待补。

（三十五）0835 软件工程※

本学科为新增一级学科，其有关资料待补。

（三十六）0836 生物工程※

本学科为新增一级学科，其有关资料待补。

（三十七）0837 安全科学与工程※

本学科为新增一级学科，其有关资料待补。

（三十八）0838 公安技术※

本学科为新增一级学科，其有关资料待补。

九、09 农学

农学学科门类包括了作物学、园艺学、农业资源利用、植物保护、畜牧学、兽医学、林学、水产、草学9个一级学科。

（一）0901 作物学

一级学科作物学包括作物栽培学与耕作学、作物遗传育种2个二级学科（学科、专业）。

1. 国家重点学科

（1）一级学科国家重点学科作物学的高等学校

中国农业大学、南京农业大学、河南农业大学、华中农业大学。

（2）二级学科国家重点学科的高等学校

①作物栽培学与耕作学：沈阳农业大学、山东农业大学、湖南农业大学、扬州大学。

②作物遗传育种：浙江大学、华南农业大学、海南大学、四川农业大学。

（3）国家重点（培育）学科的高等学校

①作物栽培学与耕作学：吉林农业大学。

②作物遗传育种：河北农业大学、福建农林大学、西北农林科技大学。

2. 博士学位授权单位

（1）博士学位授权一级学科作物学的高等学校

中国农业大学、沈阳农业大学、吉林农业大学、东北农业大学、南京农业大学、扬州大学、浙江大学、福建农林大学、山东农业大学、河南农业大学、华中农业大学、湖南农业大学、华南农业大学、海南大学、四川农业大学、西北农林科技大学、甘肃农业大学、山西农业大学、西南大学、河北农业大学、内蒙古农业大学、安徽农业大学。

2010年审核增列博士学位授权一级学科的高等学校有黑龙江八一农垦大学、江西农业大学、长江大学、广西大学、青海大学、新疆农业大学、石河子大学。

（2）博士学位授权二级学科的高等学校

作物遗传育种：云南农业大学。

3. 硕士学位授权单位

(1) 硕士学位授权一级学科作物学的高等学校

凡获准博士学位授权一级学科的高等学校，自然获准拥有硕士学位授权一级学科，即中国农业大学、沈阳农业大学、吉林农业大学、东北农业大学、南京农业大学、扬州大学、浙江大学、福建农林大学、山东农业大学、河南农业大学、华中农业大学、湖南农业大学、华南农业大学、海南大学、四川农业大学、西北农林科技大学、甘肃农业大学、山西农业大学、西南大学、河北农业大学、内蒙古农业大学、安徽农业大学、黑龙江八一农垦大学、江西农业大学、长江大学、广西大学、青海大学、新疆农业大学、石河子大学。

此外，还有吉林大学、延边大学、青岛农业大学、云南农业大学、贵州大学、北京农学院、天津农学院、内蒙古民族大学、河南科技大学、河南科技学院、中南大学、广东海洋大学、西藏大学、兰州大学、宁夏大学、塔里木大学等高等学校。

(2) 硕士学位授权二级学科的高等学校

取得1个至若干个（而不是全部）二级学科、专业硕士学位授权点的高等学校也有一批本书未编入，请读者在相关高等学校网站上查阅。

4. 相对应的本科专业

农学、园艺、植物保护、植物科学与技术、种子科学与工程、设施农业科学与工程等。

（二）0902 园艺学

一级学科园艺学包括果树学、蔬菜学、茶学3个二级学科（学科、专业）。

1. 国家重点学科

(1) 一级学科国家重点学科园艺学的高等学校

浙江大学。

(2) 二级学科国家重点学科的高等学校

①果树学：中国农业大学、山东农业大学、华中农业大学、华南农业大学、西北农林科技大学。

②蔬菜学：沈阳农业大学、南京农业大学。

(3) 国家重点（培育）学科的高等学校

①果树学：西南大学。

②蔬菜学：东北农业大学、华中农业大学。

③茶学：安徽农业大学。

2. 博士学位授权单位

(1) 博士学位授权一级学科园艺学的高等学校

中国农业大学、沈阳农业大学、南京农业大学、浙江大学、山东农业大学、华中农业大学、西南大学、西北农林科技大学、福建农林大学、湖南农业大学、华南农业大学、河北农业大学。

2010 年审核增列博士学位授权一级学科的高等学校有上海交通大学、安徽农业大学、四川农业大学、甘肃农业大学、新疆农业大学、石河子大学。

（2）博士学位授权二级学科的高等学校

①果树学：山西农业大学。

②蔬菜学：东北农业大学、山西农业大学、内蒙古农业大学。

3. 硕士学位授权单位

（1）硕士学位授权一级学科园艺学的高等学校

凡获准博士学位授权一级学科的高等学校，自然获准拥有硕士学位授权一级学科，即中国农业大学、沈阳农业大学、南京农业大学、浙江大学、山东农业大学、华中农业大学、西南大学、西北农林科技大学、福建农林大学、湖南农业大学、华南农业大学、河北农业大学、上海交通大学、安徽农业大学、四川农业大学、甘肃农业大学、新疆农业大学、石河子大学。

此外，还有山西农业大学、内蒙古农业大学、吉林农业大学、扬州大学、青岛农业大学、河南农业大学、北京农学院、延边大学、江西农业大学、河南科技学院、海南大学、广西大学、云南农业大学、西南林业大学、宁夏大学、塔里木大学、河北科技师范学院等高等学校。

（2）硕士学位授权二级学科的高等学校

取得 1 个至若干个（而不是全部）二级学科、专业硕士学位授权点的高等学校也有一批本书未编入，请读者在相关高等学校网站上查阅。

4. 相对应的本科专业

园艺、茶学等。

（三）0903 农业资源利用（新目录称农业资源与环境）

一级学科农业资源利用包括土壤学、植物营养学 2 个二级学科（学科、专业）。

1. 国家重点学科

（1）一级学科国家重点学科农业资源利用的高等学校

中国农业大学、南京农业大学、浙江大学。

（2）二级学科国家重点学科的高等学校

土壤学：沈阳农业大学、西北农林科技大学。

（3）国家重点（培育）学科的高等学校（无）

2. 博士学位授权单位

（1）博士学位授权一级学科农业资源利用的高等学校

中国农业大学、沈阳农业大学、南京农业大学、浙江大学、华中农业大学、西南大学、西北农林科技大学、华南农业大学、山东农业大学、湖南农业大学。

2010 年审核增列博士学位授权一级学科的高等学校有北京林业大学、吉林农业大学、福建农林大学。

（2）博士学位授权二级学科的高等学校

土壤学：山西农业大学、河北农业大学、内蒙古农业大学。

3. 硕士学位授权单位

（1）硕士学位授权一级学科农业资源利用的高等学校

凡获准博士学位授权一级学科的高等学校，自然获准拥有硕士学位授权一级学科，即中国农业大学、沈阳农业大学、南京农业大学、浙江大学、华中农业大学、西南大学、西北农林科技大学、华南农业大学、山东农业大学、湖南农业大学、北京林业大学、吉林农业大学、福建农林大学。

此外，还有黑龙江八一农垦大学、东北农业大学、东北林业大学、安徽农业大学、江西农业大学、河南农业大学、广西大学、四川农业大学、贵州大学、云南农业大学、甘肃农业大学等高等学校。

（2）硕士学位授权二级学科的高等学校

取得1个至若干个（而不是全部）二级学科、专业硕士学位授权点的高等学校也有一批本书未编入，请读者在相关高等学校网站上查阅。

4. 相对应的本科专业

农业资源与环境、水土保持与荒漠化防治等。

（四）0904 植物保护

一级学科植物保护包括植物病理学、农业昆虫与害虫防治、农药学3个二级学科（学科、专业）。

1. 国家重点学科

（1）一级学科国家重点学科植物保护的高等学校

中国农业大学、南京农业大学、浙江大学。

（2）二级学科国家重点学科的高等学校

①植物病理学：福建农林大学、西北农林科技大学。

②农业昆虫与害虫防治：华南农业大学。

③农药学：南开大学、华中师范大学、贵州大学。

（3）国家重点（培育）学科的高等学校

农业昆虫与害虫防治：西北农林科技大学。

2. 博士学位授权单位

（1）博士学位授权一级学科植物保护的高等学校

中国农业大学、沈阳农业大学、南京农业大学、浙江大学、福建农林大学、华南农业大学、西北农林科技大学、山东农业大学、西南大学、河北农业大学、华中农业大学、湖南农业大学、贵州大学、云南农业大学。

2010年审核增列博士学位授权一级学科的高等学校有山西农业大学、吉林农业大学、四川大学、扬州大学。

（2）博士学位授权二级学科的高等学校

①植物病理学：广西大学、四川农业大学。

②农业昆虫与害虫防治：中山大学、安徽农业大学。

③农药学：南开大学、华中师范大学、华东理工大学。

3. **硕士学位授权单位**

(1) 硕士学位授权一级学科植物保护的高等学校

凡获准博士学位授权一级学科的高等学校，自然获准拥有硕士学位授权一级学科，即中国农业大学、沈阳农业大学、南京农业大学、浙江大学、福建农林大学、华南农业大学、西北农林科技大学、山东农业大学、西南大学、河北农业大学、华中农业大学、湖南农业大学、贵州大学、云南农业大学、山西农业大学、吉林农业大学、四川大学、扬州大学。

此外，还有南开大学、吉林大学、东北农业大学、上海交通大学、华东理工大学、安徽农业大学、河南农业大学、广西大学、海南大学、四川农业大学、甘肃农业大学、石河子大学、内蒙古农业大学、黑龙江大学、黑龙江八一农垦大学、江西农业大学、青岛农业大学、河南科技大学、长江大学、中山大学、兰州大学、新疆农业大学、仲恺农业工程学院等高等学校。

(2) 硕士学位授权二级学科的高等学校

取得 1 个至若干个（而不是全部）二级学科、专业硕士学位授权点的高等学校也有一批本书未编入，请读者在相关高等学校网站上查阅。

4. **相对应的本科专业**

植物保护等。

（五）0905 畜牧学

一级学科畜牧学包括动物遗传育种与繁殖、动物营养与饲料科学、草业科学、特种经济动物饲养（含蚕、蜂等）4 个二级学科（学科、专业）。

1. **国家重点学科**

(1) 一级学科国家重点学科畜牧学的高等学校

中国农业大学。

(2) 二级学科国家重点学科的高等学校

①动物遗传育种与繁殖：华中农业大学、广西大学、西北农林科技大学。

②动物营养与饲料科学：东北农业大学、四川农业大学。

③草业科学：内蒙古农业大学、甘肃农业大学、新疆农业大学。

④特种经济动物饲养：浙江大学、西南大学。

(3) 国家重点（培育）学科的高等学校

①动物遗传育种与繁殖：山西农业大学、内蒙古农业大学、东北农业大学、四川农业大学、扬州大学。

②动物营养与饲料科学：浙江大学。

2. **博士学位授权单位**

(1) 博士学位授权一级学科畜牧学的高等学校

中国农业大学、内蒙古农业大学、东北农业大学、四川农业大学、浙江大学、甘肃农业大学、南京农业大学、扬州大学、华中农业大学、华南农业大学、西北农林科技大学。

2010 年审核增列博士学位授权一级学科的高等学校有山西农业大学、吉林大学、吉林农业大学、江西农业大学、湖南农业大学、西南大学、云南农业大学、兰州大学、宁夏大学、新疆农业大学、石河子大学。

(2) 博士学位授权二级学科的高等学校

①动物遗传育种与繁殖：广西大学、山东农业大学、河北农业大学、延边大学、安徽农业大学。

②动物营养与饲料科学：江南大学、河南农业大学。

③草业科学：北京林业大学、东北师范大学。

④特种经济动物饲养：苏州大学。

3. 硕士学位授权单位

(1) 硕士学位授权一级学科畜牧学的高等学校

凡获准博士学位授权一级学科的高等学校，自然获准拥有硕士学位授权一级学科，即中国农业大学、内蒙古农业大学、东北农业大学、四川农业大学、浙江大学、甘肃农业大学、南京农业大学、扬州大学、华中农业大学、华南农业大学 、西北农林科技大学、山西农业大学、吉林大学、吉林农业大学、江西农业大学、湖南农业大学、西南大学、云南农业大学、兰州大学、宁夏大学、新疆农业大学、石河子大学。

此外，还有河北农业大学、沈阳农业大学、延边大学、上海交通大学、安徽农业大学、福建农林大学、山东农业大学、青岛农业大学、河南农业大学、河北工程大学、苏州大学、河南科技大学、广东海洋大学、海南大学、贵州大学、西南民族大学、西北民族大学等高等学校。

(2) 硕士学位授权二级学科的高等学校

取得 1 个至若干个（而不是全部）二级学科、专业硕士学位授权点的高等学校也有一批本书未编入，请读者在相关高等学校网站上查阅。

4. 相对应的本科专业

动物科学、蚕学、草业科学等。

（六）0906 兽医学

一级学科兽医学包括基础兽医学、预防兽医学、临床兽医学 3 个二级学科（学科、专业）。

1. 国家重点学科

(1) 一级学科国家重点学科兽医学的高等学校

中国农业大学、南京农业大学。

(2) 二级学科国家重点学科的高等学校

①基础兽医学：东北农业大学。

②预防兽医学：吉林大学、华南农业大学、扬州大学。

③临床兽医学：西北农林科技大学。

（3）国家重点（培育）学科的高等学校

①基础兽医学：吉林大学。

②预防兽医学：四川农业大学。

③临床兽医学：东北农业大学。

2. 博士学位授权单位

（1）博士学位授权一级学科兽医学的高等学校

中国农业大学、东北农业大学、南京农业大学、华南农业大学、内蒙古农业大学、西北农林科技大学、甘肃农业大学、扬州大学、华中农业大学、四川农业大学。

2010 年审核增列博士学位授权一级学科的高等学校有山西农业大学、黑龙江八一农垦大学、浙江大学、山东农业大学、河南农业大学、广西大学。

（2）博士学位授权二级学科的高等学校

①预防兽医学：吉林农业大学。

②临床兽医学：湖南农业大学。

3. 硕士学位授权单位

（1）硕士学位授权一级学科兽医学的高等学校

凡获准博士学位授权一级学科的高等学校，自然获准拥有硕士学位授权一级学科，即中国农业大学、东北农业大学、南京农业大学、华南农业大学、内蒙古农业大学、西北农林科技大学、甘肃农业大学、扬州大学、华中农业大学、四川农业大学、山西农业大学、黑龙江八一农垦大学、浙江大学、山东农业大学、河南农业大学、广西大学。

此外，还有河北农业大学、沈阳农业大学、吉林农业大学、安徽农业大学、江西农业大学、青岛农业大学、湖南农业大学、西南大学、新疆农业大学、北京农学院、天津农学院、内蒙古民族大学、延边大学、福建农林大学、河南科技大学、河南科技学院、西南民族大学、贵州大学、云南农业大学、西北民族大学、宁夏大学、石河子大学等高等学校。

（2）硕士学位授权二级学科的高等学校

取得 1 个至若干个（而不是全部）二级学科、专业硕士学位授权点的高等学校也有一批本书未编入，请读者在相关高等学校网站上查阅。

4. 相对应的本科专业

动物医学、动物科学等。

（七）0907 林学

一级学科林学包括林木遗传育种、森林培育、森林保护学、森林经理学、野生动植物保护与利用、园林植物与观赏园艺、水土保持与荒漠化防治 7 个二级学科（学科、专业）。

1. 国家重点学科

（1）一级学科国家重点学科林学的高等学校

北京林业大学、东北林业大学。

（2）二级学科国家重点学科的高等学校

①林木遗传育种：南京林业大学。

②森林培育：中南林业科技大学。

③森林保护学：南京林业大学。

（3）国家重点（培育）学科的高等学校

水土保持与荒漠化防治：内蒙古农业大学。

2. 博士学位授权单位

（1）博士学位授权一级学科林学的高等学校

北京林业大学、东北林业大学、南京林业大学、内蒙古农业大学、福建农林大学、中南林业科技大学、西北农林科技大学。

2010年审核增列博士学位授权一级学科的高等学校有河北农业大学、安徽农业大学、江西农业大学、河南农业大学、四川农业大学。

（2）博士学位授权二级学科的高等学校

①林木遗传育种：河北农业大学。

②森林培育：山西农业大学、山东农业大学、河北农业大学、贵州大学。

③森林经理学：福建农林大学。

④园林植物与观赏园艺：华中农业大学、中国农业大学。

⑤水土保持与荒漠化防治：中国农业大学、甘肃农业大学。

3. 硕士学位授权单位

（1）硕士学位授权一级学科林学的高等学校

凡获准博士学位授权一级学科的高等学校，自然获准拥有硕士学位授权一级学科，即北京林业大学、东北林业大学、南京林业大学、内蒙古农业大学、福建农林大学、中南林业科技大学、西北农林科技大学、河北农业大学、安徽农业大学、江西农业大学、河南农业大学、四川农业大学。

此外，还有山东农业大学、华中农业大学、西南林业大学、西南大学、北京农学院、山西农业大学、沈阳农业大学、北华大学、南京农业大学、浙江农林大学、湖北民族学院、华南农业大学、华南师范大学、西华师范大学、贵州大学、西藏大学、兰州大学、甘肃农业大学、青海大学、新疆农业大学、仲恺农业工程学院等高等学校。

（2）硕士学位授权二级学科的高等学校

取得1个至若干个（而不是全部）二级学科、专业硕士学位授权点的高等学校也有一批本书未编入，请读者在相关高等学校网站上查阅。

4. 相对应的本科专业

林学、森林资源保护与游憩、野生动物与自然保护区管理、园林、水土保持与荒漠化防治等。

（八）0908 水产

一级学科水产包括水产养殖、捕捞学、渔业资源3个二级学科（学科、专业）。

1. **国家重点学科**

(1) 一级学科国家重点学科水产的高等学校

中国海洋大学。

(2) 二级学科国家重点学科的高等学校

水产养殖：上海海洋大学、华中农业大学。

(3) 国家重点（培育）学科的高等学校（无）

2. **博士学位授权单位**

(1) 博士学位授权一级学科水产的高等学校

上海海洋大学、中国海洋大学、华中农业大学。

2010年审核增列博士学位授权一级学科的高等学校有南京农业大学、宁波大学。

(2) 博士学位授权二级学科的高等学校

水产养殖：西南大学。

3. **硕士学位授权单位**

(1) 硕士学位授权一级学科水产的高等学校

凡获准博士学位授权一级学科的高等学校，自然获准拥有硕士学位授权一级学科，即上海海洋大学、中国海洋大学、华中农业大学、南京农业大学、宁波大学。

此外，还有大连海洋大学、南京师范大学、天津农学院、浙江海洋学院、集美大学、湖南农业大学、广东海洋大学、华南师范大学、海南大学、四川农业大学、西北农林科技大学等高等学校。

(2) 硕士学位授权二级学科的高等学校

取得1个至若干个（而不是全部）二级学科、专业硕士学位授权点的高等学校也有一批本书未编入，请读者在相关高等学校网站上查阅。

4. **相对应的本科专业**

水产养殖、海洋渔业科学与技术等。

（九）**0909** 草学※

本学科为新增一级学科，其有关资料待补。

十、10 医学

医学学科门类包括基础医学、临床医学、口腔医学、公共卫生与预防医学、中医学、中西医结合、药学、中药学、特种医学、医学技术、护理学11个一级学科。

（一）**1001** 基础医学（可授医学、理学学位）

一级学科基础医学包括人体解剖与组织胚胎学，免疫学，病原生物学，病理学与病理生理学，法医学，放射医学，航空、航天与航海医学7个二级学科（学科、专业）。

1. 国家重点学科

(1) 一级学科国家重点学科基础医学的高等学校

复旦大学、第二军医大学、第四军医大学。

(2) 二级学科国家重点学科的高等学校

①人体解剖与组织胚胎学：山东大学、南方医科大学。

②免疫学：北京大学、北京协和医学院—清华大学医学部，清华大学、第三军医大学。

③病理学与病理生理学：北京大学、北京协和医学院—清华大学医学部，清华大学、上海交通大学、华中科技大学、中南大学、汕头大学。

④法医学：四川大学、西安交通大学。

⑤放射医学：苏州大学。

(3) 国家重点（培育）学科的高等学校

①人体解剖与组织胚胎学：第三军医大学。

②病原生物学：中山大学。

③病理学与病理生理学：南京医科大学、浙江大学、郑州大学、南方医科大学。

④法医学：河北医科大学。

2. 博士学位授权单位

(1) 博士学位授权一级学科基础医学的高等学校

北京大学、北京协和医学院—清华大学医学部，清华大学、河北医科大学、中国医科大学、吉林大学、哈尔滨医科大学、复旦大学、上海交通大学、山东大学、华中科技大学、中南大学、中山大学、南方医科大学、四川大学、西安交通大学、苏州大学、南京医科大学、天津医科大学、浙江大学、郑州大学、武汉大学。

2010年审核增列博士学位授权一级学科的高等学校有首都医科大学、大连医科大学、延边大学、南京大学、福建医科大学、南华大学、广西医科大学、重庆医科大学、贵阳医学院、青岛大学。

(2) 博士学位授权二级学科的高等学校

①免疫学：东南大学、安徽医科大学、汕头大学。

②病理学与病理生理学：汕头大学、暨南大学。

③法医学：山西医科大学。

3. 硕士学位授权单位

(1) 硕士学位授权一级学科基础医学的高等学校

凡获准博士学位授权一级学科的高等学校，自然获准拥有硕士学位授权一级学科，即北京大学、北京协和医学院—清华大学医学部，清华大学、河北医科大学、中国医科大学、吉林大学、哈尔滨医科大学、复旦大学、上海交通大学、山东大学、华中科技大学、中南大学、中山大学、南方医科大学、四川大学、西安交通大学、苏州大学、南京医科大学、天津医科大学、浙江大学、郑州大学、武汉大学、首都医科大学、大连医科大学、延边大学、南京大学、福建医科大学、南华大学、广西医科大学、重庆医科大学、贵阳医学院、青岛大学。

此外，还有山西医科大学、辽宁医学院、同济大学、东南大学、南通大学、安徽医科大学、汕头大学、兰州大学、新疆医科大学、北京航空航天大学、南开大学、天津中医药大学、河北联合大学、承德医学院、内蒙古医科大学、北华大学、佳木斯大学、江苏大学、徐州医学院、温州医科大学、蚌埠医学院、皖南医学院、南昌大学、潍坊医学院、泰山医学院、滨州医学院、厦门大学、河南中医学院、新乡医学院、河南大学、河南科技大学、湖南师范大学、暨南大学、广州医科大学、广东药学院、桂林医学院、泸州医学院、成都中医药大学、川北医学院、遵义医学院、昆明医科大学、大理学院、西藏民族学院、青海大学、宁夏医科大学、石河子大学、三峡大学、扬州大学等高等学校。

（2）硕士学位授权二级学科的高等学校

取得1个至若干个（而不是全部）二级学科、专业硕士学位授权点的高等学校也有一批本书未编入，请读者在相关高等学校网站上查阅。

4. 相对应的本科专业

基础医学、预防医学、临床医学、法医学、医学影像学、护理学等。

（二）1002 临床医学

一级学科临床医学包括内科学（含心血管病、血液病、呼吸系病、消化系病、内分泌与代谢病、肾病、风湿病、传染病）、儿科学、老年医学、神经病学、精神病与精神卫生学、皮肤病与性病学、影像医学与核医学、临床检验诊断学、护理学、外科学（含普外、骨外、泌尿外、胸心外、神外、整形、烧伤、野战外）、妇产科学、眼科学、耳鼻咽喉科学、肿瘤学、康复医学与理疗学、运动医学、麻醉学、急诊医学18个二级学科（学科、专业）。

1. 国家重点学科

（1）一级学科国家重点学科临床医学的高等学校（无）

（2）二级学科国家重点学科的高等学校

①内科学（肾病、心血管病、血液病）：北京大学。

内科学：北京协和医学院—清华大学医学部，清华大学、上海交通大学。

内科学（呼吸系病、心血管病）：首都医科大学。

内科学（呼吸系病、内分泌与代谢病）：中国医科大学。

内科学（传染病、肾病、心血管病）：复旦大学。

内科学（血液病）：苏州大学。

内科学（心血管病）：南京医科大学。

内科学（传染病）：浙江大学。

内科学（心血管病）：山东大学。

内科学（心血管病、血液病、呼吸系病）：华中科技大学。

内科学（内分泌与代谢病）：中南大学。

内科学（内分泌与代谢病、肾病）：中山大学。

内科学（呼吸系病）：广州医科大学。

内科学（呼吸系病、消化系病）：四川大学。

内科学（传染病）：重庆医科大学。

内科学（消化系病）：南方医科大学、第二军医大学。

内科学（传染病、呼吸系病、心血管病）：第三军医大学。

内科学（传染病、消化系病）：第四军医大学。

内科学（呼吸系病、肾病）：军医进修学院。

②儿科学：北京大学、首都医科大学、复旦大学、上海交通大学、浙江大学、四川大学、重庆医科大学。

③老年医学：军医进修学院。

④神经病学：首都医科大学、吉林大学、复旦大学、中南大学、中山大学、重庆医科大学。

⑤精神病与精神卫生学：北京大学、中南大学。

⑥皮肤病与性病学：北京大学、北京协和医学院—清华大学医学部，清华大学、中国医科大学、安徽医科大学、第四军医大学。

⑦影像医学与核医学：北京协和医学院—清华大学医学部，清华大学、复旦大学、四川大学、第二军医大学。

⑧临床检验诊断学：重庆医科大学。

⑨外科学（骨外、泌尿外）：北京大学。

外科学（骨外、胸心外）：北京协和医学院—清华大学医学部，清华大学。

外科学（神外）：首都医科大学。

外科学（泌尿外、神外）：天津医科大学。

外科学（普外）：中国医科大学、南京大学、浙江大学、中山大学。

外科学：复旦大学。

外科学（骨外、整形）：上海交通大学。

外科学（骨外）：苏州大学。

外科学（泌尿外、普外）：华中科技大学。

外科学（胸心外）：中南大学。

外科学（骨外、普外、胸心外）：四川大学。

外科学（泌尿外）：西安交通大学。

外科学：第二军医大学、第三军医大学。

外科学（骨外、神外、胸心外）：第四军医大学。

外科学（骨外、烧伤）：军医进修学院。

⑩妇产科学：北京大学、北京协和医学院—清华大学医学部，清华大学、复旦大学、山东大学、华中科技大学、四川大学。

⑪眼科学：北京大学、首都医科大学、复旦大学、中山大学、青岛大学。

⑫耳鼻咽喉科学：首都医科大学、复旦大学、中南大学、中山大学、军医进修学院。

⑬肿瘤学：北京大学、北京协和医学院—清华大学医学部，清华大学、天津医科大

学、复旦大学、浙江大学、中山大学、四川大学。

⑭运动医学：北京大学。

⑮麻醉学：北京协和医学院—清华大学医学部，清华大学、华中科技大学。

(3) 国家重点（培育）学科的高等学校

①内科学（消化系病）：首都医科大学。

内科学（内分泌与代谢病）：天津医科大学。

内科学（心血管病）：武汉大学。

内科学（传染病）：华中科技大学。

内科学（消化系病）：第三军医大学。

②神经病学：上海交通大学。

③精神病与精神卫生学：四川大学。

④皮肤病与性病学：西安交通大学。

⑤影像医学与核医学：首都医科大学、中国医科大学、华中科技大学、第四军医大学。

⑥外科学（普外）：北京协和医学院—清华大学医学部，清华大学、哈尔滨医科大学、中南大学、第四军医大学、军医进修学院。

外科学（骨外）：南方医科大学。

外科学（整形）：第四军医大学。

⑦妇产科学：浙江大学。

⑧眼科学：浙江大学、第三军医大学。

⑨肿瘤学：广西医科大学。

⑩麻醉学：四川大学。

2. 博士学位授权单位

(1) 博士学位授权一级学科临床医学的高等学校

北京大学、北京协和医学院—清华大学医学部，清华大学、首都医科大学、中国医科大学、哈尔滨医科大学、复旦大学、上海交通大学、华中科技大学、中南大学、中山大学、四川大学、天津医科大学、南京医科大学、浙江大学、山东大学、南方医科大学、重庆医科大学、郑州大学。

2010年审核增列博士学位授权一级学科的高等学校有南开大学、河北医科大学、山西医科大学、大连医科大学、吉林大学、同济大学、南京大学、苏州大学、东南大学、温州医科大学、安徽医科大学、福建医科大学、南昌大学、武汉大学、暨南大学、广州医科大学、汕头大学、广西医科大学、昆明医科大学、西安交通大学、兰州大学、新疆医科大学、青岛大学。

(2) 博士学位授权二级学科的高等学校

①内科学：延边大学。

②儿科学：青岛大学。

③临床检验诊断学：江苏大学。

④外科学：河北医科大学、南昌大学（三级学科博士点）。

⑤眼科学：青岛大学、上海交通大学。

3. 硕士学位授权单位

(1) 硕士学位授权一级学科临床医学的高等学校

凡获准博士学位授权一级学科的高等学校，自然获准拥有硕士学位授权一级学科，即北京大学、北京协和医学院—清华大学医学部，清华大学、首都医科大学、中国医科大学、哈尔滨医科大学、复旦大学、上海交通大学、华中科技大学、中南大学、中山大学、四川大学、天津医科大学、南京医科大学、浙江大学、山东大学、南方医科大学、重庆医科大学、郑州大学、南开大学、河北医科大学、山西医科大学、大连医科大学、吉林大学、同济大学、南京大学、苏州大学、东南大学、温州医科大学、安徽医科大学、福建医科大学、南昌大学、武汉大学、暨南大学、广州医科大学、汕头大学、广西医科大学、昆明医科大学、西安交通大学、兰州大学、新疆医科大学、青岛大学。

此外，还有南通大学、徐州医学院、宁夏医科大学、北京体育大学、河北大学、河北联合大学、河北北方学院、承德医学院、内蒙古科技大学、内蒙古医科大学、内蒙古民族大学、辽宁医学院、延边大学、北华大学、佳木斯大学、江苏大学、蚌埠医学院、皖南医学院、厦门大学、福建中医药大学、济南大学、浙江中医药大学、潍坊医学院、泰山医学院、滨州医学院、山东中医药大学、河南中医学院、新乡医学院、河南大学、河南科技大学、长江大学、湖南师范大学、南华大学、广东医学院、广州中医药大学、广西中医药大学、桂林医学院、泸州医学院、成都中医药大学、川北医学院、成都体育学院、贵阳医学院、遵义医学院、大理医学院、陕西中医学院、延安大学、甘肃中医学院、石河子大学、三峡大学、扬州大学、大连大学、宁波大学等高等学校。

(2) 硕士学位授权二级学科的高等学校

取得1个至若干个（而不是全部）二级学科、专业硕士学位授权点的高等学校也有一批本书未编入，请读者在相关高等学校网站上查阅。

4. 相对应的本科专业

临床医学、麻醉医学、医学影像学、医学检验、基础医学、预防医学、护理学等。

（三）1003 口腔医学

一级学科口腔医学包括口腔基础医学、口腔临床医学2个二级学科（学科、专业）。

1. 国家重点学科

(1) 一级学科国家重点学科口腔医学的高等学校

北京大学、四川大学。

(2) 二级学科国家重点学科的高等学校

①口腔基础医学：武汉大学。

②口腔临床医学：上海交通大学、第四军医大学。

(3) 国家重点（培育）学科的高等学校

口腔基础医学：上海交通大学、第四军医大学。

2. 博士学位授权单位

(1) 博士学位授权一级学科口腔医学的高等学校

北京大学、上海交通大学、武汉大学、四川大学、首都医科大学、吉林大学、浙江大学。

2010年审核增列博士学位授权一级学科的高等学校有天津医科大学、中国医科大学、同济大学、南京医科大学、山东大学、中山大学。

(2) 博士学位授权二级学科的高等学校

口腔临床医学：哈尔滨医科大学、福建医科大学。

3. 硕士学位授权单位

(1) 硕士学位授权一级学科口腔医学的高等学校

凡获准博士学位授权一级学科的高等学校，自然获准拥有硕士学位授权一级学科，即北京大学、上海交通大学、武汉大学、四川大学、首都医科大学、吉林大学、浙江大学、天津医科大学、中国医科大学、同济大学、南京医科大学、山东大学、中山大学。

此外，还有河北医科大学、大连医科大学、佳木斯大学、青岛大学、华中科技大学、中南大学、南方医科大学、昆明医科大学、北京协和医学院、南开大学、辽宁医学院、哈尔滨医科大学、南京大学、安徽医科大学、福建医科大学、南昌大学、郑州大学、暨南大学、广西医科大学、重庆医科大学、遵义医学院、新疆医科大学、西安交通大学、兰州大学等高等学校。

(2) 硕士学位授权二级学科的高等学校

取得1个至若干个（而不是全部）二级学科、专业硕士学位授权点的高等学校也有一批本书未编入，请读者在相关高等学校网站上查阅。

4. 相对应的本科专业

口腔医学等。

(四) 1004 公共卫生与预防医学（可授医学、理学学位）

一级学科公共卫生与预防医学包括流行病与卫生统计学、劳动卫生与环境卫生学、营养与食品卫生学、少儿卫生与妇幼保健学、卫生毒理学、军事预防医学6个二级学科（学科、专业）。

1. 国家重点学科

(1) 一级学科国家重点学科公共卫生与预防医学的高等学校（无）

(2) 二级学科国家重点学科的高等学校

①流行病与卫生统计学：北京大学、复旦大学、山东大学。

②劳动卫生与环境卫生学：中国医科大学、南京医科大学、华中科技大学。

③营养与食品卫生学：哈尔滨医科大学、四川大学。

④卫生毒理学：中山大学。

⑤军事预防医学：第三军医大学、第四军医大学。

(3) 国家重点（培育）学科的高等学校

①少儿卫生与妇幼保健学：北京大学、华中科技大学。

②卫生毒理学：第三军医大学。

2. 博士学位授权单位

(1) 博士学位授权一级学科公共卫生与预防医学的高等学校

北京大学、哈尔滨医科大学、复旦大学、华中科技大学、四川大学、中山大学、南京医科大学、山东大学、南方医科大学、第二军医大学。

2010年审核增列博士学位授权一级学科的高等学校有北京协和医学院、首都医科大学、天津医科大学、中国医科大学、吉林大学、上海交通大学、苏州大学、东南大学、浙江大学、郑州大学、中南大学、广西医科大学。

(2) 博士学位授权二级学科的高等学校

①流行病与卫生统计学：山西医科大学、安徽医科大学、西安交通大学、河北医科大学。

②劳动卫生与环境卫生学：新疆医科大学、山西医科大学、武汉大学、西安交通大学。

③营养与食品卫生学：南昌大学、青岛大学。

④少儿卫生与妇幼保健学：安徽医科大学。

3. 硕士学位授权单位

(1) 硕士学位授权一级学科公共卫生与预防医学的高等学校

凡获准博士学位授权一级学科的高等学校，自然获准拥有硕士学位授权一级学科，即北京大学、哈尔滨医科大学、复旦大学、华中科技大学、四川大学、中山大学、南京医科大学、山东大学、南方医科大学、第二军医大学、北京协和医学院、首都医科大学、天津医科大学、中国医科大学、吉林大学、上海交通大学、苏州大学、东南大学、浙江大学、郑州大学、中南大学、广西医科大学。

此外，还有华北煤炭医学院、山西医科大学、安徽医科大学、福建医科大学、西安交通大学、兰州大学、新疆医科大学、中国人民大学、河北医科大学、内蒙古科技大学、辽宁医学院、大连医科大学、同济大学、江南大学、南通大学、徐州医学院、厦门大学、南昌大学、济南大学、潍坊医学院、武汉大学、武汉科技大学、湖南农业大学、南华大学、暨南大学、广州医科大学、广东药学院、重庆医科大学、贵阳医学院、扬州大学、昆明医科大学、宁夏医科大学、青岛大学、宁波大学等高等学校。

(2) 硕士学位授权二级学科的高等学校

取得1个至若干个（而不是全部）二级学科、专业硕士学位授权点的高等学校也有一批本书未编入，请读者在相关高等学校网站上查阅。

4. 相对应的本科专业

临床医学、麻醉医学、医学检验、基础医学、预防医学、食品科学与工程等。

（五）**1005** 中医学

一级学科中医学包括中医基础理论、中医临床基础、中医医史文献、方剂学、中医诊断学、中医内科学、中医外科学、中医骨伤科学、中医妇科学、中医儿科学、中医五官科学、针灸推拿学12个二级学科（学科、专业）。

1. **国家重点学科**

（1）一级学科国家重点学科中医学的高等学校

北京中医药大学、广州中医药大学。

（2）二级学科国家重点学科的高等学校

①中医基础理论：辽宁中医药大学、山东中医药大学。

②中医临床基础：浙江中医药大学。

③中医医史文献：南京中医药大学、山东中医药大学。

④方剂学：黑龙江中医药大学。

⑤中医诊断学：湖南中医药大学。

⑥中医内科学：天津中医药大学、上海中医药大学。

⑦中医外科学：上海中医药大学。

⑧中医骨伤科学：上海中医药大学。

⑨中医妇科学：黑龙江中医药大学、成都中医药大学。

⑩中医儿科学：南京中医药大学。

⑪中医五官科学：成都中医药大学。

⑫针灸推拿学：天津中医药大学、成都中医药大学。

（3）国家重点（培育）学科的高等学校

①中医医史文献：上海中医药大学。

②中医内科学：黑龙江中医药大学、南京中医药大学、山东中医药大学。

③针灸推拿学：上海中医药大学。

2. **博士学位授权单位**

（1）博士学位授权一级学科中医学的高等学校

北京中医药大学、上海中医药大学、南京中医药大学、广州中医药大学、天津中医药大学、黑龙江中医药大学、湖南中医药大学、成都中医药大学、山东中医药大学、湖北中医药大学。

2010年审核增列博士学位授权一级学科的高等学校有辽宁中医药大学、长春中医药大学、浙江中医药大学、福建中医药大学。

（2）博士学位授权二级学科的高等学校

中医诊断学：河北医科大学。

3. **硕士学位授权单位**

（1）硕士学位授权一级学科中医学的高等学校

凡获准博士学位授权一级学科的高等学校，自然获准拥有硕士学位授权一级学科，即北京中医药大学、上海中医药大学、南京中医药大学、广州中医药大学、天津中医药大学、黑龙江中医药大学、湖南中医药大学、成都中医药大学、山东中医药大学、湖北中医药大学、辽宁中医药大学、长春中医药大学、浙江中医药大学、福建中医药大学。

此外，还有首都医科大学、河北医科大学、内蒙古民族大学、河南中医学院、南方医科大学、广西中医药大学、云南中医学院、陕西中医学院、甘肃中医学院、河北联合大学、内蒙古医科大学、安徽中医药大学、厦门大学、湖北民族学院、中南民族大学、宁夏医科大学、新疆医科大学、山西中医学院等高等学校。

(2) 硕士学位授权二级学科的高等学校

取得1个至若干个（而不是全部）二级学科、专业硕士学位授权点的高等学校也有一批本书未编入，请读者在相关高等学校网站上查阅。

4. 相对应的本科专业

中医学、针灸推拿学（蒙医学、藏医学）等。

（六）1006 中西医结合

一级学科中西医结合包括中西医结合基础、中西医结合临床2个二级学科（学科、专业）。

1. 国家重点学科

(1) 一级学科国家重点学科中西医结合的高等学校

复旦大学。

(2) 二级学科国家重点学科的高等学校

①中西医结合基础：北京中医药大学、河北医科大学。

②中西医结合临床：天津医科大学、大连医科大学、南方医科大学、第二军医大学。

(3) 国家重点（培育）学科的高等学校

中西医结合基础：华中科技大学。

2. 博士学位授权单位

(1) 博士学位授权一级学科中西医结合的高等学校

北京中医药大学、天津医科大学、河北医科大学、复旦大学、上海中医药大学、南京中医药大学、广州中医药大学、成都中医药大学、南方医科大学、华中科技大学、中南大学、中山大学、大连医科大学、辽宁中医药大学、黑龙江中医药大学、山东中医药大学、暨南大学、四川大学。

2010年审核增列博士学位授权一级学科的高等学校有北京大学、北京协和医学院、天津中医药大学、福建中医药大学、扬州大学。

(2) 博士学位授权二级学科的高等学校

①中西医结合基础：中国药科大学。

②中西医结合临床：上海交通大学、哈尔滨医科大学、浙江中医药大学、山东大学、湖南中医药大学。

3. 硕士学位授权单位

(1) 硕士学位授权一级学科中西医结合的高等学校

凡获准博士学位授权一级学科的高等学校，自然获准拥有硕士学位授权一级学科，即北京中医药大学、天津医科大学、河北医科大学、复旦大学、上海中医药大学、南京中医药大学、广州中医药大学、成都中医药大学、南方医科大学、华中科技大学、中南大学、中山大学、大连医科大学、辽宁中医药大学、黑龙江中医药大学、山东中医药大学、暨南大学、四川大学、北京大学、北京协和医学院、天津中医药大学、福建中医药大学、扬州大学。

此外，还有首都医科大学、长春中医药大学、上海交通大学、浙江中医药大学、江西中医学院、河南中医学院、湖北中医药大学、湖南中医药大学、广西中医药大学、泸州医学院、云南中医学院、西安交通大学、陕西中医学院、兰州大学、河北大学、内蒙古民族大学、沈阳药科大学、哈尔滨医科大学、温州医科大学、安徽中医药大学、福建医科大学、广州医科大学、广西医科大学、重庆医科大学、成都体育学院、贵阳中医学院、甘肃中医学院、新疆医科大学等高等学校。

（2）硕士学位授权二级学科的高等学校

取得1个至若干个（而不是全部）二级学科、专业硕士学位授权点的高等学校也有一批本书未编入，请读者在相关高等学校网站上查阅。

4. 相对应的本科专业

中西医临床医学、中医学、临床医学等。

（七）1007 药学（可授医学、理学学位）

一级学科药学包括药物化学、药剂学、生药学、药物分析学、微生物与生化药学、药理学6个二级学科（学科、专业）。

1. 国家重点学科

（1）一级学科国家重点学科药学的高等学校

北京大学、北京协和医学院—清华大学医学部，清华大学、中国药科大学、第二军医大学。

（2）二级学科国家重点学科的高等学校

①药剂学：沈阳药科大学、复旦大学、四川大学。

②药理学：哈尔滨医科大学、南京医科大学、中南大学、中山大学。

（3）国家重点（培育）学科的高等学校

①药物化学：山东大学。

②药物分析学：浙江大学。

③药理学：华中科技大学。

2. 博士学位授权单位

（1）博士学位授权一级学科药学的高等学校

北京大学、北京协和医学院—清华大学医学部，清华大学、沈阳药科大学、复旦大学、中国药科大学、四川大学、山东大学、浙江大学、中山大学。

2010年审核增列博士学位授权一级学科的高等学校有首都医科大学、吉林大学、哈尔滨医科大学、黑龙江中医药大学、上海交通大学、华东理工大学、南京大学、苏州大学、南京医科大学、安徽医科大学、中国海洋大学、华中科技大学、中南大学、新疆医科大学、南方医科大学。

（2）博士学位授权二级学科的高等学校

①药物化学：延边大学、浙江工业大学、郑州大学。

②生药学：辽宁中医药大学、中国海洋大学。

③药物分析学：西安交通大学、福州大学。

④微生物与生化药学：第三军医大学。

⑤药理学：河北医科大学、中国药科大学、广西医科大学、重庆医科大学、福建医科大学、西安交通大学、天津医科大学、汕头大学。

3. 硕士学位授权单位

(1) 硕士学位授权一级学科药学的高等学校

凡获准博士学位授权一级学科的高等学校，自然获准拥有硕士学位授权一级学科，即北京大学、北京协和医学院—清华大学医学部，清华大学、沈阳药科大学、复旦大学、中国药科大学、四川大学、山东大学、浙江大学、中山大学、首都医科大学、吉林大学、哈尔滨医科大学、黑龙江中医药大学、上海交通大学、华东理工大学、南京大学、苏州大学、南京医科大学、安徽医科大学、中国海洋大学、华中科技大学、中南大学、新疆医科大学、南方医科大学。

此外，还有天津大学、天津医科大学、河北医科大学、山西医科大学、辽宁医学院、延边大学、长春中医药大学、浙江工业大学、福建医科大学、山东中医药大学、郑州大学、河南中医学院、武汉理工大学、湖北中医药大学、重庆大学、重庆医科大学、西安交通大学、兰州大学、北京理工大学、北京化工大学、南开大学、天津科技大学、河北大学、河北科技大学、天津中医药大学、河北北方学院、山西大学、内蒙古医科大学、大连理工大学、沈阳化工大学、中国医科大学、大连医科大学、吉林农业大学、北华大学、佳木斯大学、东北林业大学、哈尔滨商业大学、同济大学、华东师范大学、南京工业大学、江苏大学、江南大学、南通大学、徐州医学院、南京中医药大学、温州医科大学、浙江中医药大学、安徽中医药大学、厦门大学、福州大学、福建中医药大学、南昌大学、济南大学、潍坊医学院、泰山医学院、河南工业大学、新乡医学院、河南大学、武汉大学、武汉轻工大学、湖南大学、湖南中医药大学、南华大学、广州中医药大学、广东药学院、暨南大学、海南大学、广西中医药大学、西南交通大学、泸州医学院、成都中医药大学、贵阳医学院、遵义医学院、昆明医科大学、大理学院、云南中医学院、青海民族大学、宁夏医科大学、石河子大学、青岛大学、烟台大学、扬州大学等高等学校。

(2) 硕士学位授权二级学科的高等学校

取得1个至若干个（而不是全部）二级学科、专业硕士学位授权点的高等学校也有一批本书未编入，请读者在相关高等学校网站上查阅。

4. 相对应的本科专业

药学、药物制剂、中药学等。

（八）1008 中药学

一级学科中药学不分设二级学科（学科、专业）。

1. 国家重点学科

（1）一级学科国家重点学科中药学的高等学校

北京中医药大学、黑龙江中医药大学、上海中医药大学、南京中医药大学、成都中医药大学。

（2）国家重点（培育）学科的高等学校（无）

2. 博士学位授权单位

博士学位授权一级学科中药学的高等学校

北京中医药大学、黑龙江中医药大学、上海中医药大学、南京中医药大学、中国药科大学、山东中医药大学、广州中医药大学、成都中医药大学、沈阳药科大学、长春中医药大学、浙江中医药大学、西北大学、天津中医药大学、南方医科大学、辽宁中医药大学、哈尔滨商业大学。

2010年审核增列博士学位授权一级学科的高等学校有暨南大学。

3. 硕士学位授权单位

硕士学位授权一级学科中药学的高等学校

凡获准博士学位授权一级学科的高等学校，自然获准拥有硕士学位授权一级学科，即北京中医药大学、黑龙江中医药大学、上海中医药大学、南京中医药大学、中国药科大学、山东中医药大学、广州中医药大学、成都中医药大学、沈阳药科大学、长春中医药大学、浙江中医药大学、西北大学、天津中医药大学、南方医科大学、辽宁中医药大学、哈尔滨商业大学、暨南大学。

此外，还有北京师范大学、吉林农业大学、上海交通大学、华东理工大学、江苏大学、南京农业大学、温州医科大学、福建中医药大学、河南中医学院、河南大学、广东医学院、西南交通大学、泸州医学院、西北农林科技大学、陕西中医学院、陕西师范大学、新疆医科大学、北京协和医学院、山西医科大学、内蒙古医科大学、江西中医学院、重庆医科大学、贵阳中医学院、西藏藏医学院、陕西科技大学、西南大学、山西中医学院等高等学校。

4. 相对应的本科专业

中药学、药学、药物制剂等。

（九）**1009**特种医学※

本学科为新增一级学科，其有关资料待补。

（十）**1010**医学技术※（可授医学、理学学位）

本学科为新增一级学科，其有关资料待补。

（十一）**1011**护理学※（可授医学、理学学位）

本学科为新增一级学科，其有关资料待补。

十一、11 军事学

军事学学科门类包括军事思想及军事历史、战略学（军事战略学、战争动员学）、战役学（联合战役学、军种战役学）、战术学（合同战术学、兵种战术学）、军队指挥学（作战指挥学、军事运筹学、军事通信学、军事情报学、密码学、军事教育训练学）、军制学（军事组织编制学、军队管理学）、军队政治工作学、军事后勤学、军事装备学（军事后勤学、后方专业勤务、军事装备学）、军事训练学 10 个一级学科（合计 20 个二级学科、专业）。

有关资料本书略。

十二、12 管理学

管理学学科门类包括管理科学与工程，工商管理，农林经济管理，公共管理，图书馆、情报与档案管理 5 个一级学科（学科、专业）。

（一）1201 管理科学与工程（可授管理学、工学学位）

一级学科管理科学与工程不分设二级学科（学科、专业）。

1. 国家重点学科

(1) 一级学科国家重点学科管理科学与工程的高等学校

清华大学，北京协和医学院—清华大学医学部、北京航空航天大学、天津大学、大连理工大学、哈尔滨工业大学、上海交通大学、浙江大学、合肥工业大学、中南大学、西安交通大学、国防科学技术大学。

(2) 国家重点（培育）学科的高等学校

管理科学与工程：复旦大学、中国科学技术大学、华中科技大学。

2. 博士学位授权单位

博士学位授权一级学科管理科学与工程的高等学校

清华大学，北京协和医学院—清华大学医学部、北京交通大学、北京工业大学、北京航空航天大学、北京理工大学、北京科技大学、北京邮电大学、中国农业大学、天津大学、河北工业大学、大连理工大学、东北大学、辽宁工程技术大学、哈尔滨工业大学、哈尔滨工程大学、复旦大学、同济大学、上海交通大学、上海理工大学、东南大学、南京理工大学、南京航空航天大学、中国矿业大学、江苏大学、浙江大学、中国科学技术大学、合肥工业大学、南昌大学、华中科技大学、武汉理工大学、湖南大学、中南大学、华南理工大学、西南交通大学、电子科技大学、昆明理工大学、西安交通大学、西北工业大学、山西大学、吉林大学、东华大学、南京大学、河海大学、江西财经大学、山东师范大学、武汉大学、四川大学、重庆大学、哈尔滨理工大学、西安理工大学、西安建筑科技大学、南开大学、燕山大学、大连海事大学、东北财经大学、上海财经大学、上海大学、厦门大学、福州大学、山东大学、中国地质大学、中山大学、暨南大学、广东工业大学、华北电力大学、空军工程大学。

2010年审核增列博士学位授权一级学科的高等学校有北京大学、首都经济贸易大学、天津财经大学、河北大学、太原理工大学、沈阳工业大学、华东理工大学、上海海事大学、江苏科技大学、南京师范大学、山东科技大学、华中师范大学、重庆交通大学、西南财经大学、西安电子科技大学、兰州交通大学、青岛大学、中国石油大学。

3. 硕士学位授权单位

（1）硕士学位授权一级学科管理科学与工程的高等学校

凡获准博士学位授权一级学科的高等学校，自然获准拥有硕士学位授权一级学科，即清华大学，北京协和医学院—清华大学医学部、北京交通大学、北京工业大学、北京航空航天大学、北京理工大学、北京科技大学、北京邮电大学、中国农业大学、天津大学、河北工业大学、大连理工大学、东北大学、辽宁工程技术大学、哈尔滨工业大学、哈尔滨工程大学、复旦大学、同济大学、上海交通大学、上海理工大学、东南大学、南京理工大学、南京航空航天大学、中国矿业大学、江苏大学、浙江大学、中国科学技术大学、合肥工业大学、南昌大学、华中科技大学、武汉理工大学、湖南大学、中南大学、华南理工大学、西南交通大学、电子科技大学、昆明理工大学、西安交通大学、西北工业大学、山西大学、吉林大学、东华大学、南京大学、河海大学、江西财经大学、山东师范大学、武汉大学、四川大学、重庆大学、哈尔滨理工大学、西安理工大学、西安建筑科技大学、南开大学、燕山大学、大连海事大学、东北财经大学、上海财经大学、上海大学、厦门大学、福州大学、山东大学、中国地质大学、中山大学、暨南大学、广东工业大学、华北电力大学、空军工程大学、北京大学、首都经济贸易大学、天津财经大学、河北大学、太原理工大学、沈阳工业大学、华东理工大学、上海海事大学、江苏科技大学、南京师范大学、山东科技大学、华中师范大学、重庆交通大学、西南财经大学、西安电子科技大学、兰州交通大学、青岛大学、中国石油大学。

此外，还有北京林业大学、天津科技大学、天津工业大学、中国民航大学、天津理工大学、天津师范大学、天津城建大学、中北大学、山西师范大学、内蒙古农业大学、沈阳建筑大学、辽宁师范大学、大连大学、长春理工大学、黑龙江科技大学、东北林业大学、哈尔滨商业大学、苏州大学、江南大学、南京林业大学、扬州大学、浙江工业大学、浙江工商大学、安徽工业大学、安徽理工大学、安徽工程大学、华东交通大学、江西师范大学、中国海洋大学、济南大学、山东建筑大学、青岛理工大学、山东理工大学、山东财经大学、华北水利水电大学、郑州大学、河南理工大学、郑州轻工业学院、河南工业大学、河南农业大学、河南大学、河南财经政法大学、中南财经政法大学、湘潭大学、长沙理工大学、南华大学、湖南工业大学、华南农业大学、贵州大学、云南大学、云南财经大学、重庆邮电大学、重庆师范大学、西北大学、西安工业大学、西安科技大学、西安石油大学、西安工程大学、西北农林科技大学、西安邮电大学、兰州理工大学、北京外国语大学、中央财经大学、天津中医药大学、天津职业技术师范大学、石家庄经济学院、天津外国语大学、内蒙古科技大学、辽宁大学、沈阳航空航天大学、沈阳化工大学、大连交通大学、辽宁工业大学、吉林建筑大学、吉林财经大学、黑龙江大学、常州大学、南京信息工程大学、南京农业大学、徐州师范大学、南京财经大学、苏州科技学院、中国计量学院、安徽财经大学、南昌航空大学、景德镇陶瓷学院、聊城大学、武汉工程大学、武汉轻工大学、湖北工业大学、湖北中医药大学、广东商学院、成都信息工程学院、四川理工学院、贵州师范大学、长安大学、兰州商学院、西北民族大学、安徽建筑大学、江汉大学、西安财经学院、重庆理工大学、重庆工商大学、广东外语外贸大学等高等学校。

4. 相对应的本科专业

管理科学、信息管理与信息系统、工程造价、工业工程、工程管理、房地产开发与管理等。

（二）1202 工商管理

一级学科工商管理包括会计学、企业管理（含财务管理、市场营销、人力资源管理）、旅游管理、技术经济及管理 4 个二级学科（学科、专业）。

1. 国家重点学科

（1）一级学科国家重点学科工商管理的高等学校

中国人民大学、清华大学，北京协和医学院—清华大学医学部、厦门大学、中山大学、西安交通大学。

（2）二级学科国家重点学科的高等学校

①会计学：中央财经大学、东北财经大学、上海财经大学、中南财经政法大学、西南财经大学。

②企业管理：北京大学、南开大学、南京大学。

③技术经济及管理：重庆大学。

（3）国家重点（培育）学科的高等学校

①企业管理：上海交通大学。

②技术经济及管理：天津大学、大连理工大学、吉林大学、河海大学。

2. 博士学位授权单位

（1）博士学位授权一级学科工商管理的高等学校

中国人民大学、清华大学，北京协和医学院—清华大学医学部、东北财经大学、复旦大学、上海财经大学、厦门大学、中山大学、西安交通大学、北京大学、南开大学、上海交通大学、南京大学、浙江大学、武汉大学、中南财经政法大学、暨南大学、重庆大学、西南财经大学、北京交通大学、天津大学、天津财经大学、辽宁大学、大连理工大学、吉林大学、哈尔滨工业大学、同济大学、华中科技大学、湖南大学、中南大学、四川大学。

2010 年审核增列博士学位授权一级学科的高等学校有北京理工大学、北京科技大学、中央财经大学、对外经济贸易大学、首都经济贸易大学、华北电力大学、山西财经大学、东北大学、哈尔滨商业大学、河海大学、浙江工业大学、浙江工商大学、中国科学技术大学、合肥工业大学、福州大学、江西财经大学、山东大学、中国海洋大学、长沙理工大学、华南理工大学、西南交通大学、电子科技大学、云南大学、西安理工大学。

（2）博士学位授权二级学科的高等学校

①企业管理：华侨大学、东华大学、苏州大学、武汉理工大学、西北大学。

②旅游管理：陕西师范大学、华侨大学、西北大学。

③技术经济及管理：重庆大学、武汉理工大学、河北工业大学、哈尔滨理工大学。

3. 硕士学位授权单位

（1）硕士学位授权一级学科工商管理的高等学校

凡获准博士学位授权一级学科的高等学校，自然获准拥有硕士学位授权一级学科，即中国人民大学、清华大学，北京协和医学院—清华大学医学部、东北财经大学、复旦大学、上海财经大学、厦门大学、中山大学、西安交通大学、北京大学、南开大学、上海交通大学、南京大学、浙江大学、武汉大学、中南财经政法大学、暨南大学、重庆大学、西南财经大学、北京交通大学、天津大学、天津财经大学、辽宁大学、大连理工大学、吉林大学、哈尔滨工业大学、同济大学、华中科技大学、湖南大学、中南大学、四川大学、北京理工大学、北京科技大学、中央财经大学、对外经济贸易大学、首都经济贸易大学、华北电力大学、山西财经大学、东北大学、哈尔滨商业大学、河海大学、浙江工业大学、浙江工商大学、中国科学技术大学、合肥工业大学、福州大学、江西财经大学、山东大学、中国海洋大学、长沙理工大学、华南理工大学、西南交通大学、电子科技大学、云南大学、西安理工大学。

此外，还有北京航空航天大学、北京林业大学、中国石油大学、天津商业大学、燕山大学、内蒙古工业大学、沈阳工业大学、东北师范大学、哈尔滨理工大学、哈尔滨工程大学、东北林业大学、华东理工大学、华东师范大学、上海大学、苏州大学、东南大学、南京航空航天大学、南京理工大学、南京农业大学、杭州电子科技大学、安徽工业大学、安徽财经大学、华侨大学、南昌大学、青岛大学、山东财经大学、河南大学、河南财经政法大学、武汉科技大学、武汉理工大学、华中农业大学、湘潭大学、广东工业大学、广西大学、中国地质大学、昆明理工大学、云南财经大学、西北大学、西安电子科技大学、西安建筑科技大学、长安大学、兰州大学、北京工业大学、北方工业大学、北京化工大学、北京工商大学、北京服装学院、北京邮电大学、北京建筑大学、中国农业大学、北京师范大学、北京第二外国语学院、北京物资学院、中央民族大学、中国政法大学、天津科技大学、天津工业大学、中国民航大学、天津理工大学、天津师范大学、河北大学、河北工程大学、石家庄经济学院、华北水利水电大学、河北工业大学、河北联合大学、河北科技大学、河北农业大学、石家庄铁道大学、山西大学、太原科技大学、中北大学、内蒙古大学、内蒙古农业大学、内蒙古财经大学、沈阳航空航天大学、沈阳理工大学、辽宁科技大学、辽宁工程技术大学、辽宁石油化工大学、大连交通大学、大连海事大学、大连工业大学、沈阳农业大学、大连海洋大学、沈阳药科大学、辽宁师范大学、渤海大学、延边大学、东北电力大学、北华大学、吉林财经大学、黑龙江大学、黑龙江科技大学、东北石油大学、东北农业大学、齐齐哈尔大学、上海理工大学、上海海事大学、东华大学、上海师范大学、上海对外经贸大学、上海外国语大学、江苏科技大学、中国矿业大学、南京工业大学、南京邮电大学、江南大学、江苏大学、南京信息工程大学、南京财经大学、浙江师范大学、安徽大学、安徽农业大学、安徽师范大学、福建农林大学、福建师范大学、华东交通大学、东华理工大学、江西理工大学、江西农业大学、江西师范大学、青岛科技大学、济南大学、青岛理工大学、山东建筑大学、齐鲁工业大学、山东农业大学、山东师范大学、郑州大学、河南理工大学、郑州轻工业学院、河南工业大学、河南科技大学、中原工学院、河南师范大学、长江大学、武汉纺织大学、武汉轻工大学、湖北工业大学、湖北大学、中南民族大学、吉首大学、湖南科技大学、中南林业科技大学、湖南师范大学、南华大学、汕头大学、华南师范大学、海南大学、深圳大学、广东商学院、桂林理工大学、西南石油大学、西南科技大学、西华大学、西南大学、四川师范大学、西南民族大学、贵州财经大学、西南林业大学、云南民族大学、西北工业大学、西安工业大学、西安科技大学、西安石油大学、陕西科技大学、西安工程大学、陕西师范大学、延安大学、西安外国语大学、兰州理工大学、兰州商学院、青海大学、青海民族大学、新疆大学、石河子大学、新疆财经大学、上海工程技术大学、沈阳大学、烟台大学、三峡大学、广州大学、扬州大学、北京信息科技大学、大连大学、江西科技师范大学、甘肃政法学院、北京联合大学、浙江财经大学、湖南工业大学、西安财经学院、宁波大学、重庆理工大学、重庆工商大学、河北经贸大学、广东外语外贸大学、重庆交通大学等高等学校。

(2）硕士学位授权二级学科的高等学校

取得1个至若干个（而不是全部）二级学科、专业硕士学位授权点的高等学校也有一批本书未编入，请读者在相关高等学校网站上查阅。

4．相对应的本科专业

工商管理、市场营销、会计学、财务管理、人力资源管理、旅游管理、国际商务、审计学、物业管理、文化产业管理等。

（三）1203 农林经济管理

一级学科农林经济管理包括农业经济管理、林业经济管理2个二级学科（学科、专业）。

1．国家重点学科

(1）一级学科国家重点学科农林经济管理的高等学校（无）

(2）二级学科国家重点学科的高等学校

农业经济管理：中国人民大学、中国农业大学、南京农业大学、华中农业大学、华南农业大学、西北农林科技大学。

(3）国家重点（培育）学科的高等学校

①农林经济管理：浙江大学。

②林业经济管理：北京林业大学。

2．博士学位授权单位

(1）博士学位授权一级学科农林经济管理的高等学校

中国人民大学、南京农业大学、浙江大学、华中农业大学、西南大学、西北农林科技大学、中国农业大学、华南农业大学、北京林业大学、河北农业大学、沈阳农业大学、吉林农业大学、东北农业大学、东北林业大学、福建农林大学、山东农业大学、新疆农业大学。

2010 年审核增列博士学位授权一级学科的高等学校有内蒙古农业大学、四川农业大学、石河子大学。

（2）博士学位授权二级学科的高等学校

①农业经济管理：上海交通大学、湖南农业大学、上海财经大学、中国海洋大学、河南农业大学。

②林业经济管理：南京林业大学。

3. 硕士学位授权单位

（1）硕士学位授权一级学科农林经济管理的高等学校

凡获准博士学位授权一级学科的高等学校，自然获准拥有硕士学位授权一级学科，即中国人民大学、南京农业大学、浙江大学、华中农业大学、西南大学、西北农林科技大学、中国农业大学、华南农业大学、北京林业大学、河北农业大学、沈阳农业大学、吉林农业大学、东北农业大学、东北林业大学、福建农林大学、山东农业大学、新疆农业大学、内蒙古农业大学、四川农业大学、石河子大学。

此外，还有上海财经大学、安徽农业大学、江西农业大学、河南农业大学、中南财经政法大学、贵州大学、西南林业大学、北京农学院、山西农业大学、吉林大学、黑龙江八一农垦大学、上海海洋大学、南京林业大学、浙江农林大学、青岛农业大学、河南财经政法大学、长江大学、湖南农业大学、云南农业大学、甘肃农业大学等高等学校。

（2）硕士学位授权二级学科的高等学校

取得 1 个至若干个（而不是全部）二级学科、专业硕士学位授权点的高等学校也有一批本书未编入，请读者在相关高等学校网站上查阅。

4. 相对应的本科专业

农林经济管理、农村区域发展等。

（四）**1204** 公共管理

一级学科公共管理包括行政管理、社会医学与卫生事业管理、教育经济与管理、社会保障、土地资源管理 5 个二级学科（学科、专业）。

1. 国家重点学科

（1）一级学科国家重点学科公共管理的高等学校（无）

（2）二级学科国家重点学科的高等学校

①行政管理：中国人民大学、中山大学。

②社会医学与卫生事业管理：复旦大学。

③教育经济与管理：北京大学、北京师范大学。

④社会保障：武汉大学。

⑤土地资源管理：南京农业大学。

(3)国家重点(培育)学科的高等学校(无)

2．博士学位授权单位

(1)博士学位授权一级学科公共管理的高等学校

北京大学、中国人民大学、清华大学，北京协和医学院—清华大学医学部、北京师范大学、复旦大学、武汉大学、中山大学、东北大学、吉林大学、南京农业大学、浙江大学、厦门大学、华中科技大学。

2010年审核增列博士学位授权一级学科的高等学校有北京航空航天大学、中国农业大学、南开大学、天津大学、东北财经大学、哈尔滨医科大学、上海交通大学、华东师范大学、南京大学、中国矿业大学、中国科学技术大学、山东大学、郑州大学、华中师范大学、中南财经政法大学、湘潭大学、四川大学、西安交通大学、兰州大学。

(2)博士学位授权二级学科的高等学校

①行政管理：哈尔滨工业大学、云南大学。

②社会医学与卫生事业管理：中南大学、第三军医大学。

③教育经济与管理：华南师范大学、东北师范大学。

④土地资源管理：华中农业大学、中国地质大学。

3．硕士学位授权单位

(1)硕士学位授权一级学科公共管理的高等学校

凡获准博士学位授权一级学科的高等学校，自然获准拥有硕士学位授权一级学科，即北京大学、中国人民大学、清华大学，北京协和医学院—清华大学医学部、北京师范大学、复旦大学、武汉大学、中山大学、东北大学、吉林大学、南京农业大学、浙江大学、厦门大学、华中科技大学、北京航空航天大学、中国农业大学、南开大学、天津大学、东北财经大学、哈尔滨医科大学、上海交通大学、华东师范大学、南京大学、中国矿业大学、中国科学技术大学、山东大学、郑州大学、华中师范大学、中南财经政法大学、湘潭大学、四川大学、西安交通大学、兰州大学。

此外，还有北京交通大学、北京理工大学、北京科技大学、中央财经大学、沈阳师范大学、东北师范大学、黑龙江大学、哈尔滨工业大学、华东理工大学、上海理工大学、上海财经大学、苏州大学、河海大学、南京师范大学、江西财经大学、华东交通大学、河南师范大学、华中农业大学、湖北大学、湖南大学、中南大学、湖南师范大学、华南理工大学、南方医科大学、中国地质大学、云南大学、重庆大学、西北大学、陕西师范大学、北京化工大学、北京邮电大学、北京林业大学、首都师范大学、中国传媒大学、对外经济贸易大学、中央民族大学、中国政法大学、首都经济贸易大学、天津工业大学、天津医科大学、天津商业大学、天津财经大学、河北大学、华北电力大学、河北联合大学、河北师范大学、山西财经大学、内蒙古大学、内蒙古工业大学、内蒙古农业大学、辽宁大学、大连理工大学、长春工业大学、吉林财经大学、大连海事大学、燕山大学、哈尔滨工程大学、黑龙江科技大学、东北农业大学、哈尔滨师范大学、哈尔滨商业大学、同济大学、上海师范大学、华东政法大学、东南大学、南京航空航天大学、江苏大学、南京医科大学、徐州师范大学、浙江工业大学、杭州师范大学、安徽大学、安徽财经大学、福州大学、福建农林大学、福建师范大学、江西农业大学、中国海洋大学、山东农业大学、河南理工大学、武汉科技大学、中南民族大学、南华大学、湖南农业大学、华南农业大学、暨南大学、华南师范大学、广西大学、广西医科大学、广西师范学院、电子科技大学、重庆医科大学、西南大学、西华师范大学、西南财经大学、西南民族大学、贵州大学、西北工业大学、西安电子科技大学、西安建筑科技大学、西南交通大学、西南政法大学、贵州财经大学、云南财经大学、云南民族大学、长安大学、西北政法大学、甘肃农业大学、西北师范大学、青海民族大学、宁夏医科大学、新疆农业大学、新疆医科大学、青岛大学、广州大学、浙江财经大学、河北经贸大学、国家行政学院、山东财经大学等高等学校。

（2）硕士学位授权二级学科的高等学校

取得1个至若干个（而不是全部）二级学科、专业硕士学位授权点的高等学校也有一批本书未编入，请读者在相关高等学校网站上查阅。

4．相对应的本科专业

行政管理、公共事业管理、劳动与社会保障、土地资源管理、城市管理等。

（五）1205 图书馆、情报与档案管理

一级学科图书馆、情报与档案管理包括图书馆学、情报学、档案学3个二级学科（学科、专业）。

1．国家重点学科

（1）一级学科国家重点学科图书馆、情报与档案管理的高等学校

武汉大学。

（2）二级学科国家重点学科的高等学校

①图书馆学：北京大学。

②情报学：南京大学。

③档案学：中国人民大学。

（3）国家重点（培育）学科的高等学校（无）

2．博士学位授权单位

（1）博士学位授权一级学科图书馆、情报与档案管理的高等学校

北京大学、武汉大学、中国人民大学、南京大学。

2010年审核增列博士学位授权一级学科的高等学校有吉林大学。

（2）博士学位授权二级学科的高等学校

①图书馆学：南开大学、中山大学。

②情报学：南开大学、华中师范大学。

③档案学：云南大学、南京政治学院。

3．硕士学位授权单位

（1）硕士学位授权一级学科图书馆、情报与档案管理的高等学校

凡获准博士学位授权一级学科的高等学校，自然获准拥有硕士学位授权一级学科，

即北京大学、武汉大学、中国人民大学、南京大学、吉林大学。

此外，还有南开大学、山西大学、哈尔滨工业大学、上海交通大学、华东师范大学、上海大学、南京理工大学、浙江大学、郑州大学、中山大学、四川大学、重庆大学、昆明理工大学、北京理工大学、中国农业大学、北京协和医学院、北京师范大学、河北大学、辽宁大学、辽宁师范大学、东北师范大学、复旦大学、苏州大学、东南大学、江苏大学、南京农业大学、安徽大学、福建师范大学、南昌大学、山东大学、华中科技大学、华中师范大学、湘潭大学、中南大学、华南师范大学、广西民族大学、西北大学等高等学校。

(2) 硕士学位授权二级学科的高等学校

取得1个至若干个（而不是全部）二级学科、专业硕士学位授权点的高等学校也有一批本书未编入，请读者在相关高等学校网站上查阅。

4. 相对应的本科专业

图书馆学、档案学、信息资源管理等。

十三、13 艺术学

一级学科艺术学学科门类包括艺术学理论、音乐与舞蹈学、戏剧与影视学、美术学、设计学5个一级学科。

以下是旧目录学科对应的资料。

一级学科包括艺术学、音乐学、美术学、设计艺术学、戏剧戏曲学、电影学、广播电视艺术学、舞蹈学8个二级学科（学科、专业）。

1. 国家重点学科

(1) 一级学科国家重点学科艺术学的高等学校（无）

(2) 二级学科国家重点学科的高等学校

①艺术学：东南大学。

②音乐学：中央音乐学院、上海音乐学院。

③美术学：中国美术学院。

④设计艺术学：清华大学，北京协和医学院—清华大学医学部。

⑤戏剧戏曲学：中央戏剧学院、上海戏剧学院。

⑥广播电视艺术学：中国传媒大学。

(3) 国家重点（培育）学科的高等学校

①美术学：首都师范大学、南京艺术学院。

②电影学：北京师范大学。

2. 博士学位授权单位

(1) 博士学位授权一级学科艺术学的高等学校

北京师范大学、中国传媒大学、南京艺术学院、北京大学（北京大学网站发布）、清华大学，北京协和医学院—清华大学医学部（清华大学网站发布）。

2010年审核增列博士学位授权一级学科的高等学校有中央美术学院、中央戏剧学院、北京电影学院、东北师范大学、哈尔滨师范大学、上海音乐学院、上海戏剧学院、上海大学、南京大学、东南大学、南京师范大学、中国美术学院、福建师范大学、武汉理工大学、湖南师范大学、四川大学、西安美术学院。

（2）博士学位授权二级学科的高等学校

①音乐学：中央音乐学院、首都师范大学、中国音乐学院。

②美术学：首都师范大学。

③设计艺术学：苏州大学、湖南大学。

④戏剧戏曲学：厦门大学、山西师范大学。

3. 硕士学位授权单位

（1）硕士学位授权一级学科艺术学的高等学校

凡获准博士学位授权一级学科的高等学校，自然获准拥有硕士学位授权一级学科，即北京师范大学、中国传媒大学、南京艺术学院、北京大学（北京大学网站发布）、清华大学，北京协和医学院—清华大学医学部（清华大学网站发布）、中央美术学院、中央戏剧学院、北京电影学院、东北师范大学、哈尔滨师范大学、上海音乐学院、上海戏剧学院、上海大学、南京大学、东南大学、南京师范大学、中国美术学院、福建师范大学、武汉理工大学、湖南师范大学、四川大学、西安美术学院。

此外，还有中国人民大学、天津大学、山西大学、上海交通大学、华东师范大学、山东师范大学、山东艺术学院、重庆大学、四川美术学院、北京工业大学、北京航空航天大学、北京理工大学、北京服装学院、北京印刷学院、北京林业大学、首都师范大学、中央戏曲学院、中国戏曲学院、中央民族大学、南开大学、天津师范大学、天津音乐学院、天津美术学院、河北大学、河北联合大学、河北科技大学、河北师范大学、山西师范大学、内蒙古大学、内蒙古师范大学、大连理工大学、沈阳航空航天大学、东北大学、大连工业大学、沈阳建筑大学、辽宁师范大学、沈阳师范大学、渤海大学、沈阳音乐学院、鲁迅美术学院、吉林大学、延边大学、吉林艺术学院、哈尔滨工业大学、哈尔滨理工大学、燕山大学、哈尔滨工程大学、佳木斯大学、齐齐哈尔大学、复旦大学、同济大学、东华大学、上海师范大学、苏州大学、南京航空航天大学、中国矿业大学、江南大学、南京林业大学、南通大学、徐州师范大学、浙江大学、浙江师范大学、杭州师范大学、浙江理工大学、安徽大学、合肥工业大学、安徽工程大学、安徽师范大学、淮北师范大学、厦门大学、南昌大学、景德镇陶瓷学院、江西师范大学、赣南师范学院、江西财经大学、山东大学、青岛科技大学、山东建筑大学、齐鲁工业大学、曲阜师范大学、聊城大学、郑州大学、郑州轻工业学院、中原工学院、河南大学、河南师范大学、武汉大学、华中科技大学、中国地质大学、武汉纺织大学、湖北工业大学、华中师范大学、武汉体育学院、湖北美术学院、中南大学、湖南科技大学、华南理工大学、华南师范大学、广州美术学院、海南大学、深圳大学、广西师范大学、广西艺术学院、西南交通大学、西南师范大学、西南大学、四川音乐学院、西南民族大学、贵州大学、昆明理工大学、云南师范大学、云南艺术学院、西北大学、西安交通大学、西北工业大学、西安理工大学、西安建筑科技大学、陕西科技大学、西安工程大学、陕西师范大学、西安音乐学院、西北师范大学、新疆师范大学、山东工艺美术学院、青岛大学、广州大学、扬州大学、大连大学、江西科技师范大学、湖南工业大学等高等学校。

(2) 硕士学位授权二级学科的高等学校

取得1个至若干个（而不是全部）二级学科、专业硕士学位授权点的高等学校也有一批本书未编入，请读者在相关高等学校网站上查阅。

4. 相对应的本科专业

音乐学、作曲与作曲技术理论、音乐表演、绘画、雕塑、美术学、艺术设计学、艺术设计、舞蹈学、舞蹈编导、戏剧学、表演、导演、戏剧影视文学、戏剧影视美术设计、摄影、录音艺术、动画、播音与主持艺术、广播电视编导、工业设计等。

（一）1301 艺术学理论※

本学科为新增一级学科，其有关资料待补。

（二）1302 音乐与舞蹈学※

本学科为新增一级学科，其有关资料待补。

（三）1303 戏剧与影视学※

本学科为新增一级学科，其有关资料待补。

（四）1304 美术学※

本学科为新增一级学科，其有关资料待补。

（五）1305 设计学※（可授艺术学、工学学位）

本学科为新增一级学科，其有关资料待补。

附　件

附件1　普通高等学校本科专业目录

附件1－1

教育部关于印发《普通高等学校本科专业目录（2012年）》等文件的通知

（教高〔2012〕9号）

各省、自治区、直辖市教育厅（教委），新疆生产建设兵团教育局，有关部门（单位）教育司（局），部属各高等学校：

为贯彻落实教育规划纲要提出的要适应国家和区域经济社会发展需要，建立动态调整机制，不断优化学科专业结构的要求，我部对1998年印发的普通高等学校本科专业目录和1999年印发的专业设置规定进行了修订，形成了《普通高等学校本科专业目录（2012年）》（以下简称新目录）和《普通高等学校本科专业设置管理规定》（以下简称新规定）。为便于新目录的实施，我部制定了《普通高等学校本科专业目录新旧专业对照表》（以下简称对照表），现将新目录、新规定及对照表印发给你们，并就有关事项通知如下：

一、新目录自发布之日起开始实施。本年度普通高等学校本科专业设置备案和审批工作按新目录执行，普通高等学校的招生计划和招生工作自2013年起按新目录执行，在校生的培养和就业工作仍按原专业执行。

二、对普通高等学校现设本科专业，我部拟在近期按新目录和对照表统一组织整理。整理工作的具体要求，另行通知。

三、各高校要依据新目录和新专业介绍对相关专业的人才培养方案，按照德智体美全面发展的要求进行全面修订，积极借鉴“高等学校本科教学质量与教学改革工程”实施以来的教学改革理念、措施和经验，及时将其固化在人才培养模式和教学过程之中，不断提高人才培养质量。

新目录和新规定的印发实施，是关系到我国高等教育改革与发展的一项带有基础性、全局性、战略性的重要举措，关系到教育资源的配置和优化，对于提高人才培养质量、促进高等教育与经济社会的紧密结合，都具有十分重要的意义。希望各有关部门和高等学校加强领导，认真组织实施，实施过程中的情况和问题请及时报我部。

附件：1. 普通高等学校本科专业目录（2012 年）（本书略）

2. 普通高等学校本科专业目录新旧专业对照表

3. 普通高等学校本科专业设置管理规定

中华人民共和国教育部

2012 年 9 月 14 日

附件 1－2

普通高等学校本科专业目录新旧专业对照表

一、基本专业

专业代码	学科门类、专业类、专业名称	原专业代码	原学科门类、专业类、专业名称
01	**学科门类：哲学**	**01**	**学科门类：哲学**
0101	**哲学类**	**0101**	**哲学类**
010101	哲学	010101	哲学
010102	逻辑学	010102*	逻辑学
010103K	宗教学	010103*	宗教学
02	**学科门类：经济学**	**02**	**学科门类：经济学**
0201	**经济学类**	**0201**	**经济学类（部分）**
020101	经济学	020101	经济学
		020116S	海洋经济学
020102	经济统计学	071601	统计学（部分）
0202	**财政学类**	**0201**	**经济学类（部分）**
020201K	财政学	020103	财政学
020202	税收学	020110W	税务
0203	**金融学类**	**0201**	**经济学类（部分）**
020301K	金融学	020104	金融学
020302	金融工程	020109W	金融工程
020303	保险学	020107W	保险
020304	投资学	020114W	投资学
0204	**经济与贸易类**	**0201**	**经济学类（部分）**
020401	国际经济与贸易	020102	国际经济与贸易
020402	贸易经济	020106W	贸易经济
		020117S	国际文化贸易
03	**学科门类：法学**	**03**	**学科门类：法学**
0301	**法学类**	**0301**	**法学类**
030101K	法学	030101	法学

（续上表）

专业代码	学科门类、专业类、专业名称	原专业代码	原学科门类、专业类、专业名称
0302	**政治学类**	**0304**	**政治学类**
030201	政治学与行政学	030401	政治学与行政学
030202	国际政治	030402	国际政治
		030406W	国际政治经济学
030203	外交学	030403*	外交学
0303	**社会学类**	**0303**	**社会学类**
030301	社会学	030301*	社会学
030302	社会工作	030302	社会工作
0304	**民族学类**	**0601**	**历史学类（部分）**
030401	民族学	060105*	民族学
0305	**马克思主义理论类**	**0302**	**马克思主义理论类**
030501	科学社会主义	030201*	科学社会主义与国际共产主义运动
030502	中国共产党历史	030202*	中国革命史与中国共产党党史
030503	思想政治教育	030404	思想政治教育
0306	**公安学类**	**0305**	**公安学类**
030601K	治安学	030501	治安学
030602K	侦查学	030502	侦查学
030603K	边防管理	030503	边防管理
04	**学科门类：教育学**	**04**	**学科门类：教育学**
0401	**教育学类**	**0401**	**教育学类**
040101	教育学	040101	教育学
		110306W	高等教育管理（部分）
040102	科学教育	040108W	科学教育
040103	人文教育	040107W	人文教育
040104	教育技术学（注：可授教育学或理学或工学学士学位）	040104	教育技术学
040105	艺术教育（注：可授教育学或艺术学学士学位）	040106W	艺术教育

（续上表）

专业代码	学科门类、专业类、专业名称	原专业代码	原学科门类、专业类、专业名称
040106	学前教育	040102	学前教育
040107	小学教育	040105W	小学教育
040108	特殊教育	040103	特殊教育
		040109S	言语听觉科学
0402	**体育学类**	**0402**	**体育学类**
040201	体育教育	040201	体育教育
040202K	运动训练	040202*	运动训练
040203	社会体育指导与管理	040203	社会体育
040204K	武术与民族传统体育	040205*	民族传统体育
040205	运动人体科学	040204*	运动人体科学
05	**学科门类：文学**	**05**	**学科门类：文学**
0501	**中国语言文学类**	**0501**	**中国语言文学类**
050101	汉语言文学	050101	汉语言文学
050102	汉语言	050102	汉语言
050103	汉语国际教育	050103*	对外汉语
		050106W	中国语言文化
		050108S	中国学
050104	中国少数民族语言文学	050104	中国少数民族语言文学
050105	古典文献学	050105*	古典文献
0502	**外国语言文学类**	**0502**	**外国语言文学类**
050201	英语	050201	英语
		070413S	生物医学英语
050202	俄语	050202	俄语
050203	德语	050203*	德语
050204	法语	050204*	法语
050205	西班牙语	050205*	西班牙语
050206	阿拉伯语	050206*	阿拉伯语
050207	日语	050207	日语
050208	波斯语	050208△	波斯语

（续上表）

专业代码	学科门类、专业类、专业名称	原专业代码	原学科门类、专业类、专业名称
050209	朝鲜语	050209*	朝鲜语
		050248W	韩国语
050210	菲律宾语	050210△	菲律宾语
050211	梵语巴利语	050211△	梵语巴利语
050212	印度尼西亚语	050212△	印度尼西亚语
050213	印地语	050213△	印地语
050214	柬埔寨语	050214△	柬埔寨语
050215	老挝语	050215△	老挝语
050216	缅甸语	050216△	缅甸语
050217	马来语	050217△	马来语
050218	蒙古语	050218△	蒙古语
050219	僧伽罗语	050219△	僧加罗语
050220	泰语	050220*	泰语
050221	乌尔都语	050221△	乌尔都语
050222	希伯来语	050222△	希伯莱语
050223	越南语	050223*	越南语
050224	豪萨语	050224△	豪萨语
050225	斯瓦希里语	050225△	斯瓦希里语
050226	阿尔巴尼亚语	050226△	阿尔巴尼亚语
050227	保加利亚语	050227△	保加利亚语
050228	波兰语	050228△	波兰语
050229	捷克语	050229△	捷克语
050230	斯洛伐克语	050238W	捷克语—斯洛伐克语
050231	罗马尼亚语	050230△	罗马尼亚语
050232	葡萄牙语	050231*	葡萄牙语
050233	瑞典语	050232△	瑞典语
050234	塞尔维亚语	050233△	塞尔维亚—克罗地亚语
		050250W	塞尔维亚语
050235	土耳其语	050234△	土耳其语
050236	希腊语	050235△	希腊语

（续上表）

专业代码	学科门类、专业类、专业名称	原专业代码	原学科门类、专业类、专业名称
050237	匈牙利语	050236△	匈牙利语
050238	意大利语	050237*	意大利语
050239	泰米尔语	050239W	泰米尔语
050240	普什图语	050240W	普什图语
050241	世界语	050241W	世界语
050242	孟加拉语	050242W	孟加拉语
050243	尼泊尔语	050243W	尼泊尔语
050244	克罗地亚语	050244W	塞尔维亚语—克罗地亚语
		050251W	克罗地亚语
050245	荷兰语	050245W	荷兰语
050246	芬兰语	050246W	芬兰语
050247	乌克兰语	050247W	乌克兰语
050248	挪威语	050252W	挪威语
050249	丹麦语	050253W	丹麦语
050250	冰岛语	050254W	冰岛语
050251	爱尔兰语	050256S	爱尔兰语
050252	拉脱维亚语	050257S	拉脱维亚语
050253	立陶宛语	050258S	立陶宛语
050254	斯洛文尼亚语	050259S	斯洛文尼亚语
050255	爱沙尼亚语	050260S	爱沙尼亚语
050256	马耳他语	050261S	马耳他语
050257	哈萨克语	050262S	哈萨克语
050258	乌兹别克语	050263S	乌兹别克语
050259	祖鲁语	050264S	祖鲁语
050260	拉丁语	050265S	拉丁语
050261	翻译	050255S	翻译
050262	商务英语	050249S	商务英语

（续上表）

专业代码	学科门类、专业类、专业名称	原专业代码	原学科门类、专业类、专业名称
0503	**新闻传播学类**	**0503**	**新闻传播学类**
050301	新闻学	050301*	新闻学
050302	广播电视学	050302	广播电视新闻学
050303	广告学	050303	广告学
050304	传播学	050305W	传播学
050305	编辑出版学	050304	编辑出版学
06	**学科门类：历史学**	**06**	**学科门类：历史学**
0601	**历史学类**	**0601**	**历史学类（部分）**
060101	历史学	060101	历史学
060102	世界史	060102*	世界历史
060103	考古学	060103	考古学
060104	文物与博物馆学	060104	博物馆学
07	**学科门类：理学**	**07**	**学科门类：理学**
0701	**数学类**	**0701**	**数学类**
070101	数学与应用数学	070101	数学与应用数学
070102	信息与计算科学	070102	信息与计算科学
0702	**物理学类**	**0702**	**物理学类**
070201	物理学	070201	物理学
070202	应用物理学	070202	应用物理学
070203	核物理	070204S	核物理
0703	**化学类**	**0703**	**化学类**
070301	化学	070301	化学
070302	应用化学（注：可授理学或工学学士学位）	070302	应用化学
0704	**天文学类**	**0705**	**天文学类**
070401	天文学	070501	天文学
0705	**地理科学类**	**0707**	**地理科学类**
070501	地理科学	070701	地理科学

（续上表）

专业代码	学科门类、专业类、专业名称	原专业代码	原学科门类、专业类、专业名称
070502	自然地理与资源环境（注：可授理学或管理学学士学位）	070702	资源环境与城乡规划管理（部分）
070503	人文地理与城乡规划（注：可授理学或管理学学士学位）	070702	资源环境与城乡规划管理（部分）
070504	地理信息科学	070703	地理信息系统
0706	**大气科学类**	**0709**	**大气科学类**
070601	大气科学	070901	大气科学
070602	应用气象学	070902	应用气象学
0707	**海洋科学类**	**0710**	**海洋科学类**
070701	海洋科学	071001	海洋科学
		071003W	海洋管理
070702	海洋技术（注：可授理学或工学学士学位）	071002	海洋技术
0708	**地球物理学类**	**0708**	**地球物理学类**
070801	地球物理学	070801	地球物理学
070802	空间科学与技术（注：可授理学或工学学士学位）	070803S	空间科学与技术
		070802S	地球与空间科学
0709	**地质学类**	**0706**	**地质学类**
070901	地质学	070601	地质学
070902	地球化学	070602	地球化学
0710	**生物科学类**	**0704**	**生物科学类**
071001	生物科学	070401	生物科学
		070407W	生物化学与分子生物学
		070411S	生物资源科学
		070412S	生物安全
		070405W	生物科学与生物技术（部分）
071002	生物技术（注：可授理学或工学学士学位）	070402	生物技术
		070405W	生物科学与生物技术（部分）

附件

（续上表）

专业代码	学科门类、专业类、专业名称	原专业代码	原学科门类、专业类、专业名称
071003	生物信息学（注：可授理学或工学学士学位）	070403W	生物信息学
		070404W	生物信息技术
		070408W	医学信息学
071004	生态学	071402	生态学（部分）
0711	**心理学类**	**0715**	**心理学类**
071101	心理学（注：可授理学或教育学学士学位）	071501	心理学
071102	应用心理学（注：可授理学或教育学学士学位）	071502	应用心理学
0712	**统计学类**	**0716**	**统计学类**
071201	统计学	071601	统计学（部分）
071202	应用统计学	071601	统计学（部分）
08	**学科门类：工学**	**08**	**学科门类：工学**
0801	**力学类**	**0711**	**力学类**
		0817	**工程力学类**
080101	理论与应用力学（注：可授工学或理学学士学位）	071101	理论与应用力学
080102	工程力学	081701	工程力学
		081702W	工程结构分析
0802	**机械类**	**0803**	**机械类**
080201	机械工程	080305Y	机械工程及自动化
		080313S	工程机械
080202	机械设计制造及其自动化	080301	机械设计制造及其自动化
		080309S	制造自动化与测控技术
		080311S	制造工程
		080312S	体育装备工程
		081210S	交通建设与装备（部分）
080203	材料成型及控制工程	080302	材料成型及控制工程
080204	机械电子工程	080307W	机械电子工程

（续上表）

专业代码	学科门类、专业类、专业名称	原专业代码	原学科门类、专业类、专业名称
080205	工业设计	080303	工业设计（部分）
080206	过程装备与控制工程	080304	过程装备与控制工程
080207	车辆工程	080306W	车辆工程
080208	汽车服务工程	080308W	汽车服务工程
0803	**仪器类**	**0804**	**仪器仪表类**
080301	测控技术与仪器	080401	测控技术与仪器
		080402S	电子信息技术及仪器
0804	**材料类**	**0802**	**材料类**
		0713	**材料科学类**
080401	材料科学与工程	080205Y	材料科学与工程
080402	材料物理（注：可授工学或理学学士学位）	071301	材料物理
080403	材料化学（注：可授工学或理学学士学位）	071302	材料化学
080404	冶金工程	080201	冶金工程
		080211W	稀土工程
080405	金属材料工程	080202	金属材料工程
080406	无机非金属材料工程	080203	无机非金属材料工程
080407	高分子材料与工程	080204	高分子材料与工程
		080212S	高分子材料加工工程
080408	复合材料与工程	080206W	复合材料与工程
0805	**能源动力类**	**0805**	**能源动力类（部分）**
080501	能源与动力工程	080501	热能与动力工程
		080505S	能源工程及自动化
		080506S	能源动力系统及自动化
		080110S	能源与资源工程（部分）
0806	**电气类**	**0806**	**电气信息类（部分）**

（续上表）

专业代码	学科门类、专业类、专业名称	原专业代码	原学科门类、专业类、专业名称
080601	电气工程及其自动化	080601	电气工程及其自动化
		080608Y	电气工程与自动化
		080618W	电气信息工程
		080620W	电力工程与管理
		040316W	电气技术教育
		080639S	电机电器智能化
0807	**电子信息类**	**0806**	**电气信息类（部分）**
		0712	**电子信息科学类**
080701	电子信息工程（注：可授工学或理学学士学位）	080603	电子信息工程
080702	电子科学与技术（注：可授工学或理学学士学位）	080606	电子科学与技术
		080630S	真空电子技术
080703	通信工程	080604	通信工程
		080634S	信息与通信工程
080704	微电子科学与工程（注：可授工学或理学学士学位）	071202	微电子学
		080621W	微电子制造工程
		080642S	微电子材料与器件
		080646S	微电子科学与工程
080705	光电信息科学与工程（注：可授工学或理学学士学位）	071203*	光信息科学与技术
		071207W	光电子技术科学
		080614W	信息显示与光电技术
		080616W	光电信息工程
		080643S	光电子材料与器件
080706	信息工程	080609Y	信息工程
		071206W	信息科学技术
		080625S	信息物理工程
0808	**自动化类**	**0806**	**电气信息类（部分）**
080801	自动化	080602	自动化（部分）
0809	**计算机类**	**0806**	**电气信息类（部分）**

（续上表）

专业代码	学科门类、专业类、专业名称	原专业代码	原学科门类、专业类、专业名称
080901	计算机科学与技术（注：可授工学或理学学士学位）	080605	计算机科学与技术
		080638S	仿真科学与技术
080902	软件工程	080611W	软件工程
		080619W	计算机软件
080903	网络工程	080613W	网络工程
080904K	信息安全（注：可授工学或理学或管理学学士学位）	071205W	信息安全
		071204W	科技防卫
080905	物联网工程	080640S	物联网工程
		080641S	传感网技术
080906	数字媒体技术	080628S	数字媒体技术
		080612W	影视艺术技术
0810	**土木类**	**0807**	**土建类（部分）**
081001	土木工程	080703	土木工程
		080703Y	土木工程
		040328W	建筑工程教育
081002	建筑环境与能源应用工程	080704	建筑环境与设备工程
		080710S	建筑设施智能技术（部分）
		080716S	建筑节能技术与工程
081003	给排水科学与工程	080705	给水排水工程
		080711W	给排水科学与工程
081004	建筑电气与智能化	080712S	建筑电气与智能化
		080710S	建筑设施智能技术（部分）
0811	**水利类**	**0808**	**水利类**
081101	水利水电工程	080801	水利水电工程
		080805W	水资源与海洋工程（部分）
081102	水文与水资源工程	080802	水文与水资源工程
		080805W	水资源与海洋工程（部分）
081103	港口航道与海岸工程	080803	港口航道与海岸工程
		080804W	港口海岸及治河工程
		080805W	水资源与海洋工程（部分）

（续上表）

专业代码	学科门类、专业类、专业名称	原专业代码	原学科门类、专业类、专业名称
0812	**测绘类**	**0809**	**测绘类**
081201	测绘工程	080901	测绘工程
081202	遥感科学与技术	080902W	遥感科学与技术
0813	**化工与制药类**	**0811**	**化工与制药类**
081301	化学工程与工艺	081101	化学工程与工艺
		081103W	化工与制药（部分）
081302	制药工程	081102	制药工程
		081103W	化工与制药（部分）
0814	**地质类**	**0801**	**地矿类（部分）**
081401	地质工程	080106Y	地质工程
		080108S	煤及煤层气工程（部分）
081402	勘查技术与工程	080104	勘查技术与工程
		080110S	能源与资源工程（部分）
081403	资源勘查工程	080105	资源勘查工程
0815	**矿业类**	**0801**	**地矿类（部分）**
081501	采矿工程	080101	采矿工程
081502	石油工程	080102	石油工程
		080108S	煤及煤层气工程（部分）
081503	矿物加工工程	080103	矿物加工工程
081504	油气储运工程	081203	油气储运工程
0816	**纺织类**	**0814**	**轻工纺织食品类（部分）**
081601	纺织工程	081405	纺织工程
081602	服装设计与工程（注：可授工学或艺术学学士学位）	081406	服装设计与工程
0817	**轻工类**	**0814**	**轻工纺织食品类（部分）**
081701	轻化工程	081402	轻化工程
081702	包装工程	081403	包装工程
081703	印刷工程	081404	印刷工程
		081413S	数字印刷
0818	**交通运输类**	**0812**	**交通运输类**

（续上表）

专业代码	学科门类、专业类、专业名称	原专业代码	原学科门类、专业类、专业名称
081801	交通运输	081201	交通运输
		080715S	总图设计与工业运输（部分）
081802	交通工程	081202	交通工程
		081210S	交通建设与装备（部分）
081803K	航海技术	081205	航海技术
081804K	轮机工程	081206	轮机工程
081805K	飞行技术	081204	飞行技术
0819	**海洋工程类**	**0813**	**海洋工程类**
081901	船舶与海洋工程	081301	船舶与海洋工程
0820	**航空航天类**	**0815**	**航空航天类**
082001	航空航天工程	081505S	航空航天工程
		081506S	工程力学与航天航空工程
		081507S	航天运输与控制
082002	飞行器设计与工程	081501	飞行器设计与工程
082003	飞行器制造工程	081503	飞行器制造工程
082004	飞行器动力工程	081502	飞行器动力工程
082005	飞行器环境与生命保障工程	081504	飞行器环境与生命保障工程
0821	**兵器类**	**0816**	**武器类**
082101	武器系统与工程	081607Y	武器系统与工程
082102	武器发射工程	081601	武器系统与发射工程
082103	探测制导与控制技术	081602	探测制导与控制技术
082104	弹药工程与爆炸技术	081603	弹药工程与爆炸技术
082105	特种能源技术与工程	081604	特种能源工程与烟火技术
082106	装甲车辆工程	081605	地面武器机动工程
082107	信息对抗技术	081606*	信息对抗技术
0822	**核工程类**	**0805**	**能源动力类（部分）**
082201	核工程与核技术	080502	核工程与核技术
		080508S	核技术
		080511S	核反应堆工程

（续上表）

专业代码	学科门类、专业类、专业名称	原专业代码	原学科门类、专业类、专业名称
082202	辐射防护与核安全	081008S	核安全工程
		080509S	辐射防护与环境工程
082203	工程物理	080503W	工程物理
082204	核化工与核燃料工程	080510S	核化工与核燃料工程
0823	**农业工程类**	**0819**	**农业工程类**
082301	农业工程	081905W	农业工程
082302	农业机械化及其自动化	081901	农业机械化及其自动化
082303	农业电气化	081902	农业电气化与自动化
082304	农业建筑环境与能源工程	081903	农业建筑环境与能源工程
082305	农业水利工程	081904	农业水利工程
0824	**林业工程类**	**0820**	**林业工程类**
082401	森林工程	082001	森林工程
082402	木材科学与工程	082002	木材科学与工程
082403	林产化工	082003	林产化工
0825	**环境科学与工程类**	**0810**	**环境与安全类（部分）**
		0714	**环境科学类**
082501	环境科学与工程	081005S	环境科学与工程
082502	环境工程	081001	环境工程
		081006S	环境监察
082503	环境科学（注：可授工学或理学学士学位）	071401	环境科学
		071404S	地球环境科学
082504	环境生态工程	071402	生态学（部分）
0826	**生物医学工程类**	**0806**	**电气信息类（部分）**
082601	生物医学工程（注：可授工学或理学学士学位）	080607	生物医学工程
		080626S	医疗器械工程
0827	**食品科学与工程类**	**0814**	**轻工纺织食品类（部分）**
082701	食品科学与工程（注：可授工学或农学学士学位）	081401	食品科学与工程
		040311W	农产品储运与加工教育（部分）
		040322W	食品工艺教育

（续上表）

专业代码	学科门类、专业类、专业名称	原专业代码	原学科门类、专业类、专业名称
082702	食品质量与安全	081407W	食品质量与安全
		081411S	农产品质量与安全
082703	粮食工程	081415S	粮食工程
082704	乳品工程	081416S	乳品工程
082705	酿酒工程	081408W	酿酒工程
0828	**建筑类**	**0807**	**土建类（部分）**
082801	建筑学	080701	建筑学
		080701Y	建筑学
082802	城乡规划	080702	城市规划
082803	风景园林（注：可授工学或艺术学学士学位）	080708W	景观建筑设计
		080713S	景观学
		080714S	风景园林
0829	**安全科学与工程类**	**0810**	**环境与安全类（部分）**
082901	安全工程	081002	安全工程
		081007S	雷电防护科学与技术
		081004W	灾害防治工程
0830	**生物工程类**	**0818**	**生物工程类**
083001	生物工程	081801	生物工程
		081906W	生物系统工程
		081410S	轻工生物技术
0831	**公安技术类**	**0821**	**公安技术类**
083101K	刑事科学技术	082101	刑事科学技术
083102K	消防工程	082102	消防工程
09	**学科门类：农学**	**09**	**学科门类：农学**
0901	**植物生产类**	**0901**	**植物生产类**
090101	农学	090101	农学
		040311W	农产品储运与加工教育（部分）
090102	园艺	090102	园艺
090103	植物保护	090103	植物保护

（续上表）

专业代码	学科门类、专业类、专业名称	原专业代码	原学科门类、专业类、专业名称
090104	植物科学与技术	090106W	植物科学与技术
		070409W	植物生物技术
		040303W	特用作物教育
090105	种子科学与工程	090107W	种子科学与工程
090106	设施农业科学与工程（注：可授农学或工学学士学位）	090109W	设施农业科学与工程
0902	**自然保护与环境生态类**	**0904**	**环境生态类**
090201	农业资源与环境	090403	农业资源与环境
		081414S	植物资源工程
090202	野生动物与自然保护区管理	090303*	野生动物与自然保护区管理
090203	水土保持与荒漠化防治	090402	水土保持与荒漠化防治
0903	**动物生产类**	**0905**	**动物生产类**
090301	动物科学	090501	动物科学
		070410W	动物生物技术
		040306W	畜禽生产教育
0904	**动物医学类**	**0906**	**动物医学类**
090401	动物医学	090601	动物医学
090402	动物药学	090602S	动物药学
0905	**林学类**	**0903**	**森林资源类**
090501	林学	090301	林学
090502	园林	090401	园林
090503	森林保护	090302	森林资源保护与游憩（部分）
0906	**水产类**	**0907**	**水产类**
090601	水产养殖学	090701	水产养殖学
		040307W	水产养殖教育
090602	海洋渔业科学与技术	090702	海洋渔业科学与技术
0907	**草学类**	**0902**	**草业科学类**
090701	草业科学	090201	草业科学
10	**学科门类：医学**	**10**	**学科门类：医学**

（续上表）

专业代码	学科门类、专业类、专业名称	原专业代码	原学科门类、专业类、专业名称
1001	**基础医学类**	**1001**	**基础医学类**
100101K	基础医学	100101*	基础医学
1002	**临床医学类**	**1003**	**临床医学与医学技术类（部分）**
100201K	临床医学	100301	临床医学
1003	**口腔医学类**	**1004**	**口腔医学类**
100301K	口腔医学	100401	口腔医学
1004	**公共卫生与预防医学类**	**1002**	**预防医学类**
100401K	预防医学	100201	预防医学
100402	食品卫生与营养学（注：授予理学学士学位）	100204S	营养学
		040332W	食品营养与检验教育（部分）
1005	**中医学类**	**1005**	**中医学类（部分）**
100501K	中医学	100501	中医学
100502K	针灸推拿学	100502	针灸推拿学
100503K	藏医学	100504	藏医学
100504K	蒙医学	100503	蒙医学
100505K	维医学	100506W	维医学
100506K	壮医学	100507S	壮医学
100507K	哈医学	100508S	哈医学
1006	**中西医结合类**	**1005**	**中医学类（部分）**
100601K	中西医临床医学	100505W	中西医临床医学
1007	**药学类**	**1008**	**药学类（部分）**
100701	药学（注：授予理学学士学位）	100801	药学
		100807W	应用药学
100702	药物制剂（注：授予理学学士学位）	100803	药物制剂
1008	**中药学类**	**1008**	**药学类（部分）**
100801	中药学（注：授予理学学士学位）	100802	中药学
100802	中药资源与开发（注：授予理学学士学位）	100806W	中药资源与开发

（续上表）

专业代码	学科门类、专业类、专业名称	原专业代码	原学科门类、专业类、专业名称
1009	**法医学类**	**1006**	**法医学类**
100901K	法医学	100601*	法医学
1010	**医学技术类**	**1003**	**临床医学与医学技术类（部分）**
101001	医学检验技术（注：授予理学学士学位）	100304*	医学检验
101002	医学实验技术（注：授予理学学士学位）	100311W	医学实验学
		100309W	医学技术
		100312S	医学美容技术
101003	医学影像技术（注：授予理学学士学位）	100303*	医学影像学
		080629S	医学影像工程
101004	眼视光学（注：授予理学学士学位）	100306W	眼视光学（部分）
101005	康复治疗学（注：授予理学学士学位）	100307W	康复治疗学
101006	口腔医学技术（注：授予理学学士学位）	100402W	口腔修复工艺学
101007	卫生检验与检疫（注：授予理学学士学位）	100202S	卫生检验
1011	**护理学类**	**1007**	**护理学类**
101101	护理学（注：授予理学学士学位）	100701	护理学
12	**学科门类：管理学**	**11**	**学科门类：管理学**
1201	**管理科学与工程类**	**1101**	**管理科学与工程类（部分）**
120101	管理科学（注：可授管理学或理学学士学位）	110101*	管理科学
		110109S	管理科学与工程
		071701W	系统理论
		071702W	系统科学与工程
120102	信息管理与信息系统（注：可授管理学或工学学士学位）	110102	信息管理与信息系统（部分）

（续上表）

专业代码	学科门类、专业类、专业名称	原专业代码	原学科门类、专业类、专业名称
120103	工程管理（注：可授管理学或工学学士学位）	110104	工程管理
		110108S	项目管理
120104	房地产开发与管理	110106W	房地产经营管理
120105	工程造价（注：可授管理学或工学学士学位）	110105W	工程造价
1202	**工商管理类**	**1102**	**工商管理类（部分）**
120201K	工商管理	110201	工商管理
		110217S	商务策划管理
		110213S	特许经营管理
		110207W	商品学
		110214S	连锁经营管理
		110317S	食品经济管理
120202	市场营销	110202	市场营销
120203K	会计学	110203	会计学
120204	财务管理	110204	财务管理
120205	国际商务	110211W	国际商务
120206	人力资源管理	110205	人力资源管理
120207	审计学	110208W	审计学
120208	资产评估	110215S	资产评估
120209	物业管理	110212S	物业管理
120210	文化产业管理（注：可授管理学或艺术学学士学位）	110310S	文化产业管理
1203	**农业经济管理类**	**1104**	**农业经济管理类**
120301	农林经济管理	110401	农林经济管理
		040312W	农业经营管理教育
120302	农村区域发展（注：可授管理学或农学学士学位）	110402	农村区域发展
1204	**公共管理类**	**1103**	**公共管理类**

（续上表）

专业代码	学科门类、专业类、专业名称	原专业代码	原学科门类、专业类、专业名称
120401	公共事业管理	110302	公共事业管理
		110309W	公共管理
		110315S	公共安全管理
		110312S	国防教育与管理
		110318S	应急管理
		110306W	高等教育管理（部分）
		040337W	职业技术教育管理
120402	行政管理	110301	行政管理
		110307W	公共政策学
120403	劳动与社会保障	110303*	劳动与社会保障
120404	土地资源管理（注：可授管理学或工学学士学位）	110304*	土地资源管理
120405	城市管理	110308W	城市管理
1205	**图书情报与档案管理类**	**1105**	**图书档案学类**
120501	图书馆学	110501	图书馆学
120502	档案学	110502	档案学
120503	信息资源管理	110503W	信息资源管理
1206	**物流管理与工程类**	**1102**	**工商管理类（部分）**
120601	物流管理	110210W	物流管理
120602	物流工程（注：可授管理学或工学学士学位）	081207W	物流工程
1207	**工业工程类**	**1101**	**管理科学与工程类（部分）**
120701	工业工程（注：可授管理学或工学学士学位）	110103	工业工程
		080715S	总图设计与工业运输（部分）
1208	**电子商务类**	**1102**	**工商管理类（部分）**
120801	电子商务（注：可授管理学或经济学或工学学士学位）	110209W	电子商务
		020112W	网络经济学
1209	**旅游管理类**	**1102**	**工商管理类（部分）**
120901K	旅游管理	110206	旅游管理
		090302	森林资源保护与游憩（部分）

（续上表）

专业代码	学科门类、专业类、专业名称	原专业代码	原学科门类、专业类、专业名称
120902	酒店管理	110218S	酒店管理
120903	会展经济与管理	110311S	会展经济与管理
13	**学科门类：艺术学**	［新增］	
1301	**艺术学理论类**	［新增］	
130101	艺术史论	050422W	艺术学
1302	**音乐与舞蹈学类**	［新增］	
130201	音乐表演	050403	音乐表演
130202	音乐学	050401	音乐学
130203	作曲与作曲技术理论	050402	作曲与作曲技术理论
130204	舞蹈表演	050409	舞蹈学（部分）
130205	舞蹈学	050409	舞蹈学（部分）
130206	舞蹈编导	050410	舞蹈编导
1303	**戏剧与影视学类**	［新增］	
130301	表演	050412	表演
130302	戏剧学	050411	戏剧学
130303	电影学	050423W	影视学
130304	戏剧影视文学	050414	戏剧影视文学
130305	广播电视编导	050420	广播电视编导
		050424S	广播影视编导
130306	戏剧影视导演	050413	导演
130307	戏剧影视美术设计	050415	戏剧影视美术设计
130308	录音艺术	050417	录音艺术
130309	播音与主持艺术	050419*	播音与主持艺术
130310	动画	050418	动画
		050421W	影视教育［撤销，无布点］
1304	**美术学类**	［新增］	
130401	美术学	050406	美术学
130402	绘画	050404	绘画
130403	雕塑	050405	雕塑

（续上表）

专业代码	学科门类、专业类、专业名称	原专业代码	原学科门类、专业类、专业名称
130404	摄影	050416	摄影（部分）
1305	**设计学类**	［**新增**］	
130501	艺术设计学	050407	艺术设计学
130502	视觉传达设计	050408	艺术设计（部分）
130503	环境设计	050408	艺术设计（部分）
130504	产品设计	050408	艺术设计（部分）
		080303	工业设计（部分）
130505	服装与服饰设计	050408	艺术设计（部分）
130506	公共艺术	050430S	公共艺术
130507	工艺美术	040330W	装潢设计与工艺教育
130508	数字媒体艺术	080623W	数字媒体艺术
		050431S	数字游戏设计

二、特设专业

专业代码	学科门类、专业类、专业名称	原专业代码	原学科门类、专业类、专业名称
01	**学科门类：哲学**	**01**	**学科门类：哲学**
0101	**哲学类**	**0101**	**哲学类**
010104T	伦理学	010104W	伦理学
02	**学科门类：经济学**	**02**	**学科门类：经济学**
0201	**经济学类**	**0201**	**经济学类（部分）**
020103T	国民经济管理	020105W	国民经济管理
020104T	资源与环境经济学	020108W	环境经济
		020115W	环境资源与发展经济学
020105T	商务经济学	020118H	商务经济学
020106T	能源经济	020121S	能源经济
0202	**财政学类**	**0201**	**经济学类（部分）**
0203	**金融学类**	**0201**	**经济学类（部分）**
020305T	金融数学	020119H	金融数学

（续上表）

专业代码	学科门类、专业类、专业名称	原专业代码	原学科门类、专业类、专业名称
020306T	信用管理（注：可授经济学或管理学学士学位）	020111W	信用管理
020307T	经济与金融	020120S	经济与金融
0204	**经济与贸易类**	**0201**	**经济学类（部分）**
03	**学科门类：法学**	**03**	**学科门类：法学**
0301	**法学类**	**0301**	**法学类**
030102T	知识产权	030103S	知识产权
		030102W	知识产权法
030103T	监狱学	030120W	监狱学
0302	**政治学类**	**0304**	**政治学类**
030204T	国际事务与国际关系	030408H	国际事务与国际关系
		030405W	国际文化交流
		030409H	欧洲事务与欧洲关系
		030410H	东亚事务与东亚关系
		030407S	国际事务
030205T	政治学、经济学与哲学	030411S	政治学、经济学与哲学
0303	**社会学类**	**0303**	**社会学类**
030303T	人类学	030304W	人类学
030304T	女性学	030305S	女性学
030305T	家政学	030303W	家政学
0304	**民族学类**	**0601**	**历史学类（部分）**
0305	**马克思主义理论类**	**0302**	**马克思主义理论类**
0306	**公安学类**	**0305**	**公安学类**
030604TK	禁毒学	030505W	禁毒学
030605TK	警犬技术	030506W	警犬技术
030606TK	经济犯罪侦查	030507W	经济犯罪侦查
030607TK	边防指挥	030508W	边防指挥
030608TK	消防指挥	030509W	消防指挥
030609TK	警卫学	030510W	警卫学

（续上表）

专业代码	学科门类、专业类、专业名称	原专业代码	原学科门类、专业类、专业名称
030610TK	公安情报学	030511S	公安情报学
030611TK	犯罪学	030512S	犯罪学
030612TK	公安管理学	030513S	公安管理学
030613TK	涉外警务	030514S	涉外警务
030614TK	国内安全保卫	030515S	国内安全保卫
030615TK	警务指挥与战术	030516S	警务指挥与战术
04	**学科门类：教育学**	**04**	**学科门类：教育学**
0401	**教育学类**	**0401**	**教育学类**
040109T	华文教育	040110S	华文教育
		040304W	林木生产教育［撤销，无布点］
		040305W	特用动物教育［撤销，无布点］
		040309W	农业机械教育［撤销，无布点］
		040310W	农业建筑与环境控制教育［撤销，无布点］
		040319W	制浆造纸工艺教育［撤销，无布点］
		040320W	印刷工艺教育［撤销，无布点］
		040321W	橡塑制品成型工艺教育［撤销，无布点］
		040323W	纺织工艺教育［撤销，无布点］
		040324W	染整工艺教育［撤销，无布点］
		040325W	化工工艺教育［撤销，无布点］
		040326W	化工分析与检测技术教育［撤销，无布点］
		040327W	建筑材料工程教育［撤销，无布点］
0402	**体育学类**	**0402**	**体育学类**

（续上表）

专业代码	学科门类、专业类、专业名称	原专业代码	原学科门类、专业类、专业名称
040206T	运动康复（注：可授教育学或理学学士学位）	040206S	运动康复与健康
040207T	休闲体育	040207S	休闲体育
05	**学科门类：文学**	**05**	**学科门类：文学**
0501	**中国语言文学类**	**0501**	**中国语言文学类**
050106T	应用语言学	050107W	应用语言学
050107T	秘书学	040335W	文秘教育
0502	**外国语言文学类**	**0502**	**外国语言文学类**
0503	**新闻传播学类**	**0503**	**新闻传播学类**
050306T	网络与新媒体	050307S	新媒体与信息网络
		050306W	媒体创意
050307T	数字出版	050308S	数字出版
06	**学科门类：历史学**	**06**	**学科门类：历史学**
0601	**历史学类**	**0601**	**历史学类（部分）**
060105T	文物保护技术	060106W	文物保护技术
060106T	外国语言与外国历史（注：可授历史学或文学学士学位）	060107S	外国语言与外国历史
07	**学科门类：理学**	**07**	**学科门类：理学**
0701	**数学类**	**0701**	**数学类**
070103T	数理基础科学	070103S	数理基础科学
0702	**物理学类**	**0702**	**物理学类**
070204T	声学	070203W	声学
0703	**化学类**	**0703**	**化学类**
070303T	化学生物学	070303W	化学生物学
070304T	分子科学与工程	070304W	分子科学与工程
0704	**天文学类**	**0705**	**天文学类**
0705	**地理科学类**	**0707**	**地理科学类**

（续上表）

专业代码	学科门类、专业类、专业名称	原专业代码	原学科门类、专业类、专业名称
0706	**大气科学类**	**0709**	**大气科学类**
0707	**海洋科学类**	**0710**	**海洋科学类**
070703T	海洋资源与环境	071005S	海洋生物资源与环境
070704T	军事海洋学	071004W	军事海洋学
0708	**地球物理学类**	**0708**	**地球物理学类**
0709	**地质学类**	**0706**	**地质学类**
070903T	地球信息科学与技术（注：可授理学或工学学士学位）	070704W	地球信息科学与技术
070904T	古生物学	070603S	古生物学
0710	**生物科学类**	**0704**	**生物科学类**
0711	**心理学类**	**0715**	**心理学类**
0712	**统计学类**	**0716**	**统计学类**
08	**学科门类：工学**	**08**	**学科门类：工学**
0801	**力学类**	**0711**	**力学类**
		0817	**工程力学类**
0802	**机械类**	**0803**	**机械类**
080209T	机械工艺技术	040313W	机械制造工艺教育
		040314W	机械维修及检测技术教育
080210T	微机电系统工程	080310S	微机电系统工程
080211T	机电技术教育	040315W	机电技术教育
080212T	汽车维修工程教育	040317W	汽车维修工程教育
0803	**仪器类**	**0804**	**仪器仪表类**
0804	**材料类**	**0802**	**材料类**
		0713	**材料科学类**
080409T	粉体材料科学与工程	080209W	粉体材料科学与工程
080410T	宝石及材料工艺学	080208W	宝石及材料工艺学
080411T	焊接技术与工程	080207W	焊接技术与工程
080412T	功能材料	080215S	功能材料
		080213S	生物功能材料
080413T	纳米材料与技术	080216S	纳米材料与技术

（续上表）

专业代码	学科门类、专业类、专业名称	原专业代码	原学科门类、专业类、专业名称
080414T	新能源材料与器件	080217S	新能源材料与器件
0805	**能源动力类**	**0805**	**能源动力类（部分）**
080502T	能源与环境系统工程	080504W	能源与环境系统工程
080503T	新能源科学与工程	080512S	新能源科学与工程
		080507S	风能与动力工程
0806	**电气类**	**0806**	**电气信息类（部分）**
080602T	智能电网信息工程	080645S	智能电网信息工程
080603T	光源与照明	080610W	光源与照明
080604T	电气工程与智能控制	080633H	电气工程与智能控制
0807	**电子信息类**	**0806**	**电气信息类（部分）**
		0712	**电子信息科学类**
080707T	广播电视工程	080617W	广播电视工程
080708T	水声工程	080644S	水声工程
080709T	电子封装技术	080214S	电子封装技术
080710T	集成电路设计与集成系统	080615W	集成电路设计与集成系统
080711T	医学信息工程	080624S	医学信息工程
080712T	电磁场与无线技术	080631S	电磁场与无线技术
080713T	电波传播与天线	080635S	电波传播与天线
080714T	电子信息科学与技术（注：可授工学或理学学士学位）	071201	电子信息科学与技术
080715T	电信工程及管理	080632H	电信工程及管理
080716T	应用电子技术教育	040318W	应用电子技术教育
0808	**自动化类**	**0806**	**电气信息类（部分）**
080802T	轨道交通信号与控制	080602	自动化（部分）
0809	**计算机类**	**0806**	**电气信息类（部分）**
080907T	智能科学与技术	080627S	智能科学与技术
080908T	空间信息与数字技术	080903W	空间信息与数字技术
080909T	电子与计算机工程	080637H	电子与计算机工程
0810	**土木类**	**0807**	**土建类（部分）**
081005T	城市地下空间工程	080706W	城市地下空间工程

（续上表）

专业代码	学科门类、专业类、专业名称	原专业代码	原学科门类、专业类、专业名称
081006T	道路桥梁与渡河工程	080724W	道路桥梁与渡河工程
0811	**水利类**	**0808**	**水利类**
081104T	水务工程	080709W	水务工程
0812	**测绘类**	**0809**	**测绘类**
081203T	导航工程	080904S	导航工程
081204T	地理国情监测	080905S	地理国情监测
0813	**化工与制药类**	**0811**	**化工与制药类**
081303T	资源循环科学与工程	080218S	资源循环科学与工程
		080210W	再生资源科学与技术
081304T	能源化学工程	081106S	能源化学工程
081305T	化学工程与工业生物工程	081104S	化学工程与工业生物工程
0814	**地质类**	**0801**	**地矿类（部分）**
081404T	地下水科学与工程	080109S	地下水科学与工程
0815	**矿业类**	**0801**	**地矿类（部分）**
081505T	矿物资源工程	080107Y	矿物资源工程
081506T	海洋油气工程	080111S	海洋油气工程
0816	**纺织类**	**0814**	**轻工纺织食品类（部分）**
081603T	非织造材料与工程	081412S	非织造材料与工程
081604T	服装设计与工艺教育	040329W	服装设计与工艺教育
0817	**轻工类**	**0814**	**轻工纺织食品类（部分）**
0818	**交通运输类**	**0812**	**交通运输类**
081806T	交通设备与控制工程	081213S	交通信息与控制工程
		081209W	交通设备信息工程
		080647S	交通设备与控制工程
081807T	救助与打捞工程	081211S	救助与打捞工程
081808TK	船舶电子电气工程	080636S	船舶电子电气工程
0819	**海洋工程类**	**0813**	**海洋工程类**
081902T	海洋工程与技术	081302S	海洋工程与技术
081903T	海洋资源开发技术	081303S	海洋资源开发技术
0820	**航空航天类**	**0815**	**航空航天类**

（续上表）

专业代码	学科门类、专业类、专业名称	原专业代码	原学科门类、专业类、专业名称
082006T	飞行器质量与可靠性	081508S	质量与可靠性工程
082007T	飞行器适航技术	081212S	航空器适航技术
0821	**兵器类**	**0816**	**武器类**
0822	**核工程类**	**0805**	**能源动力类（部分）**
0823	**农业工程类**	**0819**	**农业工程类**
0824	**林业工程类**	**0820**	**林业工程类**
0825	**环境科学与工程类**	**0810**	**环境与安全类（部分）**
		0714	**环境科学类**
082505T	环保设备工程	081009S	环保设备工程
082506T	资源环境科学（注：可授工学或理学学士学位）	071403W	资源环境科学
		081105S	资源科学与工程
082507T	水质科学与技术	081003W	水质科学与技术
0826	**生物医学工程类**	**0806**	**电气信息类（部分）**
082602T	假肢矫形工程	080622W	假肢矫形工程
0827	**食品科学与工程类**	**0814**	**轻工纺织食品类（部分）**
082706T	葡萄与葡萄酒工程	081409W	葡萄与葡萄酒工程
082707T	食品营养与检验教育	040332W	食品营养与检验教育（部分）
082708T	烹饪与营养教育	040333W	烹饪与营养教育
0828	**建筑类**	**0807**	**土建类（部分）**
082804T	历史建筑保护工程	080707W	历史建筑保护工程
0829	**安全科学与工程类**	**0810**	**环境与安全类（部分）**
0830	**生物工程类**	**0818**	**生物工程类**
083002T	生物制药	081107S	生物制药
0831	**公安技术类**	**0821**	**公安技术类**
083103TK	交通管理工程	082104W	交通管理工程
083104TK	安全防范工程	082103W	安全防范工程
083105TK	公安视听技术	082106S	公安视听技术
083106TK	抢险救援指挥与技术	082108S	抢险救援指挥与技术
083107TK	火灾勘查	030504W	火灾勘查
083108TK	网络安全与执法	082107S	网络安全与执法

（续上表）

专业代码	学科门类、专业类、专业名称	原专业代码	原学科门类、专业类、专业名称
083109TK	核生化消防	082105W	核生化消防
09	**学科门类：农学**	**09**	**学科门类：农学**
0901	**植物生产类**	**0901**	**植物生产类**
090107T	茶学	090104△	茶学
090108T	烟草	090105W	烟草
090109T	应用生物科学（注：可授农学或理学学士学位）	090108W	应用生物科学
		040308W	应用生物教育
090110T	农艺教育	040301W	农艺教育
090111T	园艺教育	040302W	园艺教育
0902	**自然保护与环境生态类**	**0904**	**环境生态类**
0903	**动物生产类**	**0905**	**动物生产类**
090302T	蚕学	090502△	蚕学
090303T	蜂学	090503W	蜂学
0904	**动物医学类**	**0906**	**动物医学类**
090403T	动植物检疫（注：可授农学或理学学士学位）	070406W	动植物检疫
0905	**林学类**	**0903**	**森林资源类**
0906	**水产类**	**0907**	**水产类**
090603T	水族科学与技术	090703S	水族科学与技术
0907	**草学类**	**0902**	**草业科学类**
10	**学科门类：医学**	**10**	**学科门类：医学**
1001	**基础医学类**	**1001**	**基础医学类**
1002	**临床医学类**	**1003**	**临床医学与医学技术类（部分）**
100202TK	麻醉学	100302 *	麻醉学
100203TK	医学影像学	100303 *	医学影像学
100204TK	眼视光医学	100306W	眼视光学（部分）
100205TK	精神医学	100308W	精神医学
100206TK	放射医学	100305W	放射医学

（续上表）

专业代码	学科门类、专业类、专业名称	原专业代码	原学科门类、专业类、专业名称
1003	**口腔医学类**	**1004**	**口腔医学类**
1004	**公共卫生与预防医学类**	**1002**	**预防医学类**
100403TK	妇幼保健医学	100203S	妇幼保健医学
100404TK	卫生监督	100206S	卫生监督
100405TK	全球健康学（注：授予理学学士学位）	100205S	全球健康学
1005	**中医学类**	**1005**	**中医学类（部分）**
1006	**中西医结合类**	**1005**	**中医学类（部分）**
1007	**药学类**	**1008**	**药学类（部分）**
100703TK	临床药学（注：授予理学学士学位）	100808S	临床药学
100704T	药事管理（注：授予理学学士学位）	100810S	药事管理
100705T	药物分析（注：授予理学学士学位）	100812S	药物分析
100706T	药物化学（注：授予理学学士学位）	100813S	药物化学
100707T	海洋药学（注：授予理学学士学位）	100809S	海洋药学
1008	**中药学类**	**1008**	**药学类（部分）**
100803T	藏药学（注：授予理学学士学位）	100805W	藏药学
100804T	蒙药学（注：授予理学学士学位）	100811W	蒙药学
100805T	中药制药（注：可授理学或工学学士学位）	100814S	中药制药
100806T	中草药栽培与鉴定（注：授予理学学士学位）	100804W	中草药栽培与鉴定
1009	**法医学类**	**1006**	**法医学类**
1010	**医学技术类**	**1003**	**临床医学与医学技术类（部分）**

（续上表）

专业代码	学科门类、专业类、专业名称	原专业代码	原学科门类、专业类、专业名称
101008T	听力与言语康复学	100310W	听力学
1011	**护理学类**	**1007**	**护理学类**
12	**学科门类：管理学**	**11**	**学科门类：管理学**
1201	**管理科学与工程类**	**1101**	**管理科学与工程类（部分）**
120106TK	保密管理	110102	信息管理与信息系统（部分）
1202	**工商管理类**	**1102**	**工商管理类（部分）**
120211T	劳动关系	110314S	劳动关系
120212T	体育经济与管理	020113W	体育经济
		110316S	体育产业管理
120213T	财务会计教育	040334W	财务会计教育
120214T	市场营销教育	040336W	市场营销教育
1203	**农业经济管理类**	**1104**	**农业经济管理类**
1204	**公共管理类**	**1103**	**公共管理类**
120406TK	海关管理	110319S	海关管理
120407T	交通管理（注：可授管理学或工学学士学位）	110313S	航运管理
120408T	海事管理	081208W	海事管理
120409T	公共关系学	110305W	公共关系学
1205	**图书情报与档案管理类**	**1105**	**图书档案学类**
1206	**物流管理与工程类**	**1102**	**工商管理类（部分）**
120603T	采购管理	110219S	采购管理
120702T	标准化工程	110110S	标准化工程
120703T	质量管理工程	110107S	产品质量工程
1208	**电子商务类**	**1102**	**工商管理类（部分）**
120802T	电子商务及法律	110216H	电子商务及法律
1209	**旅游管理类**	**1102**	**工商管理类（部分）**
120904T	旅游管理与服务教育	040331W	旅游管理与服务教育

（续上表）

专业代码	学科门类、专业类、专业名称	原专业代码	原学科门类、专业类、专业名称
13	**学科门类：艺术学**	［**新增**］	
1207	**工业工程类**	**1101**	**管理科学与工程类（部分）**
1301	艺术学理论类	［新增］	
1302	音乐与舞蹈学类	［新增］	
1303	戏剧与影视学类	［新增］	
130311T	影视摄影与制作	050416	摄影（部分）
		050432S	数字电影技术
		050426S	照明艺术
1304	**美术学类**	［**新增**］	
130405T	书法学	050425S	书法学
130406T	中国画	050429S	中国画
1305	**设计学类**	［**新增**］	
130509T	艺术与科技	050428S	音乐科技与艺术
		050427S	会展艺术与技术

附件 1－3

普通高等学校本科专业设置管理规定

第一章　总　则

第一条　为进一步规范普通高等学校（以下简称高校）本科专业（以下简称专业）的设置与管理，落实和扩大高校专业设置自主权，根据《中华人民共和国高等教育法》、《中华人民共和国行政许可法》和《国务院对确需保留的行政审批项目设定行政许可的决定》（国务院令第 412 号），制定本规定。

第二条　高校的专业设置和调整，以及相关的备案与审批等管理工作，适用本规定。

第三条　高校设置和调整专业，应主动适应国家和区域经济社会发展需要，适应知识创新、科技进步以及学科发展需要，更好地满足人民群众接受高质量高等教育需求；应遵循高等教育规律和人才成长规律，符合学校办学定位和办学条件，优化学科专业结构，促进学校办出特色，提高人才培养质量。

第二章　专业目录

第四条　教育部制定和发布《普通高等学校本科专业目录》（以下简称《专业目录》）。

《专业目录》规定专业划分、名称及所属门类，是设置和调整专业、实施人才培养、安排招生、授予学位、指导就业、进行教育统计和人才需求预测等工作的重要依据。

第五条　《专业目录》分为学科门类、专业类和专业三级，其代码分别用两位、四位和六位数字表示。

第六条　《专业目录》包含基本专业和特设专业。基本专业一般是指学科基础比较成熟、社会需求相对稳定、布点数量相对较多、继承性较好的专业。特设专业是满足经济社会发展特殊需求所设置的专业，在专业代码后加“T”表示。

第七条　《专业目录》中涉及国家安全、特殊行业等专业由国家控制布点，称为国家控制布点专业，在专业代码后加“K”表示。

第八条　《专业目录》实行分类管理。《专业目录》十年修订一次；基本专业五年调整一次，特设专业每年动态调整。

第三章　专业设置

第九条　高校设置专业须具备下列基本条件：

（一）符合学校办学定位和发展规划；

（二）有相关学科专业为依托；

（三）有稳定的社会人才需求；

（四）有科学、规范的专业人才培养方案；

（五）有完成专业人才培养方案所必需的专职教师队伍及教学辅助人员；

（六）具备开办专业所必需的经费、教学用房、图书资料、仪器设备、实习基地等办学条件，有保障专业可持续发展的相关制度。

第十条 专业设置和调整实行备案或审批制度。备案或审批工作每年集中进行一次。教育部设专门网站作为本项工作的公共信息服务与管理平台。

第十一条 高校根据《专业目录》设置专业（国家控制布点专业除外），经以下程序报教育部备案：

（一）高校经校内专业设置评议专家组织审议通过后，于每年7月31日前通过专门网站提交专业设置申请材料，内容包括：学校基本情况、人才培养方案、教师基本情况、办学条件等。

（二）高校专业设置申请材料在专门网站公示，公示期为一个月。

（三）公示期满后，高校将公示期间所提意见的研究处理情况及专业设置申请材料报高校主管部门［指省、自治区、直辖市教育行政部门，有关部门（单位）教育司（局），下同］，教育部直属高校直接报教育部。

（四）高校主管部门对高校提供的专业备案材料、公示期间所提意见、高校研究处理情况等进行形式审核。审核后汇总，于当年9月30日前以文件形式报教育部。

（五）教育部于当年11月30日前公布备案结果。

第十二条 高校设置国家控制布点专业，按第十一条有关程序和要求将申报材料报送教育部，经“教育部学科发展与专业设置专家委员会”评审，于当年11月30日前公布审批结果。

第十三条 高校设置尚未列入《专业目录》的新专业（以下简称新专业），经下列程序报教育部审批：

（一）高校经校内专业设置评议专家组织审议通过后，于每年7月31日前通过专门网站提交专业设置申请材料，内容包括：学校基本情况、人才培养方案、教师基本情况、办学条件等，以及该专业与所属专业类中其他专业的区分情况和专业基本要求。

（二）高校专业设置申请材料在专门网站公示，公示期为一个月。

（三）在公示期间教育部委托相关教学指导委员会，对新专业的科学性、可行性以及专业名称规范性提出意见，并提交到教育部。

（四）公示期满后，高校将公示期间所提意见的研究处理情况及专业设置申请材料报高校主管部门，教育部直属高校直接报教育部。

（五）高校主管部门召开专业设置评议专家组织会议，进行审议。高校主管部门根据审议情况确定拟同意设置的专业并进行汇总，于当年9月30日前以文件形式（含专业设置申请材料）报教育部。

（六）教育部委托教育部学科发展与专业设置专家委员会对需审批的专业进行评审，于当年11月30日前公布审批结果。

第十四条 批准设置的新专业列为特设专业。

第四章 专业调整

第十五条 高校调整专业名称时，如调整为《专业目录》专业（除国家控制布点专业外)，按备案程序办理；如调整为国家控制布点专业或新专业，按审批程序办理。被调整的专业按撤销专业处理。撤销专业需由高校主管部门报教育部备案。

第十六条 高校调整专业的学位授予门类或修业年限时，按审批程序办理。

第十七条 高校调整专业须在妥善安排拟调整专业在校学生培养工作前提下进行。

第十八条 高校现设专业连续五年不招生的，原则上按撤销专业处理。

第五章 专业设置评议专家组织

第十九条 高校、高校主管部门和教育部设立相应的专业设置评议专家组织，或在现有专家组织中增加专业设置评议职能。

第二十条 高校的专业设置评议专家组织根据社会人才需求、学校办学定位、办学条件等，对本校设置和调整的专业进行审议。

第二十一条 高校主管部门的专业设置评议专家组织根据国家以及本地区、本部门高等教育发展规划、社会人才需求、专业布点等情况，对高校设置新专业进行审核、审议。

第二十二条 教育部学科发展与专业设置专家委员会作为教育部的专业设置评议专家组织，根据国家和区域经济社会发展对人才的需求、专业布点、办学条件等情况，结合相关教学指导委员会所提意见，评审需由教育部审批的专业。

第六章 专业监督检查评估

第二十三条 高校应建立和完善专业建设保障机制，开展专业自评工作。鼓励高校引入专门机构或社会中介机构对学校专业办学水平和质量进行评估。

高校应高度重视新设专业的建设，保证新设专业的办学条件，在没有毕业生之前，对新设专业进行年度检查、发布专业建设质量年度报告，接受社会监督。

第二十四条 高校主管部门综合应用规划、信息服务、政策指导和资源配置等措施，促进所属高校加强专业内涵建设。

在新设专业首届学生进入毕业学年时，高校主管部门应组织实施专业评估。评估结论作为新设专业继续招生、暂停招生的依据。

第二十五条 教育部负责协调国务院有关部门定期发布国家经济社会发展和科技进步对人才的需求以及毕业生就业状况等信息，加强高校专业设置的宏观管理。

第二十六条 高校设置的专业在教育教学过程中出现办学条件严重不足、教学质量低下、就业率过低等情况，高校主管部门须责令有关高校限期整改、暂停招生。

第二十七条 未经备案或审批同意设置的专业，不得进行招生宣传和招生。对违反本规定擅自设置专业或经查实申请材料弄虚作假的高校，教育部或高校主管部门予以公开通报批评，所设专业视为无效；情节严重的，三年内不得增设专业。

第七章 附 则

第二十八条 高校主管部门可依据本规定制定实施细则。

第二十九条 本规定自发布之日起施行。教育部1999年发布的《高等学校本科专业设置规定》（教高〔1999〕7 号）同时废止。

附：1．普通高等学校本科专业设置（备案专业）申请汇总表（略）
　　2．普通高等学校本科专业设置（审批专业）申请汇总表（略）
　　3．普通高等学校本科专业设置申请表（备案专业适用）（略）
　　4．普通高等学校本科专业设置申请表（审批专业适用）（略）

附件2 学位授予和人才培养学科目录

附件2－1

国务院学位委员会 教育部关于印发《学位授予和人才培养学科目录（2011年）》的通知（学位〔2011〕11号）

各省、自治区、直辖市学位委员会、教育厅（教委），新疆生产建设兵团教育局，有关部门（单位）教育（人事）司（局），中国人民解放军学位委员会，中共中央党校学位评定委员会，各学位授予单位：

根据国务院学位委员会第二十六次会议的有关决议，为适应我国经济、社会、科技和高等教育的发展，国务院学位委员会、教育部启动了学科目录修订工作，对学科目录设置与管理的机制进行了改革。新修订后的《学位授予和人才培养学科目录（2011年）》（以下简称新目录）已经国务院学位委员会第二十八次会议审议批准，现印发给你们。

新目录的印发，是贯彻落实《国家中长期教育改革和发展规划纲要（2010—2020年）》，建立动态调整机制，优化学科结构的一项重要举措，对推动学位授权审核办法改革，扩大学位授予单位办学自主权，加快创新人才培养，提高人才培养和学位授予质量，使学位与研究生教育更好地适应经济、社会发展都具有重要意义。新目录适用于硕士、博士的学位授予、招生和培养，并用于学科建设和教育统计分类等工作。学士学位按新目录的学科门类授予。请各有关部门和单位根据新目录，加强学科建设，做好人才培养和学位授予工作，切实把工作重点放在提高质量上来。现将有关事项通知如下：

一、已有博士、硕士学位授权点应按新目录进行对应调整，具体办法另行通知。

二、自印发之日起，学位授权审核及学位与研究生教育质量监督工作按照新目录进行。

三、研究生招生工作2012年起按新目录进行。研究生的培养和学位授予工作等应尽快转入按新目录进行。

附件：学位授予和人才培养学科目录（2011年）

国务院学位委员会
中华人民共和国教育部
2011年3月8日

附件 2－2

学位授予和人才培养学科目录（2011 年）

说　明

一、根据国务院学位委员会、教育部印发的《学位授予和人才培养学科目录设置与管理办法》（学位〔2009〕10 号）的规定，《学位授予和人才培养学科目录》分为学科门类和一级学科，是国家进行学位授权审核与学科管理、学位授予单位开展学位授予与人才培养工作的基本依据，适用于硕士、博士的学位授予、招生和培养，并用于学科建设和教育统计分类等工作。学士学位按本目录的学科门类授予。

二、本目录是在原《授予博士、硕士学位和培养研究生的学科、专业目录》（1997 年颁布）和《普通高等学校本科专业目录》（1998 年颁布）的基础上，经过专家反复论证后编制。

三、本目录中注明可授不同学科门类学位的一级学科，可分属不同学科门类，此类一级学科授予学位的学科门类由学位授予单位的学位评定委员会决定。

四、本目录中学科门类和一级学科的代码分别为二位和四位阿拉伯数字。

五、附《专业学位授予和人才培养目录》。

01　哲学

0101　哲学

02　经济学

0201　理论经济学
0202　应用经济学

03　法学

0301　法学
0302　政治学
0303　社会学
0304　民族学
0305　马克思主义理论
0306　公安学

04　教育学

0401　教育学
0402　心理学（可授教育学、理学学位）
0403　体育学

05　文学

0501　中国语言文学
0502　外国语言文学
0503　新闻传播学

06　历史学

0601　考古学
0602　中国史
0603　世界史

07　理学

0701　数学
0702　物理学
0703　化学
0704　天文学
0705　地理学
0706　大气科学
0707　海洋科学
0708　地球物理学
0709　地质学

0710 生物学
0711 系统科学
0712 科学技术史（分学科，可授理学、工学、农学、医学学位）
0713 生态学
0714 统计学（可授理学、经济学学位）

08 工学

0801 力学（可授工学、理学学位）
0802 机械工程
0803 光学工程
0804 仪器科学与技术
0805 材料科学与工程（可授工学、理学学位）
0806 冶金工程
0807 动力工程及工程热物理
0808 电气工程
0809 电子科学与技术（可授工学、理学学位）
0810 信息与通信工程
0811 控制科学与工程
0812 计算机科学与技术（可授工学、理学学位）
0813 建筑学
0814 土木工程
0815 水利工程
0816 测绘科学与技术
0817 化学工程与技术
0818 地质资源与地质工程
0819 矿业工程
0820 石油与天然气工程
0821 纺织科学与工程
0822 轻工技术与工程
0823 交通运输工程
0824 船舶与海洋工程
0825 航空宇航科学与技术
0826 兵器科学与技术
0827 核科学与技术
0828 农业工程
0829 林业工程
0830 环境科学与工程（可授工学、理学、农学学位）
0831 生物医学工程（可授工学、理学、医学学位）
0832 食品科学与工程（可授工学、农学学位）
0833 城乡规划学
0834 风景园林学（可授工学、农学学位）
0835 软件工程
0836 生物工程
0837 安全科学与工程
0838 公安技术

09 农学

0901 作物学
0902 园艺学
0903 农业资源与环境
0904 植物保护
0905 畜牧学
0906 兽医学
0907 林学
0908 水产
0909 草学

10 医学

1001 基础医学（可授医学、理学学位）
1002 临床医学
1003 口腔医学
1004 公共卫生与预防医学（可授医学、理学学位）
1005 中医学
1006 中西医结合
1007 药学（可授医学、理学学位）
1008 中药学（可授医学、理学学位）
1009 特种医学
1010 医学技术（可授医学、理学学位）
1011 护理学（可授医学、理学学位）

11 军事学

1101 军事思想及军事历史
1102 战略学
1103 战役学
1104 战术学
1105 军队指挥学
1106 军制学
1107 军队政治工作学
1108 军事后勤学
1109 军事装备学
1110 军事训练学

12 管理学

1201 管理科学与工程（可授管理学、工学学位）
1202 工商管理
1203 农林经济管理
1204 公共管理
1205 图书情报与档案管理

13 艺术学

1301 艺术学理论
1302 音乐与舞蹈学
1303 戏剧与影视学
1304 美术学
1305 设计学（可授艺术学、工学学位）

附：专业学位授予和人才培养目录

0251 金融
0252 应用统计
0253 税务
0254 国际商务
0255 保险
0256 资产评估
0257 审计
0351 法律
0352 社会工作
0353 警务
0451 *教育
0452 体育
0453 汉语国际教育
0454 应用心理
0551 翻译
0552 新闻与传播
0553 出版
0651 文物与博物馆
0851 建筑学
0852 *工程
0853 城市规划
0951 农业推广
0952 *兽医
0953 风景园林
0954 林业
1051 *临床医学
1052 *口腔医学
1053 公共卫生
1054 护理
1055 药学
1056 中药学
1151 军事
1251 工商管理
1252 公共管理
1253 会计
1254 旅游管理
1255 图书情报
1256 工程管理
1351 艺术

注：名称前加“*”的可授予硕士、博士专业学位；“建筑学”可授予学士、硕士专业学位；其他授予硕士专业学位。

附件2－3

国务院学位委员会　教育部关于印发《学位授予和人才培养学科目录设置与管理办法》的通知

（学位〔2009〕10号）

各省、自治区、直辖市学位委员会、教育厅（教委），新疆生产建设兵团教育局，有关部门（单位）教育（人事）司（局），中国人民解放军学位委员会，中共中央党校学位评定委员会，各学位授予单位：

为规范和加强学科专业的设置与管理，进一步发挥学科专业目录在学位授予、人才培养和学科建设中的指导作用，特制定《学位授予和人才培养学科目录设置与管理办法》。现将该办法印发给你们，请遵照执行。

附件：学位授予和人才培养学科目录设置与管理办法

国务院学位委员会

中华人民共和国教育部

2009年2月25日

附件：学位授予和人才培养学科目录设置与管理办法

第一章　总　则

第一条　为进一步发挥学科专业目录（以下简称学科目录）在人才培养和学科建设中的指导作用，规范学科专业的设置与管理，依据《中华人民共和国学位条例》和《中华人民共和国高等教育法》，制定本办法。

第二条　学科目录适用于学士、硕士、博士的学位授予与人才培养，并用于学科建设和教育统计分类等工作。

第三条　学科目录分为学科门类、一级学科（本科教育中称为“专业类”，下同）和二级学科（本科专业目录中称为“专业”，下同）三级。学科门类和一级学科是国家进行学位授权审核与学科管理、学位授予单位开展学位授予与人才培养工作的基本依据，二级学科是学位授予单位实施人才培养的参考依据。

第四条　学科目录实行分层管理，采取规定性与自主性相结合、相对稳定与动态调整相结合的管理机制。

第二章　学科门类的设置与调整

第五条　学科门类是对具有一定关联学科的归类。其设置应符合学科发展和人才培养的需要，并兼顾教育统计分类的惯例。

第六条 学科门类的设置应保持相对稳定。如需调整（包括增设、更名、撤销，下同），按照以下程序进行：

（一）由国务院学位委员会办公室根据学科发展、人才培养和教育统计分类的要求提出调整方案；

（二）广泛征求学位授予单位和专家意见；

（三）报国务院学位委员会会同教育部批准后，编制成学科门类目录。

第三章 一级学科的设置与调整

第七条 一级学科是具有共同理论基础或研究领域相对一致的学科集合。一级学科原则上按学科属性进行设置，须符合以下基本条件：

（一）具有确定的研究对象，形成了相对独立、自成体系的理论、知识基础和研究方法。

（二）一般应有若干可归属的二级学科。

（三）已得到学术界的普遍认同。在构成本学科的领域或方向内，有一定数量的学位授予单位已开展了较长时间的科学研究和人才培养工作。

（四）社会对该学科人才有较稳定和一定规模的需求。

第八条 一级学科的调整每 10 年进行一次，调整程序为：

（一）一定数量学位授予单位或国家有关部门提出调整动议，并依据本办法第七条的规定提出论证报告；

（二）国务院学位委员会相关学科评议组对调整动议和论证报告进行评议，提出评审意见；

（三）国务院学位委员会办公室根据论证报告、专家评审意见提出调整方案；

（四）国务院学位委员会办公室将调整方案再次征求学位授予单位和专家意见；

（五）报国务院学位委员会会同教育部批准后，编制成一级学科目录。

第四章 二级学科的设置与调整

第九条 二级学科是组成一级学科的基本单元。二级学科设置应符合以下基本条件：

（一）与所属一级学科下的其他二级学科有相近的理论基础，或是所属一级学科研究对象的不同方面；

（二）具有相对独立的专业知识体系，已形成若干明确的研究方向；

（三）社会对该学科人才有一定规模的需求。

第十条 授予硕士、博士学位和培养研究生的二级学科，原则上由学位授予单位依据国务院学位委员会、教育部发布的学科目录，在一级学科学位授权权限内自主设置与调整。

（一）二级学科目录每 5 年编制一次。由教育部有关职能部门在对现有二级学科的招生、学位授予和毕业生就业等情况进行统计分析的基础上，将已有一定数量学位授予单位设置的、社会广泛认同的，且有较大培养规模的二级学科编制成二级学科目录。

（二）学位授予单位根据国家经济和社会发展对人才的需求，结合本单位学科建设目标和人才培养条件，按本一级学科学位授权权限，可在二级学科目录内，自主设置与调整本一级学科下的二级学科。

（三）学位授予单位按本一级学科学位授权权限，在二级学科目录外，自主增设（含更名，下同）二级学科，须符合本办法第九条的规定，并遵循以下基本程序：

1. 根据经济和社会发展的需要，学科发展和本单位人才培养条件，提出二级学科的增设方案，并进行必要性、可行性论证；

2. 聘请7人以上（含7人）的外单位（应为博士学位授予单位）的同行专家对增设方案进行评议；

3. 学位授予单位应在规定的时间内，将二级学科设置论证方案、参加评议的专家名单、评议意见等材料在指定的信息平台进行公示，接受同行专家及其他学位授予单位为期30天的质询；

4. 学位授予单位根据公示结果，经本单位学位评定委员会审核并表决通过后，做出增设二级学科的决定，并将增设的二级学科名单及公示材料、公示结果报教育部有关职能部门备案；

5. 学位授予单位撤销已增设的二级学科，须经本单位学位评定委员会审核，表决通过后，做出撤销二级学科的决定，报教育部有关职能部门备案。

学位授予单位在同一个一级学科下，自主增设二级学科目录外二级学科的数量一般不超过2个。

（四）各学位授予单位在二级学科目录内和二级学科目录外自主设置的二级学科名单，须在指定的信息平台向社会公布。

（五）交叉学科须按照学位授予单位在二级学科目录外自主增设二级学科的程序进行设置，挂靠在所交叉的学科中基础理论相近的一级学科下进行教育统计。

第十一条 授予学士学位和培养本科生的二级学科目录由教育部有关职能部门依据国务院学位委员会、教育部发布的学科目录，每10年编制一次。高等学校依据高等学校本科专业设置的有关规定申请增设新专业，由教育部备案或审批后统一向社会公布。

第五章 管理与职责

第十二条 国务院学位委员会、教育部作为学科目录设置和管理的决策机构，其职责是：

（一）制定学科目录的设置与管理办法；

（二）统筹规划全国的学科目录设置与调整工作；

（三）批准学科门类、一级学科的设置与调整方案，定期发布学科目录。

第十三条 教育部有关职能部门作为学科目录设置和管理的执行机构，其职责是：

（一）按照发布的学科目录对学位授予单位的人才培养工作进行宏观管理；

（二）收集和发布学科相关信息，组织学科设置与调整的论证工作，引导和规范学科设置；

（三）负责二级学科自主设置（或设置）的备案审查（或审批），定期编制二级学科目录；

（四）承办国务院学位委员会、教育部涉及学科目录的其他相关工作。

第十四条 学位授予单位在学科目录设置与管理中的职责是：

（一）依据学科目录，实施学位授予和人才培养工作；

（二）依据本办法制定本单位二级学科、交叉学科设置的原则、要求和程序；

（三）按规定报送招生、学位授予和毕业生就业等信息；

（四）根据学科发展趋势，提出学科设置建议。

第六章 附 则

第十五条 本办法由国务院学位委员会负责解释。

第十六条 专业学位的学位授予和人才培养学科目录设置与管理办法另行制定。

第十七条 教育部有关职能部门应依据本办法制定二级学科自主设置的实施细则。

第十八条 本办法自公布之日起施行。

附件2－4

1997年颁布的《授予博士、硕士学位和培养研究生的学科、专业目录》

说　明

一、《授予博士、硕士学位和培养研究生的学科、专业目录》（1997年颁布），是国务院学位委员会学科评议组审核授予学位的学科、专业范围划分的依据。同时，学位授予单位按本目录中各学科、专业所归属的学科门类，授予相应的学位。培养研究生的高等学校和科研机构以及各有关主管部门，可以参照本目录制订培养研究生的规划，进行招生和培养工作。

二、本目录是在1990年10月国务院学位委员会和原国家教委联合下发的《授予博士、硕士学位和培养研究生的学科、专业目录》（以下简称原目录）的基础上经过多次征求意见、反复论证后修订的。修订的主要原则是：科学、规范、拓宽。修订的目标是：逐步规范和理顺一级学科，拓宽和调整二级学科。

本目录与原目录相比，有如下变化：增加了管理学学科门类，授予学位的学科门类增加到12个；一级学科由原来的72个增加到89个，二级学科（学科、专业）由原来的654种调整为386种。各学科门类的学科、专业设置情况是：

哲学，1个一级学科，8种学科、专业；

经济学，2个一级学科，16种学科、专业；

法学，5个一级学科，31种学科、专业；

教育学，3个一级学科，17种学科、专业；

文学，4个一级学科，29种学科、专业；

历史学，1个一级学科，8种学科、专业；

理学，12个一级学科，50种学科、专业；

工学，32个一级学科，113种学科、专业；

农学，8个一级学科，27种学科、专业；

医学，8个一级学科，54种学科、专业；

军事学，8个一级学科，19种学科、专业；

管理学，5个一级学科，14种学科、专业。

三、本目录中有16个二级学科带“（含）”，括号中的内容是对二级学科所包含内容的强调或补充，其学位授权和研究生培养除医学门类中有关学科按括号中的内容进行外，其他学科均按二级学科进行。“科学技术史（分学科）”、“中国少数民族语言文学（分语族）”，其学位授权点的审核、授权和研究生培养按括号中限定的学科范围进行。

四、本目录中部分学科、专业注明可授不同学科门类的学位，此类学科、专业授予学位的学科门类由学位授予单位的学位评定委员会决定。

五、本目录中学科门类、一级学科和二级学科（学科、专业）的代码分别为二位、四位和六位阿拉伯数字。

目　录

01 **哲学**

0101 哲学

010101 马克思主义哲学

010102 中国哲学

010103 外国哲学

010104 逻辑学

010105 伦理学

010106 美学

010107 宗教学

010108 科学技术哲学

02 **经济学**

0201 理论经济学

020101 政治经济学

020102 经济思想史

020103 经济史

020104 西方经济学

020105 世界经济

020106 人口、资源与环境经济学

0202 应用经济学

020201 国民经济学

020202 区域经济学

020203 财政学（含：税收学）

020204 金融学（含：保险学）

020205 产业经济学

020206 国际贸易学

020207 劳动经济学

020208 统计学

020209 数量经济学

020210 国防经济

03 **法学**

0301 法学

030101 法学理论

030102 法律史

030103 宪法学与行政法学

030104 刑法学

030105 民商法学（含：劳动法学、社会保障法学）

030106 诉讼法学

030107 经济法学

030108 环境与资源保护法学

030109 国际法学（含：国际公法、国际私法、国际经济法）

030110 军事法学

0302 政治学

030201 政治学理论

030202 中外政治制度

030203 科学社会主义与国际共产主义运动

030204 中共党史（含：党的学说与党的建设）

030206 国际政治

030207 国际关系

030208 外交学

0303 社会学

030301 社会学

030302 人口学

030303 人类学

030304 民俗学（含：中国民间文学）

0304 民族学

030401 民族学

030402 马克思主义民族理论与政策

030403 中国少数民族经济

030404 中国少数民族史

030405 中国少数民族艺术

0305 马克思主义理论

030501 马克思主义基本原理
030502 马克思主义发展史
030503 马克思主义中国化研究
030504 国外马克思主义研究
030505 思想政治教育

04 教育学

0401 教育学

040101 教育学原理
040102 课程与教学论
040103 教育史
040104 比较教育学
040105 学前教育学
040106 高等教育学
040107 成人教育学
040108 职业技术教育学
040109 特殊教育学
040110 教育技术学（可授教育学、理学学位）

0402 心理学（可授教育学、理学学位）

040201 基础心理学
040202 发展与教育心理学
040203 应用心理学

0403 体育学

040301 体育人文社会学
040302 运动人体科学（可授教育学、理学、医学学位）
040303 体育教育训练学
040304 民族传统体育学

05 文学

0501 中国语言文学

050101 文艺学
050102 语言学及应用语言学
050103 汉语言文字学
050104 中国古典文献学
050105 中国古代文学
050106 中国现当代文学
050107 中国少数民族语言文学（分语族）
050108 比较文学与世界文学

0502 外国语言文学

050201 英语语言文学
050202 俄语语言文学
050203 法语语言文学
050204 德语语言文学
050205 日语语言文学
050206 印度语言文学
050207 西班牙语语言文学
050208 阿拉伯语语言文学
050209 欧洲语言文学
050210 亚非语言文学
050211 外国语言学及应用语言学

0503 新闻传播学

050301 新闻学
050302 传播学

0504 艺术学

050401 艺术学
050402 音乐学
050403 美术学
050404 设计艺术学
050405 戏剧戏曲学
050406 电影学
050407 广播电视艺术学
050408 舞蹈学

06 历史学

0601 历史学

060101 史学理论及史学史
060102 考古学及博物馆学
060103 历史地理学
060104 历史文献学（含：敦煌学、古文字学）
060105 专门史

060106 中国古代史
060107 中国近现代史
060108 世界史

07 理学

0701 数学
070101 基础数学
070102 计算数学
070103 概率论与数理统计
070104 应用数学
070105 运筹学与控制论
0702 物理学
070201 理论物理
070202 粒子物理与原子核物理
070203 原子与分子物理
070204 等离子体物理
070205 凝聚态物理
070206 声学
070207 光学
070208 无线电物理
0703 化学
070301 无机化学
070302 分析化学
070303 有机化学
070304 物理化学（含：化学物理）
070305 高分子化学与物理
0704 天文学
070401 天体物理
070402 天体测量与天体力学
0705 地理学
070501 自然地理学
070502 人文地理学
070503 地图学与地理信息系统
0706 大气科学
070601 气象学
070602 大气物理学与大气环境
0707 海洋科学
070701 物理海洋学
070702 海洋化学
070703 海洋生物学
070704 海洋地质
0708 地球物理学
070801 固体地球物理学
070802 空间物理学
0709 地质学
070901 矿物学、岩石学、矿床学
070902 地球化学
070903 古生物学与地层学（含：古人类学）
070904 构造地质学
070905 第四纪地质学
0710 生物学
071001 植物学
071002 动物学
071003 生理学
071004 水生生物学
071005 微生物学
071006 神经生物学
071007 遗传学
071008 发育生物学
071009 细胞生物学
071010 生物化学与分子生物学
071011 生物物理学
071012 生态学
0711 系统科学
071101 系统理论
071102 系统分析与集成
0712 科学技术史
（分学科，可授理学、工学、农学、医学学位）
注：本一级学科不分设二级学科（学科、专业）

08 工学

0801 力学（可授工学、理学学位）
080101 一般力学与力学基础

080102 固体力学
080103 流体力学
080104 工程力学

0802 机械工程
080201 机械制造及其自动化
080202 机械电子工程
080203 机械设计及理论
080204 车辆工程

0803 光学工程
注：本一级学科不分设二级学科（学科、专业）

0804 仪器科学与技术
080401 精密仪器及机械
080402 测试计量技术及仪器

0805 材料科学与工程
080501 材料物理与化学
080502 材料学
080503 材料加工工程

0806 冶金工程
080601 冶金物理化学
080602 钢铁冶金
080603 有色金属冶金

0807 动力工程及工程热物理
080701 工程热物理
080702 热能工程
080703 动力机械及工程
080704 流体机械及工程
080705 制冷及低温工程
080706 化工过程机械

0808 电气工程
080801 电机与电器
080802 电力系统及其自动化
080803 高电压与绝缘技术
080804 电力电子与电力传动
080805 电工理论与新技术

0809 电子科学与技术（可授工学、理学学位）
080901 物理电子学
080902 电路与系统
080903 微电子学与固体电子学
080904 电磁场与微波技术

0810 信息与通信工程
081001 通信与信息系统
081002 信号与信息处理

0811 控制科学与工程
081101 控制理论与控制工程
081102 检测技术与自动化装置
081103 系统工程
081104 模式识别与智能系统
081105 导航、制导与控制

0812 计算机科学与技术（可授工学、理学学位）
081201 计算机系统结构
081202 计算机软件与理论
081203 计算机应用技术

0813 建筑学
081301 建筑历史与理论
081302 建筑设计及其理论
081303 城市规划与设计（含：风景园林规划与设计）
081304 建筑技术科学

0814 土木工程
081401 岩土工程
081402 结构工程
081403 市政工程
081404 供热、供燃气、通风及空调工程
081405 防灾减灾工程及防护工程
081406 桥梁与隧道工程

0815 水利工程
081501 水文学及水资源
081502 水力学及河流动力学
081503 水工结构工程
081504 水利水电工程
081505 港口、海岸及近海工程

0816 测绘科学与技术
081601 大地测量学与测量工程
081602 摄影测量与遥感
081603 地图制图学与地理信息工程
0817 化学工程与技术
081701 化学工程
081702 化学工艺
081703 生物化工
081704 应用化学
081705 工业催化
0818 地质资源与地质工程
081801 矿产普查与勘探
081802 地球探测与信息技术
081803 地质工程
0819 矿业工程
081901 采矿工程
081902 矿物加工工程
081903 安全技术及工程
0820 石油与天然气工程
082001 油气井工程
082002 油气田开发工程
082003 油气储运工程
0821 纺织科学与工程
082101 纺织工程
082102 纺织材料与纺织品设计
082103 纺织化学与染整工程
082104 服装设计与工程
0822 轻工技术与工程
082201 制浆造纸工程
082202 制糖工程
082203 发酵工程
082204 皮革化学与工程
0823 交通运输工程
082301 道路与铁道工程
082302 交通信息工程及控制
082303 交通运输规划与管理
082304 载运工具运用工程
0824 船舶与海洋工程
082401 船舶与海洋结构物设计制造
082402 轮机工程
082403 水声工程
0825 航空宇航科学与技术
082501 飞行器设计
082502 航空宇航推进理论与工程
082503 航空宇航制造工程
082504 人机与环境工程
0826 兵器科学与技术
082601 武器系统与运用工程
082602 兵器发射理论与技术
082603 火炮、自动武器与弹药工程
082604 军事化学与烟火技术
0827 核科学与技术
082701 核能科学与工程
082702 核燃料循环与材料
082703 核技术及应用
082704 辐射防护及环境保护
0828 农业工程
082801 农业机械化工程
082802 农业水土工程
082803 农业生物环境与能源工程
082804 农业电气化与自动化
0829 林业工程
082901 森林工程
082902 木材科学与技术
082903 林产化学加工工程
0830 环境科学与工程
(可授工学、理学、农学学位)
083001 环境科学
083002 环境工程
0831 生物医学工程
(可授工学、理学、医学学位)
注：本一级学科不分设二级学科（学科、专业）

0832 食品科学与工程
（可授工学、农学学位）
083201 食品科学
083202 粮食、油脂及植物蛋白工程
083203 农产品加工及贮藏工程
083204 水产品加工及贮藏工程

09 农学

0901 作物学
090101 作物栽培学与耕作学
090102 作物遗传育种
0902 园艺学
090201 果树学
090202 蔬菜学
090203 茶学
0903 农业资源利用
090301 土壤学
090302 植物营养学
0904 植物保护
090401 植物病理学
090402 农业昆虫与害虫防治
090403 农药学
（可授农学、理学学位）
0905 畜牧学
090501 动物遗传育种与繁殖
090502 动物营养与饲料科学
090503 草业科学
090504 特种经济动物饲养
（含：蚕、蜂等）
0906 兽医学
090601 基础兽医学
090602 预防兽医学
090603 临床兽医学
0907 林学
090701 林木遗传育种
090702 森林培育
090703 森林保护学
090704 森林经理学
090705 野生动植物保护与利用
090706 园林植物与观赏园艺
090707 水土保持与荒漠化防治
0908 水产
090801 水产养殖
090802 捕捞学
090803 渔业资源

10 医学

1001 基础医学
（可授医学、理学学位）
100101 人体解剖与组织胚胎学
100102 免疫学
100103 病原生物学
100104 病理学与病理生理学
100105 法医学
100106 放射医学
100107 航空、航天与航海医学
1002 临床医学
100201 内科学
（含：心血管病、血液病、呼吸系病、消化系病、内分泌与代谢病、肾病、风湿病、传染病）
100202 儿科学
100203 老年医学
100204 神经病学
100205 精神病与精神卫生学
100206 皮肤病与性病学
100207 影像医学与核医学
100208 临床检验诊断学
100209 护理学
100210 外科学
（含：普外、骨外、泌尿外、胸心外、神外、整形、烧伤、野战外）
100211 妇产科学

100212 眼科学
100213 耳鼻咽喉科学
100214 肿瘤学
100215 康复医学与理疗学
100216 运动医学
100217 麻醉学
100218 急诊医学

1003 口腔医学

100301 口腔基础医学
100302 口腔临床医学

1004 公共卫生与预防医学（可授医学、理学学位）

100401 流行病与卫生统计学
100402 劳动卫生与环境卫生学
100403 营养与食品卫生学
100404 少儿卫生与妇幼保健学
100405 卫生毒理学
100406 军事预防医学

1005 中医学

100501 中医基础理论
100502 中医临床基础
100503 中医医史文献
100504 方剂学
100505 中医诊断学
100506 中医内科学
100507 中医外科学
100508 中医骨伤科学
100509 中医妇科学
100510 中医儿科学
100511 中医五官科学
100512 针灸推拿学
100513 民族医学（含：藏医学、蒙医学等）

1006 中西医结合

100601 中西医结合基础
100602 中西医结合临床

1007 药学（可授医学、理学学位）

100701 药物化学
100702 药剂学
100703 生药学
100704 药物分析学
100705 微生物与生化药学
100706 药理学

1008 中药学

注：本一级学科不分设二级学科（学科、专业）

11 军事学

1101 军事思想及军事历史

110101 军事思想
110102 军事历史

1102 战略学

110201 军事战略学
110202 战争动员学

1103 战役学

110301 联合战役学
110302 军种战役学（含：第二炮兵战役学）

1104 战术学

110401 合同战术学
110402 兵种战术学

1105 军队指挥学

110501 作战指挥学
110502 军事运筹学
110503 军事通信学
110504 军事情报学
110505 密码学
110506 军事教育训练学（含：军事体育学）

1106 军制学

110601 军事组织编制学
110602 军队管理学

1107 军队政治工作学

注：本一级学科不分设二级学科（学科、专业）

1108 军事后勤学与军事装备学

110801 军事后勤学

110802 后方专业勤务

110803 军事装备学

12 管理学

1201 管理科学与工程

（可授管理学、工学学位）

注：本一级学科不分设二级学科（学科、专业）

1202 工商管理

120201 会计学

120202 企业管理

（含：财务管理、市场营销、人力资源管理）

120203 旅游管理

120204 技术经济及管理

1203 农林经济管理

120301 农业经济管理

120302 林业经济管理

1204 公共管理

120401 行政管理

120402 社会医学与卫生事业管理

（可授管理学、医学学位）

120403 教育经济与管理

（可授管理学、教育学学位）

120404 社会保障

120405 土地资源管理

1205 图书馆、情报与档案管理

120501 图书馆学

120502 情报学

120503 档案学

重要说明：根据2005年12月23日国务院学位委员会、教育部《关于调整增设马克思主义理论一级学科及所属二级学科的通知》（学位〔2005〕64号）的精神，在原“法学”门类内新增设马克思主义理论一级学科，下设5个二级学科。原“法学”门类内的政治学一级学科下设的“马克思主义基本原理”和“思想政治教育”二级学科取消，调整到新增设的马克思主义理论一级学科之中。

调整增设后的相关学科及代码如下：

0305 马克思主义理论

030501 马克思主义基本原理

030502 马克思主义发展史

030503 马克思主义中国化研究

030504 国外马克思主义研究

030505 思想政治教育

本目录已进行了调整。

附件3　战略性新兴产业相关本科新专业名单

附件3－1

教育部关于公布同意设置的高等学校战略性新兴产业相关本科新专业名单的通知

（教高〔2010〕7号）

各省、自治区、直辖市教育厅（教委），新疆生产建设兵团教育局，有关部门（单位）教育司（局），部属各高等学校：

各有关部门（学校）按照《教育部办公厅关于战略性新兴产业相关专业申报和审批工作的通知》（教高厅函〔2010〕13号）精神，申请增设相关专业的请示收悉。根据《国务院对确需保留的行政审批项目设定行政许可的决定》（国务院令第412号）、《高等学校本科专业设置规定》、《教育部办公厅关于进一步加强和改进高等学校本科专业备案和审批管理工作的通知》等有关文件精神，以及战略性新兴产业相关专业教委专家评审会议和教育部学科发展与专业设置专家委员会特别会议的评议意见，经研究，现公布同意设置的高等学校战略性新兴产业相关本科新专业名单。

本次公布的高校新设置的140个本科专业（见附件），自2011年开始招生，其专业名称、专业代码、修业年限、学位授予门类等均以公布的内容为准。2010年需按新设置专业开展培养工作的高校，可通过从本校2010年招收的其他专业的学生或本科二年级的在校生中通过转专业的方式转入所批准的专业学习。

望各有关部门（学校）充分利用高校现有的办学条件，加强新增专业建设，切实保证教育质量，为国家战略性新兴产业发展所需高素质专门人才的培养做出新的更大贡献。

附件：同意设置的高等学校战略性新兴产业相关本科新专业名单

中华人民共和国教育部
2010年7月12日

附件3－2

同意设置的高等学校战略性新兴产业相关本科新专业名单

序号	主管部门、学校名称	专业代码	专业名称	修业年限	学位授予门类
工业和信息化部					
1	北京航空航天大学	080216S	纳米材料与技术	四年	工学
2	北京理工大学	080640S	物联网工程	四年	工学
3	北京理工大学	081106S	能源化学工程	四年	工学
4	哈尔滨工业大学	080640S	物联网工程	四年	工学
5	哈尔滨工业大学	080643S	光电子材料与器件	四年	工学
6	哈尔滨工业大学	081106S	能源化学工程	四年	工学
7	哈尔滨工程大学	080640S	物联网工程	四年	工学
8	哈尔滨工程大学	080643S	光电子材料与器件	四年	工学
9	哈尔滨工程大学	080644S	水声工程	四年	工学
10	南京航空航天大学	080640S	物联网工程	四年	工学
11	南京理工大学	080216S	纳米材料与技术	四年	工学
12	南京理工大学	080512S	新能源科学与工程	四年	工学
13	西北工业大学	080640S	物联网工程	四年	工学
14	西北工业大学	080644S	水声工程	四年	工学
交通运输部					
15	大连海事大学	080641S	传感网技术	四年	工学
教育部					
16	中国人民大学	020121S	能源经济	四年	经济学
17	北京科技大学	080216S	纳米材料与技术	四年	工学
18	北京科技大学	080640S	物联网工程	四年	工学
19	北京化工大学	081106S	能源化学工程	四年	工学
20	北京邮电大学	080640S	物联网工程	四年	工学
21	中国传媒大学	050307S	新媒体与信息网络	四年	文学
22	华北电力大学	080217S	新能源材料与器件	四年	工学
23	华北电力大学	080512S	新能源科学与工程	四年	工学
24	华北电力大学	080645S	智能电网信息工程	四年	工学
25	华北电力大学	081106S	能源化学工程	四年	工学
26	中国石油大学（北京）	081106S	能源化学工程	四年	工学

（续上表）

序号	主管部门、学校名称	专业代码	专业名称	修业年限	学位授予门类
27	南开大学	080218S	资源循环科学与工程	四年	工学
28	天津大学	080215S	功能材料	四年	工学
29	天津大学	080640S	物联网工程	四年	工学
30	天津大学	080642S	微电子材料与器件	四年	工学
31	大连理工大学	080215S	功能材料	四年	工学
32	大连理工大学	080216S	纳米材料与技术	四年	工学
33	大连理工大学	080640S	物联网工程	四年	工学
34	大连理工大学	080641S	传感网技术	四年	工学
35	大连理工大学	081106S	能源化学工程	四年	工学
36	大连理工大学	081303S	海洋资源开发技术	四年	工学
37	东北大学	080215S	功能材料	四年	工学
38	东北大学	080218S	资源循环科学与工程	四年	工学
39	东北大学	080512S	新能源科学与工程	四年	工学
40	东北大学	080640S	物联网工程	四年	工学
41	吉林大学	080640S	物联网工程	四年	工学
42	华东理工大学	080217S	新能源材料与器件	四年	工学
43	华东理工大学	080218S	资源循环科学与工程	四年	工学
44	东华大学	080215S	功能材料	四年	工学
45	东南大学	080217S	新能源材料与器件	四年	工学
46	东南大学	080641S	传感网技术	四年	工学
47	中国矿业大学	081106S	能源化学工程	四年	工学
48	河海大学	080512S	新能源科学与工程	四年	工学
49	河海大学	080640S	物联网工程	四年	工学
50	江南大学	080640S	物联网工程	四年	工学
51	中国药科大学	081107S	生物制药	四年	工学
52	中国药科大学	100812S	药物分析	四年	理学
53	中国药科大学	100813S	药物化学	四年	理学
54	浙江大学	080512S	新能源科学与工程	四年	工学
55	浙江大学	081302S	海洋工程与技术	四年	工学

（续上表）

序号	主管部门、学校名称	专业代码	专业名称	修业年限	学位授予门类
56	合肥工业大学	080217S	新能源材料与器件	四年	工学
57	合肥工业大学	080640S	物联网工程	四年	工学
58	山东大学	080218S	资源循环科学与工程	四年	工学
59	山东大学	080640S	物联网工程	四年	工学
60	中国海洋大学	081303S	海洋资源开发技术	四年	工学
61	中国石油大学（华东）	081009S	环保设备工程	四年	工学
62	武汉大学	080640S	物联网工程	四年	工学
63	武汉大学	081107S	生物制药	四年	理学
64	华中科技大学	080215S	功能材料	四年	工学
65	华中科技大学	080512S	新能源科学与工程	四年	工学
66	华中科技大学	080640S	物联网工程	四年	工学
67	华中科技大学	080643S	光电子材料与器件	四年	工学
68	华中科技大学	081107S	生物制药	四年	工学
69	武汉理工大学	080640S	物联网工程	四年	工学
70	武汉理工大学	080716S	建筑节能技术与工程	四年	工学
71	湖南大学	080640S	物联网工程	四年	工学
72	湖南大学	080716S	建筑节能技术与工程	四年	工学
73	中南大学	080217S	新能源材料与器件	四年	工学
74	中南大学	080512S	新能源科学与工程	四年	工学
75	中南大学	080640S	物联网工程	四年	工学
76	重庆大学	080512S	新能源科学与工程	四年	工学
77	重庆大学	080640S	物联网工程	四年	工学
78	西南交通大学	080640S	物联网工程	四年	工学
79	电子科技大学	080217S	新能源材料与器件	四年	工学
80	电子科技大学	080640S	物联网工程	四年	工学
81	电子科技大学	080641S	传感网技术	四年	工学
82	四川大学	080217S	新能源材料与器件	四年	工学
83	四川大学	080640S	物联网工程	四年	工学
84	四川大学	080642S	微电子材料与器件	四年	工学
85	西安交通大学	080512S	新能源科学与工程	四年	工学

（续上表）

序号	主管部门、学校名称	专业代码	专业名称	修业年限	学位授予门类
86	西安交通大学	080640S	物联网工程	四年	工学
87	兰州大学	080215S	功能材料	四年	工学
国务院侨务办公室					
88	华侨大学	080215S	功能材料	四年	工学
北京市					
89	北京工业大学	080218S	资源循环科学与工程	四年	工学
90	北京电影学院	050432S	数字电影技术	四年	文学
天津市					
91	天津理工大学	080215S	功能材料	四年	工学
92	天津中医药大学	100814S	中药制药	四年	理学
河北省					
93	河北工业大学	080215S	功能材料	四年	工学
94	石家庄铁道大学	080215S	功能材料	四年	工学
山西省					
95	太原理工大学	080640S	物联网工程	四年	工学
96	山西医科大学	081107S	生物制药	四年	理学
辽宁省					
97	沈阳工业大学	080215S	功能材料	四年	工学
98	沈阳建筑大学	080215S	功能材料	四年	工学
99	沈阳建筑大学	080716S	建筑节能技术与工程	四年	工学
吉林省					
100	长春理工大学	080217S	新能源材料与器件	四年	工学
101	长春理工大学	080643S	光电子材料与器件	四年	工学
102	长春工业大学	080218S	资源循环科学与工程	四年	工学
黑龙江省					
103	东北石油大学	080111S	海洋油气工程	四年	工学
104	东北石油大学	081106S	能源化学工程	四年	工学
105	哈尔滨理工大学	080641S	传感网技术	四年	工学
上海市					
106	上海理工大学	080512S	新能源科学与工程	四年	工学

（续上表）

序号	主管部门、学校名称	专业代码	专业名称	修业年限	学位授予门类
江苏省					
107	苏州大学	080216S	纳米材料与技术	四年	工学
108	苏州大学	080217S	新能源材料与器件	四年	工学
109	苏州大学	080640S	物联网工程	四年	工学
110	南京工业大学	080643S	光电子材料与器件	四年	工学
111	南京工业大学	080716S	建筑节能技术与工程	四年	工学
112	南京邮电大学	080645S	智能电网信息工程	四年	工学
113	江苏大学	080512S	新能源科学与工程	四年	工学
114	江苏大学	080640S	物联网工程	四年	工学
115	南京中医药大学	081107S	生物制药	四年	理学
116	南京师范大学	081303S	海洋资源开发技术	四年	理学
安徽省					
117	安徽大学	080217S	新能源材料与器件	四年	工学
福建省					
118	福建师范大学	080218S	资源循环科学与工程	四年	工学
江西省					
119	江西中医学院	100814S	中药制药	四年	理学
120	南昌大学	080217S	新能源材料与器件	四年	工学
121	南昌大学	080716S	建筑节能技术与工程	四年	工学
山东省					
122	山东科技大学	080640S	物联网工程	四年	工学
123	山东理工大学	080218S	资源循环科学与工程	四年	工学
湖南省					
124	湘潭大学	080217S	新能源材料与器件	四年	工学
125	湘潭大学	081009S	环保设备工程	四年	工学
126	湖南师范大学	080218S	资源循环科学与工程	四年	工学
127	南华大学	081008S	核安全工程	四年	工学
广东省					
128	广州中医药大学	100814S	中药制药	四年	理学
129	华南师范大学	080217S	新能源材料与器件	四年	工学

(续上表)

序号	主管部门、学校名称	专业代码	专业名称	修业年限	学位授予门类
四川省					
130	西南石油大学	080111S	海洋油气工程	四年	工学
131	西南石油大学	080217S	新能源材料与器件	四年	工学
132	成都理工大学	080217S	新能源材料与器件	四年	工学
云南省					
133	昆明理工大学	080215S	功能材料	四年	工学
陕西省					
134	西北大学	080640S	物联网工程	四年	工学
135	西北大学	081106S	能源化学工程	四年	工学
136	西安建筑科技大学	080215S	功能材料	四年	工学
137	西安建筑科技大学	080218S	资源循环科学与工程	四年	工学
138	西安石油大学	080111S	海洋油气工程	四年	工学
甘肃省					
139	兰州理工大学	080215S	功能材料	四年	工学
新疆维吾尔自治区					
140	新疆大学	081106S	能源化学工程	四年	工学

注：专业代码加有“S”者为在少数高校试点的目录外专业。

参考文献

1. 国务院学位委员会、国家教委．授予博士、硕士学位和培养研究生的学科、专业目录．教育部网站.

2. 关于下达第九次学位学科名单的通知．教育部网站.

3. 关于下达第十次学位学科名单的通知．教育部网站.

4. 国家重点学科（1998 年审批）．教育部网站.

5. 国家重点学科（2002 年审批）．教育部网站.

6. 国家重点学科（2007 年批准）．教育部网站.

7. 国家重点学科（培育）学科名单（2007 年批准）．教育部网站.

8. 1990 年以来高校合并情况．教育部网站.

9.《中国高等学校简介》编审委员会．中国高等学校简介．北京：教育科学出版社，1982.

10. 秦惠民．学位与研究生教育大辞典．北京：北京理工大学出版社，1994.

11. 教育部高等教育司．中国普通高等学校本科专业设置大全．北京：高等教育出版社，1999.

12. 国务院学位委员会办公室．中国学位授予单位名册．北京：中国科学技术出版社，2001.

13. 陈超．中国重点大学制度建设中的政府干预研究．广州：广东高等教育出版社，2009.

14. 潘懋元. 潘懋元文集．广州：广东高等教育出版社，2010.

15. 国务院学位委员会关于下达 2010 年审核增列的博士和硕士学位一级学科名单通知（学位〔2011〕8 号）. 2011－03－03.